제3판

언어지도

이하원 · 박희숙 · 원선아 지음

창지사

머 리 말

영유아들은 다음 세대를 이끌어 갈 리더들이다. 우리는 이들에게 개인의 삶의 질을 높이고 21세기 현세대의 당면 문제를 풀어내어 인류를 이롭게 할 유능성을 길러주어야 할 것이다. 영유아의 유능성을 키우기 위한 필요조건 중 하나는 언어역량 강화이다. 언어는 타인과 관계를 맺는 기본 역할뿐 아니라 타인을 통해 시대를 읽어 낼 수 있는 힘, 문제를 해결할 수 있는 효율적 방법 고안, 가족관계 향상 등 영유아 인생에 매우 지배적인 역할을 한다.

이런 의미에서 이 책은 언어발달과 습득을 다룬 이론서와 현장 교사들에게 도움을 줄 수 있는 교재로 출간하기 위해 집필진들의 수 년간의 강의경험을 담고자 하였다. 또한 유아교육기관 교사들의 요청 중에 하나는 언어발달 지연등 영유아의 언어문제를 어떻게 다루어 주어야 하는 지에 대한 전문적 식견과 그 방법일 것이다. 이에 본 교재는 다른 언어지도 교재와 차별화하여 (자폐증, 지적장애를 동반한) 언어발달장애 원인, 특성 및 지도방법과 말더듬, 발음에 관련된 내용들을 포함하였다.

이는 집필진들이 대학에서 강의를 하는 교수자임과 동시에 유아교육 교사자격증, 언어치료 및 학습치료사 자격증 그리고 발달심리사 자격증등을 각각 소지하여 이론과 실제를 모두 다룰 수 있다는 점에서 가능했다. 그러므로 본 교재는 예비 영유아교사 및 언어지도에 관심을 갖고 있는 부모 그리고 장애보육에 관심이 있는 모든 사람들에게 널리 활용될 수 있으리라 기대한다.

본서의 구성은 다음과 같다.

- 1장 언어기초
- 2장 언어습득이론

- 3장 영유아 언어발달과정
- 4장 영유아 언어 교육 및 보육과정
- 5장 언어교육의 접근법
- 6장 언어영역별 지도
- 7장 그림책을 통한 언어교육
- 8장 언어발달평가
- 9장 의사소통(말, 언어)장애
- 10장 영유아 언어교육 환경

전체 내용 중 2장 언어습득이론, 8장 언어발달평가, 9장 의사소통(말, 언어)장애, 10장 영유아 언어교육 환경은 이하원 교수, 1장 언어기초, 3장 영유아 언어발달과정, 7장 그림책을 통한 언어교육은 박희숙 교수, 그리고 4장 영유아 언어 교육 및 보육과정, 5장 언어교육의 접근법, 6장 언어영역별 지도는 원선아 연구원이 집필하였다.

끝으로 이 책이 나오기까지 창지사 사장님을 비롯하여 고생하신 모든 직원 여러분들께 감사를 드린다. 또한, 예쁜 사진과 소중한 언어활동 자료를 제공해준 이해인, 문승민, 한준희, 한태희 어린이와 박현보, 원아름 선생님 그리고 이은영 원장님께 감사 인사를 전한다.

2022년 12월

저자일동

차 례

01
CHAPTER

언어 기초

언어는 인간의 삶에서 분리될 수 없는 것이므로 언어가 없는 일상이란 상상하기 조차 어렵다. 사전에서는 언어를 일반적으로 부호표상, 체계성, 약속된 언어, 의사소통의 수단으로 정의하며, 언어의 특성은 기호성, 임의성, 사회성, 가역성, 창조성, 추상성, 법칙성 등으로 구성된다. 우리의 사고는 언어 사용과 밀접하게 관련되어 있고 언어가 없는 사고나 사고가 없는 언어는 불가능하다. 인간만이 말을 할 수 있는 것은 근본적으로 인간의 뇌에 언어를 다루는 영역이 존재하기 때문이기에 영유아기가 언어발달의 중요한 시기임을 생각해 볼 수 있다. 모든 언어는 언어 규칙을 지켜야만 의미가 만들어지고 그러한 의미를 주고받음으로써 의사소통이 가능해진다. 언어의 일차적인 목적은 의사소통이므로 언어의 구조 및 언어의 사용과 기능, 언어가 사용되는 상황을 중심으로 언어의 기능을 알아본다.

1 언어 정의

언어는 인간과 동물을 구별시켜 주며 인간의 정신활동에 중요한 역할을 한다. 동물도 서로 간에 의사소통을 한다고 하나, 한정된 내용만을 전달하며 또 전달하는 방법도 극히 제한되어 있다. 언어는 형식과 내용으로 이루어진 상징체계로서 의사소통을 목적으로 한다. 그러나 인간 언어는 동물과 다르게 매우 생산적이며 창의적이다. 언어 정의에서 의사소통 역할만을 고려한다면 앵무새, 침팬지, 벌, 돌고래 같은 동물들도 언어를 사용한다고 볼 수 있다. 왜냐하면 벌들도 꿀이 많은 위치를 알려줄 때, 날갯짓 횟수와 날아다니는 모양을 사용해서 서로 간에 의사소통하기 때문이다. 그러나 형식과 내용으로 이루어진 상징체계이며 다양성과 창조성으로 언어의 정의를 부각한다면 언어는 인간만이 가지고 있는 고유한 능력으로 설명된다. 이를 '종 특유의 특질(species-specific)'로 본다.

인간은 출생 시 언어라는 관계매개체를 통해서 타인과 관계를 맺고 자신의 생각과 감정을 전달하며 타인의 마음을 이해하게 된다. 또한 자신의 감정을 타인에게 전달함으로써 치유 기능을 경험하기도 한다. 이와 같이 언어는 일상에서 분리되어 질 수 없다. 그런 의미에서 언어를 사용하지 못한다면 일상생활에 적응하며 살아갈 수 없다. 그럼에도 불구하고 '언어가 무엇인가'라는 정의를 내리는 것은 쉽지 않다(강성화·김경회, 2008). 국어사전에서는 언어를 "생각이나 느낌을 음성이나 문자를 통해 전달하는 수단과 체계"라고 하였고(이희승, 1994) 웹스터 사전에서는 "청취 가능하게 발성된 의미 있는 소리 그리고 생각을 표현하거나 의사소통을 하기 위한 음성적 또는 비음성적 수단"이라고 정의한다(강성화·김경회, 2008, 재인용). 『유아교육사전』에 따르면 언어란 "인간이 의사소통의 목적으로 사용하는 음성이나 문자로 나타낸 기호체계이다."(유아교육사전, 1997)라고 하였으며 『브리태니커 사전』에는 언어란 "문화를 공유하고 있는 사람들이 의사소통하기 위해 사용하는 구어적·문어적 상징체계이다."라고 정의하였다.

사전에서 정의된 내용을 기초로 정리하면 다음과 같다.

① 부호 표상

부호(sign)란 생각이나 사건을 표상(representation)하는 수단이기 때문에 언어는 인간의 사고나 행동 등을 표상할 수 있는 도구가 된다.

② 체계성

언어의 최소 단위인 소리는 단어로 조합되고 단어가 합산되어 문장을 형성하는데, 개별 언어마다 일정한 규칙(rule/grammar)이 있다. 이 규칙은 매우 체계적이며 과학적이기 때문에 유한한 체계규칙을 통해서 인간은 무한한 문장을 산출할 수 있다.

③ 약속된 언어

언어가 속한 사회에서 용납되기 위해서는 언중(언어 사용자)의 동의가 요구된다. 이는 언어가 그 사회에 규제를 받는다는 것이며 더 나아가서 사회, 시대에 따라 지속적으로 생성, 변화 그리고 소멸된다는 뜻이다.

④ 의사소통 수단

언어는 자신의 생각이나 감정을 전달하는 수단임과 동시에 타인과 상호작용하기 위한 도구이다.

Q A

왜 언어를 상징(symbol)이라고 하나요?

언어를 상징이라고 표현하는 이유는 사물의 명칭이 그 이름으로 불릴 자의적인 이유가 없음에도 불구하고 그 이름으로 불리기 때문에, 상징적으로 이름을 붙인다는 의미에서, 상징이라고 말합니다. 예를 들면, 컵을 꼭 '컵'이라고 부를 이유는 없습니다. 그렇기 때문에 일어는 カップ, 중국어는 杯子, 독어는 Tasse 그리고 불어에서는 verre로 부릅니다. 즉, 개별언어 화자들의 동의에 따라 임의적으로 약속해서 명칭을 붙인 것입니다. 그래서 이와 같은 임의성(arbitrariness)을 상징이라고 부르게 된 것입니다.

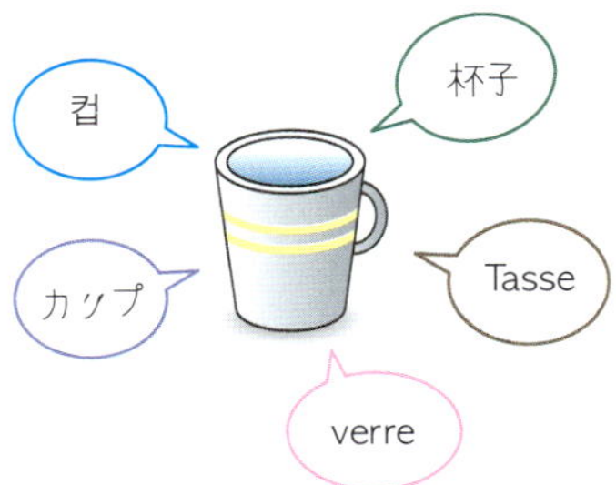

2 언어의 특성

1) 언어의 특성

언어란 자의적인 상징체계를 통해 아이디어, 정서 및 욕구를 상호 소통하는 습득 수단이며 이와 같은 상징은 청각 및 언어적 기관에서 산출된다고 할 수 있다. 언어는 다음과 같은 특성을 가진다(김영실·윤진주·곽경화, 2016).

첫째, 언어는 기호성을 가진다. 기본적으로 언어는 의사소통을 위한 기호의 체계이다. 언어는 전달하고자 하는 '내용(의미)'과 그것을 실어 나르는 '형식(음성과 문자)'의 두 가지 요소를 갖춘다. 동물의 의사소통체계는 소리와 의미가 구분되지 않고 한 덩어리로 되어 있어서 동물은 비슷한 소리로 전혀 다른 의미를 나타낼 수 없다. 그러나 인간의 언어는 소리와 의미가 서로 독립적으로 분리되어 비슷한 소리로 완전히 다른 의미를 나타내거나 완전히 다른 소리지만 동일한 의미를 나타낼 수 있다.

둘째, 언어는 임의적이다. 언어사용에 있어 특정한 내용(의미)에 특정한 형식(음성이나 문자)을 대응하는 것은 어떤 필연적인 이유가 있는 것이 아니고 임의적으로 어떠한 사물이나 대상을 일정한 소리나 문자로 나타내기로 사회가 약속한 것이다. 즉, 어떠한 언어가 가치를 가지기 위해서는 그 사회에서 의미와 형태에 대한 합의가 이루어질 때 가능하다.

셋째, 언어는 기본적으로 '다른 사람'의 존재를 전제로 하여 사회성을 가진다. 즉, 다른 사람과의 교류를 목적으로 사용한다, 언어는 사용자끼리의 사회적 약속이기에 정해진 말을 써야 하며 한 번 사회적 약속으로 굳어지게 되면 개인 마음대로 바꿀 수 없다. 언어는 여러 사람들 간의 정보 전달 및 교환을 통한 관계형성이 핵심적 특성이다.

넷째, 언어는 가역적이다. 언어는 고정되고 변하지 않는 것이 아니라 시대의 흐름에 따라 사용하지 않아 없어지기도 하고, 새로운 말이 생기기도 하면서 그 의미나 형태가 변화한다. 즉, 언어는 바뀌는 특성을 가진다. 언어는 사용하는 사람들끼리의 합의된 약속이지만, 새로운 사회현상이 생기거나 변화될 만한 이유가 있으면 얼마든지 바뀌기도 한다. 이는 언어가 사회의 역사와 문화를 반영하기 때문이다. 예를 들어, '스마트폰', '드론' 등은 과거에 없었던 말이며 현재 새롭게 만들어진 언어이다. '어엿브다(불쌍하다)', '아해(아이)' 등은 의미가 달라지거나 형태가 변한 언어이며 '온(百)', '즈믄(千)', '미리내(은하수)' 등은 없어진 말이다.

다섯째, 언어의 창조성이다. 인간은 전에 경험하지 않은 문장을 이해할 수 있고 더 나아가 전혀 새로운 문장을 만들 수 있는 능력을 가지고 있다. 상황에 따라 무수히 많은 말들을 만들어 표현할 수 있는 '언어의 창조성'은 동물의 언어와 인간의 언어를 구별해 주는 특징이다.

여섯째, 언어의 추상성이다. 언어는 추상화의 과정을 통해 만들어진다. 예를 들어, 사람들은 수많은 종류의 동물들로부터 뽑아낸 공통 특성을 '동물'이라는 단어로 추상화한 것이며 실제로는 '고양이, 개, 말, 코끼리, 악어…' 등의 다양한 모습으로 존재하고 있는 것이며 그 구체적인 실체를 가리키는 것은 아니다. 이 외에도 '진실'이나 '희망'과 같이 여러 사건이나 행위의 공통되는 특성을 개념화할 수 있다.

일곱째, 언어는 법칙성을 가진다. 언어는 기호 체계이며 해당되는 언어의 사용자 간에 약속하여 지키는 규칙이다. 우리나라 한국어는 '주어+목적어+서술어'로 문장이 구성된다는 표현방식의 규칙이 있기에 "나는 공부를 한다."라고 말한다.

2) 언어와 사고

우리의 사고는 언어 사용과 밀접하게 관련되어 있다. 언어가 없는 사고나 사고가 없는 언어는 불가능하다. 일반적으로 언어와 사고는 떼어놓을 수 없는 하나의 통합된 체계로 생각되나 심리학자들은 언어가 인간이 사물을 지각하고 그와 관련하여 사고하는 방식에 영향을 미칠 가능성에 대해 지속적으로 연구해왔다. 언어와 사고의 관계에 대해서는 강조하는 바에 따라 다른 관점을 가질 수 있다. 언어가 사고에 의존한다는 관점이 있고, 반대로 언어가 사고에 우선한다는 관점도 있다. 반면 언어와 사고는 별개의 영역으로 보는 관점도 있다. 그러나 언어와 사고를 분리하지 않고 언어와 사고가 어떻게 함께 작용하는지에 관심을 두는 것이 그 관계를 이해하는 데 더욱 도움이 될 것이다. 인간의 발달과정에서 언어와 사고 중 어느 쪽을 더 강조하느냐에 따라 두 가지 입장으로 나누어 볼 수 있다(김영실·윤진주·곽경화, 2016; 이경화·조순옥·김정원·심은희·이연규·이문정, 2013).

(1) 언어는 사고에 우선한다.

워프(Whorf)는 언어에 의해 사고가 결정된다는 언어결정론을 주장하였다. 즉, 개념이나 사고가 발달하기 전에 언어습득이 먼저 이루어지고 이렇게 습득된 언어에 의해 사고가 발달한다는 것이다. 비고츠키(Vygotsky)에게 언어란 인지발달의 근원인 사회적 상호작용을 위한 중요한 도구이기 때문에 인지발달을 이끄는 원동력이라고 보았다. 그는 언어와 사고는 만 2세까지는 각각 다른 뿌리에 근원을 두고 있으나 2세를 전후로 언어와 사고는 서로 교차하면서 영향을 미치게 되고 그 다음부터는 언어가 사고의 발달과정에 중요한 역할을 하게 된다는 언어우선론을 주장하였다. 언어는 사고를 돕고 사고가 언어로 표현되는 발달을 설명하고 있다. 따라서 언어는 사고와 인지발달을 촉진하는 매개적 기능을 갖는다고 보았다.

비고츠키가 주장하는 유아의 사적 언어(private speech)는 유아가 혼자 있을 때는 물론 또래와 함께 있을 때에도 상대방이 아닌 자신에게 소리 내어 하는 말이다. 비고츠키는 언어의 형식을 외적 언어와 내적 언어로 분류했는데, 외적 언어는 남에게 소리 내어 하는 말이고, 내적 언어는 소리 내지 않고 자신에게 하는 말이다. 비고츠키는 사적 언어는 사회적 의사소통을 위한 아동의 외적 언어(external speech)가 사고를 위한 내적 언어(inner speech)로 바뀌어가는 과정에서 나타나는 과도기적 언어이기 때문에 인지발달을 완성하기 위한 과정에서 중요한 역할을 수행한다고 설명한다.

(2) 사고는 언어에 우선한다.

피아제(Piaget)는 인지결정론의 입장을 가진다. 즉, 사고가 기초가 되어야 언어로 표현할 수 있기 때문에 언어발달이 인지발달을 앞설 수 없다고 하였다. 유아가 언어를 사용하려면 인지발달이 우선되어야 하고, 언어의 습득은 인지 수준에 의해 영향을 받는다고 주장한다. 즉, 유아의 언어발달은 인지발달 수준에 따라 진행된다. 예를 들어 전조작기(preoperational stage) 유아는 자신감과 상상력 발달이 촉진되어 언어의 사용이 폭발적으로 증가한다. 반면, 자기중심적이며 직관적인 사고의 경향이 유아의 언어에도 반영되어 자기중심적 언어(egocentric speech)의 사용이 많이 나타난다. 자기중심적 언어는 타인을 향하여 말하는 것도 아니며, 듣는 사람이 이해하도록 표현되지도 않는 혼잣말 형태의 비사회적인 말로, 사고의 중심이 자신에게 모아져 의사소통자로서 제대로 대화하지 못하는 특성을 보인다. 구체적 조작기로 들어가면 유아의 사고가 점차 자기중심적 경향을 벗어나면서 자기중심적 언어는 서서히 줄어들고 타인의 입장을 이해하며 타인과의 관계를 맺는 데 사용되는 언어인 사회화된 언어(socialized speech)를 사용하기 시작한다.

3) 인간과 언어

사람이 동물과 다른 점 중에서 가장 눈에 띄는 것은 사람만이 '말'을 할 수 있다는 것이다. 소가 사람의 목소리로 이야기한다든가, 강아지가 말을 한다는 것은 불가능하다. 인간은 지구상에서 음성으로 된 언어를 구사하는 유일한 종이다. 물론 앵무새나 구관조 같은 몇몇 새들이 인간의 말을 따라 할 줄은 안다. 앵무새는 상당히 두꺼운 혀를 가지고 있고, 사람처럼 혀의 모양과 위치를 바꾸는 능력을 가지고 있기 때문에 사람의 말을 흉내 낼 수 있다고는 하나 이들이 그 단어의 진정한 뜻을 알고 사용한다고는 생각되지 않는다.

사람의 아기도 물론 처음 태어났을 때는 우는 것을 제외하고는 의미 있는 소리는 거의 내지 못한다. 초기에는 말을 배우는 속도조차 느려서 '엄마, 아빠, 맘마, 안녕'처럼 일상생활에 꼭 필요한 단어 50개 정도를 익히는 데만 평균 약 18개월이 걸린다. 그러나 거북이에 비견될 만큼 느린 언어습득 능력은 아기가 만 두 돌이 되는 무렵, 갑자기 막힌 둑이 터진 듯 급격하게 발달하기 시작한다. 이 시기가 되면 아기들은 하루에 많으면 10개 정도의 새로운 단어들을 익히게 된다. 이 속도라면 한 달이면 120개 이상의 단어들을 익히게 되며, 이 단어들은 여간해서 잊지 않고 사용된다. 아기는 하룻밤 자고 나면 새로운 단어를 사용하게 되는데, 어른들은 이를 "말문이 터졌다."라고 이야기한다. 또한 이 시기의 영아는 그 동안 한 가지 단어만을 사용해 말하던 것에서 나아가 단어를 결합하고 구체적으로 사용할 줄 알게 된다. 예전에는 배가 고프면 그저 "맘마"라고만 얘기했던 것에서 "엄마, 배고파요."혹은 "우유 주세요."라고 말할 줄 알게 된다.

인간의 아기는 뛰어난 모방능력을 타고나기 때문에 의미 있는 말을 하기 훨씬 이전부터 어른들의 행동을 흉내 낸다. 이 시기의 아기에게 혀를 내미는 모습을 반복해서 보여주면, 아기는 곧 그 모습을 따라 한다. 하지만 대개의 아기들은 돌 전에는 말은커녕, '엄마, 아빠'를 제외하고는 말과 비슷한 소리조차도 못내는 경우가 많다. 이는 해부학적 구조상 말을 할 수 없기 때문이다. 그러나 연령이 증가하면서 언어를 위한 해부학적 구조가 빠르게 발달하게 된다.

따라서 인간만이 말을 할 수 있는 것은 근본적으로 인간의 뇌에 언어를 다루는 영역이 존재하기 때문이겠지만 해부학적 구조 자체도 여러 가지 다양한 발음을 내는 데 적절하도록 최적화되어 있기 때문이기도 하다.

3 언어 구조와 구성 요소

언어는 역사적, 사회적, 문화적 맥락 내에서 사용되어야 하며 사고의 과정이 수반되어야 언어로서의 역할을 할 수 있다. 모든 언어학의 요소는 언어 규칙을 지켜야만 의미가 만들어지고 그러한 의미를 주고받음으로써 의사소통이 가능해진다. '소리'의 요소를 다루는 학문을 음성학과 음운론이라고 하고, 그 '뜻'의 요소를 다루는 학문을 의미론이라고 한다(이영자, 2009, 재인용). '소리'와 '뜻'을 전달하는 되는 과정에서 최소 단위의 '뜻'을 나타내는 요소를 형태소라고 부르며 이러한 형태소가 모여 구(句)를 이루고 구가 모여 절(節)을 만든다. 이러한 구와 절의 구성과 기능을 다루는 학문을 통사론이라고 한다. 통사론은 의미론으로 연결되고 의미론은 말이 어떤 상황에서 어떻게 적절하게 사용되는가? 하는 화용론과 관련된다.

1) 언어의 구조

언어의 구조란 사회 구성원들이 뜻을 모아 사용하는 말의 규칙, 소리와 단어의 조합, 문장을 구성하는 규칙을 말한다(정남미, 2016). 구성 요소에는 자음과 모음, 음절, 형태소, 단어, 어휘, 구, 절, 문장 등이 있다.

(1) 자음과 모음

한글의 자모 체계를 구성하는 14개의 자음과 10개의 모음, 총 24개의 자·모음이 있다. 자음(consonant, 子音)은 사람이 날숨으로 소리를 낼 때 목 안 또는 입 안에서 장애를 받고 나는 소리로서 닿소리라고도 하며 모음의 상대어이다.

자음(14) : ㄱ, ㄴ, ㄷ, ㄹ, ㅁ, ㅂ, ㅅ, ㅇ, ㅈ, ㅊ, ㅋ, ㅌ, ㅍ, ㅎ

기본 자음 : ㄱ [기역] ㄴ [니은] ㄷ [디귿] ㄹ [리을] ㅁ [미음] ㅂ [비읍] ㅅ [시옷]
ㅇ [이응] ㅈ [지읒] ㅊ [치읓] ㅋ [키읔] ㅌ [티읕] ㅍ [피읖] ㅎ [히읗]

모음(vowel, 母音)은 발음할 때 성대를 진동시키고 나온 호기(呼氣)가 조음기관에 의하여 폐쇄·마찰 등의 장애를 받지 않고 나는 음(音) 혹은 홀소리라고도 한다.

모음(10) : ㅏ, ㅑ, ㅓ, ㅕ, ㅗ, ㅛ, ㅜ, ㅠ, ㅡ, ㅣ

모음 : ㅏ [아] ㅑ [야] ㅓ [어] ㅕ [여] ㅗ [오] ㅛ [요] ㅜ [우] ㅠ [유] ㅡ [으] ㅣ [이]

(2) 음소

음소(phoneme)란 언어의 의미를 변별해 주는 음성의 최소 단위이다. 자음과 모음에 의해 표현되며 음소들의 연결을 음운(音韻)이라고 한다.

(3) 음절

음절(syllable)은 자음과 모음으로 구성된 발음의 최소 단위로서 초성, 중성, 종성으로 나누어져 있다. 음절 구조에는 모음 단독(아, 어, 왜, 예 등), 자음+모음의 받침 없는 글자(가, 너, 도, 며 등), 모음+자음(열, 옹, 원 등)과 자음+모음+자음(강, 돌, 칼, 총 등)의 받침 있는 글자가 있다.

(4) 형태소

형태소(morpheme)는 의미의 가장 작은 언어단위이다. 그러므로 형태소는 쪼개면 의미가 없어지거나 또는 이전 의미와 관련되는 문법단위라 할 수 있다. 형태소 중에는 단독으로 문장에 나타날 수 있는 자립(자유, 어휘적) 형태소가 있고 반드시 다른 형태소와 결합해서만 나타날 수 있는 의존(문법적) 형태소가 있다. 의존형태소는 흔히 '뛰~'나 '~어라'처럼 다른 형태소가 결합하는 쪽에 접속부호를 둔다.

(5) 단어, 어휘

단어(word)는 문장을 이루는 기본 단위로서 자립성(自立性)과 분리성(分離性)을 가진 말의 최소 단위이다. 최소한 1개 이상의 형태소로 이루어지고, 일정한 뜻을 가진다. '학교에 간다.'에서 '학교', '에', '간다' 등이다. 자립(자유) 형태소는 단독으로 또는 다른 형태소와 결합하여 단어가 된다. 어휘(vocabulary)는 어떤 일정한 범위 안에서 쓰는 낱말의 수효. 또는 그 전체, 사용되는 단어의 집합을 말한다. '음식'의 관련 어휘는 식품, 식사, 점심, 저녁, 음료 등이다.

(6) 구, 절, 문장, 문단

구(phrase)란 둘 이상의 단어가 모여 절이나 문장의 일부분을 만드는 것이며, 절(clause)은 주어와 술어를 갖추며 독립적이지 않고 문장의 일부를 이루는 단위를 말한다. 절이 주어와 서술어를 갖춘 두 개 이상의 단어가 통합된 단위임에 비하여, 구는 주술관계(主述關係)가 나타나지 않은 두 단어 이상의 통합체를 말한다. 문장(sentence)은 단어가 일정한 문법적 규칙에 따라 연결된 것으로 사고나 감정을 언어나 글로 표현할 때 내용을 나타내는 최소의 단위이다. 문단(paragraph, 文段)은 특정한 요지나 아이디어를 다루는 글쓰기에서, 글을 내용상 끊어서 구분한 하나하나의 토막을 가리킨다. 단락(段落)이라고도 한다.

2) 언어의 형식적 구성요소

언어학에서 말하는 언어의 형식적 구성요소들은 다음과 같이 음성/음운론, 형태론, 구문/통사론이라고 하며, 언어의 내용적 차원과 관련된 요소를 의미론, 언어의 사용적 차원의 요소를 화용론이라고 한다(엄태식·조정은, 2015; 이지현·마송희·김수영·정정희, 2015).

(1) 음성/음운론

음성이란 소리를 의미하며 자음과 모음의 음향학적인 특질을 분석하는 것이다. 음운론(phonology)은 말의 구조, 배치, 순서 등 말소리의 조합을 지배하는 규칙과 관련되며 소리가 합쳐져서 어떤 소리체계를 이루는지를 연구하는 분야이다. 음소(phoneme)란 서로 다른 의미를 나타내는 소리의 가장 작은 단위로서 소리의 차이를 통하여 의미를 변별해 주는 음성의 최소단위로 음운이라고도 불린다. 언어

교육에서는 음성/음운 영역이 목소리를 과용/오용함으로써 나타나거나 기질적 문제로 인해 음성학적 특질(과비음, 거친 소리, 공기가 새는 소리)에 장애가 생기거나 발음에서 오류를 보이는 현상 등과 관련하여 다룬다.

(2) 형태론

형태론은 의미를 나타내는 최소의 단위이며 형태소가 어떻게 구성, 결합되고 문장을 만드는가 하는 단어의 내적인 구조에 관한 것을 다룬다. 형태소는 자립(자유, 어휘적) 형태소와 의존(문법적) 형태소로 분류된다. 자립 형태소는 명사, 동사, 형용사, 부사와 같이 독립적이고 뚜렷한 의미를 가지는 형태소이며, 의존 형태소는 명사 뒤의 격조사, 형용사나 동사의 어미변화와 같은 형태소 간의 문법적 관계와 의미를 명백하게 해 주는 역할을 한다. 예를 들어, "나는 가족들과 식사를 하였다."라는 문장에서 '나', '가족', '식사', '하다'는 자립 형태소이고 '는', '들', '과', '를', '였'은 의존 형태소이다.

(3) 구문/통사론

통사론(syntax)은 문장차원에서 문법적으로 어떤 특질을 보유했는지 분석하는 연구 분야이다. 따라서 제시된 문장에서 문법성에 문제를 보인다면(예 먹는다 생선 고양이가) 구문 혹은 통사오류라고 보는 것이다. 또한 통사론이란 문장 안에서의 '단어의 배열'을 다룬다. 단어의 배열은 임의로 하는 것이 아니라 정해진 규칙에 따라야 하므로 단어 조합이 올바른지, 혹은 문장이 문법적인지 아닌지를 판단할 수 있게 해준다. 우리말이나 일본어는 주어–목적어–동사의 순서이지만, 영어는 주어–동사–목적어의 순서로 되어 있다. 이 같은 분석을 구문/통사론에서 처리한다.

3) 언어의 내용적 구성요소

의미론(semantics)은 단어와 단어 조합의 의미, 또는 내용을 지배하는 규칙의 체계를 말한다. 의미 영역은 아동이 들은 언어를 얼마나 이해할 수 있는지의 이해

척도이다. 그러나 이와 같은 문장이해에 앞서서 어휘력 역시 의미 영역에 속한다. 어휘는 출생으로부터 시작해서 학령기에 이를 때까지 지속적으로 성장한다. 그래서 초등학교 입학 시기 정도가 되면 약 5,000단어를 알게 되고 초등학교 시기 동안에도 매년 약 3,000단어씩 증가한다.

4) 언어의 사용적 구성요소

화용론(pragmatics)은 의사소통적 맥락에서 다른 사람에게 영향을 미치고 정보를 전달할 때 적용되는 규칙이다. 어휘를 바르게 알고 있고 문법도 올바르다 할지라도 어떤 상황에서 어떻게 사용했는지가 언어에서는 매우 중요하다. 이를 화용이라고 하는데, 이는 문법성과 의미성을 초월하여 듣는 사람이 어떤 대상인지, 상황이 어떠한지에 대한 판단을 요구한다. 특히, 한국어와 같이 존칭어가 매우 발달된 언어는 화용에 민감하다. 그러므로 화용 문제를 보이는 아동은 어색한 상황을 유발한다. 예를 들어서, "밥 한 번 살게."라고 말한 교사의 발화에 피자를 사주면 아동이 "왜 밥을 사지 않지요?"라고 묻는 경우와 "선생님이 너에게 이렇게 하지 말라고 몇 번이나 말 했었니?"라고 물었는데 아동의 대답이 "세 번이요."라고 횟수로 답을 하면 화용오류에 해당한다.

〈표 1-1〉 언어학의 분야

차원/정의		언어 행동
형태	음운론 언어의 소리 체계	소리의 특성, 배분, 순서를 지배하는 규칙 및 소리의 이해 – 단어나 문장을 바르게 발음하고, 소리를 듣고 이해한 후 적절히 반응하기
	형태론 단어의 내적 조직 체계	단어를 구성하는 형태소에 대한 분석과 이해 – 단어에서 접두사, 접미사, 복수형의 분석
	구문론 언어의 문법 체계	문장의 형태나 구조를 지배하는 구문 규칙의 이해와 적용 – 발화 시 구문 구조의 인식 및 올바르게 구성된 발화의 산출 예 주어+목적어+동사의 어순을 알고, 어순에 맞게 말하기

차원/정의		언어 행동
내용	의미론 언어의 의미 체계	언어의 의미와 내용을 지배하는 규칙 체계의 이해 – 의미의 이해 예 만날 때 '안녕'이라는 단어와 의미 연결하기 – 의미 있는 발화의 산출 예 자전거가 지나갈 때 '자전거'라고 말하기
사용	화용론 언어의 사회적 상호작용 체계	의사소통의 맥락 안에서 언어 사용과 관련된 사회적, 언어적 규칙의 이해와 활용 – 다른 사람과 상호작용하는 방법, 상대방 및 상황에 대한 인식과 그에 따른 적절한 표현 방법 및 태도, 언어 사용에 관한 사회적 규칙이나 관습의 이해 – 발화의 사회적 암시의 이해와 사회적 상황에 적절한 발화 산출 예 '실례합니다'는 무언가 부탁을 하거나, 실례되는 행동을 하기 전에 할 수 있는 말임을 알기

출처: 정남미(2016).

4 언어의 기능

언어는 정보의 교환을 목적으로 하는 언어 행위이다. 말하는 사람과 듣는 사람 또는 글을 쓰는 사람과 읽는 사람이 서로 자신의 생각을 사회적으로 교환하는 것이다. 언어의 일차적인 목적은 의사소통이므로 언어의 구조보다는 언어의 사용과 기능, 언어가 사용되는 상황이 더 중요하다고 볼 수 있다(김기창, 1986; 남기심·이정민·이홍배, 1998).

1) 정보전달

인간은 원래가 인지능력을 소유한 존재이다. 인간의 지식은 삶을 보다 윤택하게 하는 역할을 한다. 그리고 이 지식은 주변으로부터 정보를 통해 형성된다. 그래서 우리는 누구나 태어나서부터 죽을 때까지 항상 일정한 정보와 지식을 획득

하고 사람들 간에 주고받는다. 이때 정보를 주고받는 가장 좋은 도구는 언어이다. 정보 전달로서의 언어는 사회 구성원들이 그 문화에 살면서 적응하고 생존하기 위한 필수불가결한 요소인 것이다. 그리고 사회 구성원들이 서로 주고받는 정보 전달은 그 문화의 세대 전수를 가능케 한다.

2) 감정유발

언어는 자신의 감정을 표현하는 도구임과 동시에 타인의 감정을 유발시키는 힘을 가지고 있다. 인간이 이성에 의해 움직이는 사회적 동물이지만 본능이라는 감정에 의해 자신의 행동을 결정한다. 이때 자신의 감정을 타인에게 전달하거나 자신 스스로에게 표현함으로써 행동 선택에 중요한 기준을 설정하게 된다. 인간이 일차적으로 갖고 있는 정서 즉, 희로애락 그리고 사건에 대한 개인의 주관적 해석을 통해 느끼는 2차 정서 모두 언어에 의해 형성되고 언어에 의해 표출된다.

3) 신념표현

인간은 모두 자신만의 가치와 신념체계를 가지고 있다. 이 신념은 일상의 행동 결정과 생각의 틀을 주장한다. 그런데 이 신념과 가치는 언어를 통해서 산출되고 언어를 통해 재조망된다. 즉, 자신의 신념을 구축하는 데에 타인의 생각이 언어를 통해 전달되어 본인에게 영향을 미치고 형성된 신념이 언어를 통해 타인의 가치관 형성에 의미를 부여하는 것이다. 뿐만 아니라, 윤리의식. 도덕성 등도 언어를 통해 타인에게 전달되고 인간의 최상의 신념인 종교관 역시 언어를 통해 형성된다.

4) 사회(성) 유지

인간은 누구나 사회 속에서 살아간다. 우리가 사회 속에서 살아가면서 자신의 존재감을 인식하는 순간은 언어를 통해 자신의 의견을 제시하고 타인을 통해서 그 말의 반응을 듣게 될 때이다. 즉, 언어의 사용이 사회 구성원임을 확인해 주는 것이다. 예를 들면, 영어를 잘하지 못하는 한국인이 미국 사회에서 자신의 존재를 확인하고 그 사회의 사람들과 좋은 관계를 유지하려면 영어를 다루는 유능성이 필요하다. 더 나아가서, 어떠한 사회가 잘 유지되려면 여러 가지 규범과 관행들이 올바르게 작동되어야 하는데 잘 진행되려면 사회 구성원 간의 언어소통이 원만해야 하는 것이다.

5) 행동수행

인간은 생각 감정 그리고 행동으로 구성되어 있다. 이 세 가지는 모두 함께 작동되는데 특히, 행동은 타인과의 관계 질을 결정하는 경우가 많다. 개인의 행동이 타인에게 영향을 주며 그것은 곧 그 조직에 영향을 미치게 되는 것이다. 그런데 이와 같은 행동이 일어나거나 수행되는 것은 언어라는 수단을 통해서 이루어진다. 예를 들면, 타인에게 어떤 것을 명령하거나 요청할 때 우리는 언어를 사용하는 것이다. 뿐만 아니라, 자기 행동의 옳고 그름을 판단하는 잣대도 타인의 언어에 의존한다.

6) 치유역할

심리적으로 문제가 있어서 상담실을 찾아갈 때 우리는 정서의 어려움을 해소하기 위해서 언어를 사용하여 타인에게 문제를 호소하고 언어를 통해 상담을 받는다. 그리고 우리는 스트레스 상황에서 자신의 문제를 글로 표현함으로써 마음이 정리되는 경험을 갖는다. 이 모든 것은 언어가 가지고 있는 치유적 기능에 해당한다.

또한 언어화용 연구의 대표 학자인 할리데이(Halliday, 1973, 1975)는 구어와 문어 그리고 체어(gesture)를 모두 고려해서 다음과 같은 7가지 언어 기능을 설명하였다.

① **도구적 기능(Instrumental function): 욕구와 소망을 충족시키기 위한 수단**

예 ~원해요, ~주세요

과자를 먹고 싶은 유아가 선반 위의 과자 상자를 가리키며 "과자 줘!"라고 말한다.

② 조정적 기능(Regulatory function): 자신과 타인의 행동, 감정, 태도를 통제

예 내가 말하는 대로 해 주세요.

엄마가 우는 시늉을 하자, 영아가 손으로 엄마의 눈을 만지며 "떼찌, 떼찌."(하지 말라는 의미)하고 말한다.

③ 상호작용적 기능(Interactional function): 주변 사람들과 사회관계 유지

예 (두 아이가 같은 장난감을 보며) "와… 이것 봐!"라고 말한다.

④ 개인적 기능(Personal function): 생각, 감정, 태도 표현 및 정체성 구현

예 "저 여기 있어요."

일기, 자서전, 인형극을 보고 자신의 느낌을 말로 표현하기

⑤ 가상적 기능(Imaginative function): 상상 세계 창조 및 창의적 활동 표현

예 "우리 ~인척해요."

이야기 읽어주는 것을 듣고 이야기를 지어서 극화하기

⑥ 발견적 기능(Heuristic function): 정보 찾기 및 문제해결을 위해 주위 탐색

예 "왜 그런지 말해 주세요."

사건이나 현상의 원인을 이야기하기

⑦ 정보적 기능(Informative function): 아이디어나 정보 전달 및 설명

예 "학교가 어디에 있나요?", "마트 뒤에 있습니다."

교실의 영역표시판, 하루 일과표, 날씨판 등

그러나 언어가 한 가지 기능만으로 사용되는 경우는 드물며 두 가지 이상의 기능을 동시에 사용하는 경우가 보다 많다. 다음은 기능에 따른 구어와 문어 활동 예시이다. 이를 살펴보면, 각각의 기능이 보다 명확하게 이해될 수 있을 것이다.

〈표 1-2〉 언어기능에 따른 구어와 문어활동

언어기능	구어활동	문어활동
도구기능	대화 광고	기록 사업상 편지 광고
조절기능	지시 몸짓 극 놀이	지시 교실 규칙 기록
상호작용기능	대화하기 토론	지인에게 보내는 편지 문답 일지
개인기능	토의 토론 보여주고 말하기 광고	개인적 일지 문답 일지 광고
상상기능	이야기하기 연극 극 놀이 역할놀이	이야기와 시 읽고 쓰기 각본 쓰기 모의 잡지 모의 신문
발견기능	인터뷰 역할놀이 토론	학습일지 유목화 및 분류하기 조사하여 보고서 쓰기
정보기능	구어로 보고하기 토론	보고서 쓰기 신문 읽고 쓰기 시간표 도표 지도 읽고 쓰기

출처: 강성화·김경희(2008).

연구문제

1. "언어는 상징이다."라고 말한다. 그 이유는 무엇인지 생각해 보세요.

2. 언어와 사고와의 관련성에 대해 설명해 보세요.

3. 할리데이(Halliday)가 설명한 7가지 언어기능 중 미래사회에서 부각될 기능은 무엇이라고 생각하는지 함께 토론해 보세요

02
CHAPTER

언어습득이론

인간의 언어습득은 여러 사조를 통해 제시되었다. 자극과 반응 및 강화를 강조하는 환경 중심적 '행동주의 이론', 언어습득은 타고난다고 주장하는 '생득주의' 그리고 도식구조와 주변 사람들과의 상호작용으로 유기체가 구성하여 습득된다는 '구성주의'가 있다. 그러나 어떤 이론만이 옳다기 보다 각각의 이론을 통합하여 설명하는 것이 바람직하다.

언어습득은 유전과 환경의 상호작용이다. 어떤 영역이 더 큰 설명력을 갖는지는 정확히 알 수 없으나 타고난 특질을 환경으로 변화시키는 일은 쉽지 않다. 또한 언어습득은 질적 발달과 양적 발달이 공존한다. 대체로 양적 발달이 역치에 도달하면 질적으로 성장한다. 이는 일정량의 어휘가 습득되면 다음 단계인 문장이 산출 가능함을 의미한다. 그러나 모든 학자들이 언어습득 방법에 대해 획일화된 설명을 제시하는 것은 아니다.

1 언어 정의

John B. Watson
(1978~1958)

행동주의는 1900년대 초 왓슨(Watson), 손다이크(Thorndike), 파블로브(Pavlov)의 주요 학문적 업적을 토대로 등장했고 20세기 전반의 심리학에 지대한 영향을 끼쳤다. 이들은 유전을 인정하나 주로 환경영향에 관심을 가졌고 마음을 연구하는 심리학이어도 관찰 가능한 현상만을 연구대상으로 삼았다. 행동주의는 자극과 반응이 연합되면 학습(습관)이 된다고 하였다. 그래서 그 연합의 정도가 강할수록 지속성이 높아져서 학습이 이루어진다고 보았다. 그렇다면 연합 강도는 어떻게 높일 수 있는가? 그 방법을 행동주의에서는 환경으로 본다. 이는 로크의 경험주의와 맥을 같이하는데 로크는 인간이 출생할 때 빈 서판(Blank slate)으로 태어나며 환경이 서판에 그림을 그려간다고 하였다. 스키너(Skinner)는 그의 저서 『언어적 행동(Verbal Behavior)』(1956)에서 언어습득의 환경중요성을 다음과 같이 강조했다(이경화 외, 2003, 재인용).

첫째, 'mand' 반응이다. 이것은 명령을 뜻하는 command와 요구 demand에서 나온 개념이다. 화자의 요구 혹은 명령이 청자반응을 이끌어내고 이 과정이 여러 번 반복되면서(습관화) 언어가 습득된다. 예를 들면, 영아가 '까까' 소리를 낸 경우 엄마가 '과자'를 가져다주면 경험이 반복되면서 과자를 먹고 싶을 때마다 '까까'

소리를 내게 되는 것이다. 이 과정은 유아가 자신의 욕구 충족 도구로서 언어가 사용됨을 인지하게 되고 이와 같은 일들이 반복되면서 언어필요성을 갖게 된다.

둘째, 'tact' 반응이다. 이는 접촉을 뜻하는 단어 contact에서 출발한다. 접촉은 신체적 근접성을 의미하는데 예를 들면, 영아가 엄마에게 안기면서 '앙앙'이라는 소리를 낸 경우 엄마가 '앙앙'을 엄마를 뜻하는 것으로 해석하여 바른 단어인 '엄마'라고 말해주면 영아는 접촉을 통해 습득된 단어를 동일한 상황에서 지속적으로 산출하며 언어를 습득한다.

셋째, 'echoic' 반응이다. 이는 메아리를 뜻하는 단어이다. 영아는 주변에서 산출한 말들을 메아리처럼 모방하며 언어를 습득한다. 이 같은 반응은 성인으로 하

여금 영아를 보다 귀엽고 사랑스럽게 생각해서 긍정적인 반응을 준다. 이 긍정적 반응은 결국 영아에게 정적 강화 역할(positive reinforcement)을 한다. 즉, 여러 가지 행동 중에서 나에게 만족스러운 경험을 제공하는 반응은 영아가 더 하고자 하는 것(조작적 조건화)이다.

Albert Bandura
(1925~2021)

후기 행동주의 학자인 사회인지이론가 반두라(Bandura)는 관찰 학습을 통해 발달을 설명했다(최경숙·송하나, 2010). 즉, 영아는 주변 사람들을 관찰하며 성장한다는 것이다. 그의 주장을 적용하면, 영아들은 주변 사람들의 언어를 모방하며 습득하는 것이다. 그러나 영아들은 모두의 말을 모방하지 않는다. 본 설명에 대해 반두라는 영아의 모델은 영아 자신에게 매력 있게 해석된 사람들이라고 주장한다. 즉, 타인의 행동이 매력 있으면 그 행동 혹은 언어를 모방하지만 자신에게 매력적이지 않다면 그 행동을 모방할 가능성은 낮다. 또한 반두라는 주의, 저장, 재생산, 강화를 통해 발달한다고 하였다(최경숙, 2006). 주의(attention)란 모방하고자 하는 사람에게 관심을 갖는 것이다. 이후 모델 행동은 상징/기호체계 혹은 심상으로 기억되어야 인출할 수 있다. 이를 저장이라 한다. 저장된 내용은 인출되어야 학습되었다고 볼 수 있다. 이를 재생산이라 한다. 그리고 재생산된 내용이 환경을 통해 칭찬, 물리적 보상 등 강화를 받게 되면 모방된 행동은 보다 빈번하게 산출된다. 따라서 언어습득은 영아에게 자신의 애착 대상인 엄마를 매력적인 존재로 인식하고 엄마의 말에 집중하며 기억하고 산출한다. 산출된 언어는 엄마를 포함한 주변인들에게 긍정적인 반응을 이끌게 되고 영아는 본 과정이 동기부여가 되어 언어습득을 이루게 된다. 또한 반두라는 영아들의 모방에 대해 '대리적 강화'를 설명했다. 대리적 강화란 타인의 강화가 영아에게 영향을 미치는 것이다(최경숙, 2006). 즉, 영아는 친구가 칭찬을 받거나 벌을 받으면 그 행동을 주의 깊게 보고 이후 칭찬받은 행동은 본인도 행동할 가능성이 높고 그렇지 않은 행동은 하지 않는다. 언어습득에서 대리적 강화는 친구의 말이 주변인에게 어떤 반응을 이끌어 내는지가 영아 언어습득에 영향을 미치는 것이다. 또한 반두라는 내적 즐거움의 동기를 '자기 강화'로 설명했다. 자기 강화는 자신의 행동을 외부에 초점을 두어 반응하는 것이 아니라 내면의 즐거움에서 귀인하는 것이다. 타인이 나에게 주는 보상과 관계없이 내면에서 즐겁다면 반복하는데 영아의 언어유희(말장난)가 '자기 강화'에 속한다.

그러나 행동주의는 언어습득 설명에 몇 가지 문제점이 있다.

첫째, 눈에 보이는 것만을 연구대상으르 하기 때문에 수용언어를 행동주의 범위에 포함시킬 수 있는지의 문제다. 수용언어는 이해언어로서 눈에 보이지 않는다. 따라서 행동주의에서 수용언어는 포함될 수 없다는 잠정적 결론을 내려왔다. 그러나 본 논쟁에 대해 Brown(2007)은 행동주의에도 수용언어가 포함될 수 있다고 주장한다. 왜냐하면 이해된 것이 가시적으로 표출되기 때문이다. 예를 들면, 주스를 마시려는 엄마가 영아에게 "컵 어디 있지?"라고 물으면 영아는 컵을 가져온다. 즉, 컵이 어디 있는지를 물었고 이 문장을 이해하는지를 가시적 행동으로 보인 것이다.

둘째, 강화의 불충분설이다. 만약 강화로 언어습득을 설명할 수 있다면 강화받지 않은 말은 퇴행되거나 습득되지 않아야 한다. 그러나 김영태(2015)에 따르면 부모들은 자녀 말에 약 10% 정도만 강화한다. 따라서 90%의 말은 강화받지 않은 상태이다. 그러나 아동은 시간이 지나면서 성인과 대화하기에 문제없는 언어를 습득한다. 뿐만 아니라, 부모의 강화는 대부분 문법이 아니라 의미에 초점을 둔다. 예를 들면, 영아는 이모가 전해준 말이 대해 "삼촌이가 그랬어요."라는 조사의 과잉일반화 현상을 보였지만 대부분의 부모는 "삼촌이가가 아니라 삼촌이야."라고 문법에 초점을 두고 수정하기보다 의미 즉, "이모가 그랬지."라고 반응한다. 그럼에도 영아들은 연령이 높아지면서 문법을 완전하게 습득해간다. 더 놀라운 것은, 영아기의 오류를 사랑스럽게 생각한 부모들이 문법적으로 오류 난 문장을 그대로 "삼촌이가 그랬어?"라고 되묻기도 한다. 그러나 영아들은 정문(grammatical sentence) 화자가 된다. 또한 장애아동의 경우 언어치료 현장에서 치료기법의 한 형태로 지속적인 강화를 받으나 비문(ungrammatical sentence) 화자로 남는다.

셋째, 모방문제이다. 영유아들은 부모가 산출한 모든 말을 따라 하지 않는다. 행동주의에서는 모방이 매우 중요한 습득기제로 설명되지만 현실은 그렇지 않다. 그대로 모방하기보다 '창조적 조합어'를 산출하거나 성인의 문법과 다른 형태의 언어를 산출하는 경우가 더 많다. '창조적 조합어'는 '과일 가게'를 '딸기 집'이라고 하는 것이며(김영태, 2015) 밥을 먹지 않는다는 말을 '안 밥 먹어, 안 밥' 혹은 새가 날아가지 않는 모습을 보며 '안 날아가, 새는'이라고 말하는 것이다(EBS, 아기성장 보고서 제4부 '언어습득의 비밀'). 어느 어른도 '안 밥 먹어 안 밥'이라든지 '딸기 집'이란 단어를 사용하지 않는다. 그렇지만 영유아들은 이와 같은 단어를 사용한다. 따라서 행동주의에서 주장하는 모방은 언어습득에서 필요조건이지 충분조건은 아니다.

넷째, 행동주의에서 중요한 언어습득이 환경인데 환경이 언어습득에 중요한 요소라면 다른 환경에서 출생한 영유아들의 언어는 모두 달라야 한다. 그러나 언어학자들이 주장하는 언어 보편성에 의해 모든 언어는 다양한 것이 아니라 공통점을 가지고 있다. 세계 어느 국가의 언어도 모두 단순한 체계에서 복잡한 체계로 발달한다(예 울음 → 단 단어 수준 → 두 단어 조합(문장) → 이야기 → 대화 → 담화). 오류에서도 동일한 현상이 나타난다. 우리나라의 과잉 일반화 현상은 다른 언어에서도 나타난다(예 "선생님이가 그랬잖아요.", go를 goed로 foot를 foots).

다섯째, 언어지연 및 언어장애 아동의 언어발달은 행동주의에서는 설명하기 어렵다. 언어치료에서 언어장애 및 지연아동에게 수많은 강화, 모방, 자극과 반응을 연결해서 교육하지만 평생 언어장애로 사는 아동이 대부분이다.

2 생득주의 이론

Avram N. Chomsky
(1928~)

행동주의에서 설명할 수 없는 언어습득의 또 다른 측면을 생득주의에서 설명한다. 생득주의에서는 언어습득이 환경이 아니라 타고난 능력이라는 것이다. 생득주의의 대표 학자인 촘스키(Chomsky)와 렌네버그(Lenneberg)는 1960년대 산출된 다양한 언어들을 비교하는 문화연구에서 개별언어와 무관하게 모든 언어는 공통점을 가지고 있다는 것을 발견했다. 예를 들면, 모든 언어는 주어가 있는 것, 단순성에서 복잡성으로 전이되면 습득되는 것(Brown, 2007) 등이다. 그리고 이와 같은 공통 특질을 렌네버그는 언어란 인간에게만 부여된 특별한 능력인데(종 특유의 특성) 이를 발달시키는 특정한 인식 유형, 범주화 능력은 생물학적으로 결정된다는 선천설을 주장했다. 생득주의를 주장하는 학자들은 청각장애 아동과 일반 아동의 언어 산출 능력을 비교하여 그들의 주장을 지지한다. 청각장애 아동은 어려서부터 언어를 들을 수 없기 때문에 제한된 언어습득을 보인다. 그러나 그들이 언어를 산출하는 과정 및 양태를 살펴보면, 지연되고 오류가 있을 수는 있어도 산출되는 단계는 일반아동과 동일하다. 즉, 인간은 누구나 공통된 기제를 가지고 있는 것이다. 그 기제를 촘스키는 언어습득기제(language acquisition device, LAD)라고 하였다. 촘스키는 각 언어의 문법이 매우 추상적이고 복잡함에도 불구하고 짧은 시간에 모국어를 성인과 같이 습득하는 것은 타고난 기제가 있기 때문이라고 주장하였다. 이들이 주장하는 언어습득기저는 멕네일(McNeill, 1966)이 다음과 같이 설명했다(하기 내용은 멕네일의 내용을 본서에 맞게 저자가 수정 보완한 내용임을 밝힘).

① 말소리와 말소리가 아닌 환경음(주변에서 들려지는 일반 소리)을 구별하는 능력
② 언어 자료를 여러 부류로 조직화하여 모국어 체계에 맞게 재정리하는 능력
③ 정문과 비문을 구분할 수 있는 능력
④ 길고 복잡한 문장을 이해하기 쉬운 형태로 분석할 수 있는 능력

이와 같은 생득적 기제는 인간이 한 번도 듣지 못했고 강화를 받지 않았다 하더라도 언어를 창조적으로 산출하고 같은 메시지를 다양한 문장으로 만드는 인간의 능력을 보다 잘 설명해 준다. 생득 기제에 대한 또 다른 설명 방법은 표면구조와 심층구조 간의 관계이다. 이는 촘스키가 주장한 설명으로 표면구조는 실제 문장구조이다(남기심 외, 1998).

즉, 다음과 같은 문장들이 표면구조에 속한다.
① 엄마가 나에게 우유를 주셨다.
② 나에게 엄마가 우유를 주셨다.
③ 엄마가 우유를 나에게 주셨다.
④ 우유를 엄마가 나에게 주셨다.

본 문장들은 문장 구조는 다르나 의미는 동일하다. 그러나 본 문장의 의미가 동일하다는 것을 표면구조만으로는 분석하기에는 부족하다. 왜냐하면 표면구조는 겉으로 드러난 문장구조를 분석하는 것이기 때문이다. 따라서 이들의 의미가 동일하다는 것을 설명하기 위해서 4개의 문장이 하나의 내용을 담고 있는 심층구조에서 도출되었음을 제시해야 한다. 심층구조는 화자의 메시지 즉, 개념, 생각, 아이디어 등이다. 따라서 본 문장은 4개의 표층구조와 1개의 심층구조로 짜인 언어구조이다. 그러면 1개의 심층구조에서 어떻게 4개의 표층구조 문장들이 산출되었을까? 동일한 심층구조에서 다양한 표면구조로의 출현은 통사규칙(변형 문법, transformational grammar)에 의한다. 그런데 통사규칙은 표면구조가 생성되는 데에 삭제, 일반화, 왜곡 등의 과정을 제어해 주는 역할을 한다. 이는 외국사람들이 한국어를 배울 때 보이는 오류를 보면 쉽게 이해된다. 말하고자 하는 것은 "엄마

가 나에게 우유를 주었다."라는 의미인데 이를 표현하는 문장은 매우 다양하고 오류가 많다. 즉, 이 오류를 잡아주는 것이 문법(통사규칙)인 것이다. 그리고 이 제어장치인 문법을 촘스키는 언어습득기제(LAD)라고 했다. 언어습득기제가 오류를 제어해 주는 역할을 한다면 영아들에게 나타나는 발달상 오류는 어떻게 해석할 것인가? 통사규칙인 언어습득기제가 있음에도 불구하고 오류를 보이는 이유는 무엇인가? 많은 학자들은 이 부분에 대해 다양한 설명을 제시한다. 그중 가장 지지받고 있는 이론은 Brown(2007)이 제시한 것으로, 아동이 보이는 오류는 언어문제가 아니라 뇌의 상태에 따라 언어습득기제가 적용되는 것이므로 언어 오류 또한 '체계적인 언어형태'라고 설명한다(Brown, 2007).

특히, 언어습득기제는 특정 시기에 보다 활성화되어 언어발달에 영향을 미친다. 이를 '민감기(sensitive)'라고 한다. '민감기'는 로렌츠(Lorenz, 1952)가 최초로 언급했는데 언어습득에서 일정시기가 지나면 언어발달이 어려워지는 생물학적 기간을 말한다(이흥수 외, 2009). 즉, 특정 능력이 발달하는 데 최적의 시기가 있으며 특정 환경 자극에 대해 보다 민감하게 반응한다는 시기(최경숙, 2006)이다. 로렌츠는 동물행동학자로서 각인(imprint) 현상에서 민감기를 도출했다. 그는 회색 기러기가 부화 후 어미 기러기로 인식하는 시점이 정해져 있다는 것을 발견했다. 회색 기러기의 경우 부화한 지 하루 만에 움직이는 대상에 대해 어미로 인식했고 그 이후에는 인식이 어려웠다. 그는 이를 민감기로 보고 각인 현상의 예로 제시했다.

민감기는 모국어와 제2언어가 다른데 모국어는 6, 7세이며 제2언어습득의 고전적 주장은 12, 13세이다. 이하원, 채희락(2011)에 따르면, 제2언어는 목표어(target language)를 학습하는 상황에 따라 민감기가 다르다. 예를 들어, 목표언어를 현지에서 즉, 영어를 미국 혹은 영국에서 배우는 경우(English as a Second Language, ESL)의 민감기는 12, 13세로 연령변수가 설명력을 갖지만 목표언어를 자국에서 즉, 영어를 한국, 일본, 중국 등에서 배우는 경우(English as a Foreign Language, EFL)는 시작연령이 가장 중요한 요소가 아니다(Brown, 2007). 왜냐하면 후자는 제2외국어 '학습'에 속하므로 일정 수준의 인지능력을 필요로 하고 학습은 시작보다 동기가 중요하기 때문이다.

생득주의는 모든 언어발달기 아동이 다양한 언어에서 동일한 언어발달 순서를 가지며 강화 혹은 환경으로만 설명되기 어려운 현상을 보완하는 데 충분하다. 그러나 생득주의도 몇 가지 제한점을 갖는다. 첫째, LAD는 세포가 아니라 언어습득기제가 있다는 하나의 가설에 속한다(Brown, 2007). 즉, 과학적으로 검증된 대상(object)이 아니다. 둘째, LAD가 있다면 아동의 언어오류를 설명하는 데에 무리가 따른다. 유아는 종종 "선생님이가 그랬잖아요."라는 과잉 조사현상을 보인다. 만약, 생득주의 학자들의 주장처럼 언어습득기제가 있다면 오류를 어떻게 설명할 것인가? 언어습득기제가 오류를 걸러주어야 하는 것이 아닌가? 유아들은 완전한 정문만을 산출해야 하는 것 아닌가? 물론 생득주의자들은 언어습득기제도 발달과정을 거치기 때문에 비문을 '체계적 오류'로 정의했다. 그러나 설명이 충분하지 않다. 사실 오류 수정은 언어습득기제 영향도 있겠지만 행동주의에서 주장하는 성인(부모, 교사)의 정문입력을 포함해야 완전한 설명이 된다.

행동주의는 인간을 수동적으로 보았다. 환경을 입력하면 언어발달기 유아들은 언어습득이 이루어져야만 하는 것이다. 그렇지만 그 모습이 모두 다르며 LAD가 있다면 언어장애 아동은 없어야 한다. 또한 행동주의에서 주장하듯이 인간이 수동적인가? 만약 유기체가 수동적이라면 가정 내에 아이들은 모두 동일한 발달을 보여야 한다. 그러나 그렇지 않다. 이는 인간이 수동적이 아니라 능동적 즉, 환경에 대한 해석이 다양하다는 것을 뜻한다. 언어자극이 입력되어도 받아들이는 모양은 모두 다른 것이다. 이를 구성주의 접근이라 한다.

3 구성주의 이론

구성주의는 피학습자가 자신의 경험을 기초로 지식과 의미를 구현한다. 이는 유기체를 수동적인 존재가 아니라 능동적인 존재로 보는 관점이며 동일한 환경에 대해 유아들이 다양한 모습을 보이는 것을 설명해 준다. 구성주의는 '인지적 구성주의'와 '사회적 구성주의'로 나뉜다.

(1) 인지적 구성주의

Jean W. F. Piage
(1896~1980)

인지적 구성주의의 대표적인 학자는 피아제(Piaget)이다. 그는 도식(scheme)이 연령에 따라 다르며 도식 특성에 따라 아동의 발달모습이 다르다는 인지 우선론을 주장했다. 도식이란 '지식기반, 인지구조, 지식의 틀'이다. 즉, A 도식을 갖고 있으면 유아는 A와 같은 발달을 보이며 모든 주변 환경을 A로 해석한다. 인지 우선론 입장에서 언어발달은 인지가 습득돼야 언어발달이 이루어진다. 대표적인 언어 관련 인지개념으로 사물영속성(object permanence)이 있다. 사물영속성은 물건이 눈에 보이지 않아도 어딘가에 존재한다고 인식하는 것(최경숙, 2006)이다.

따라서 영아들이 '또 혹은 더' 등의 표현이 가능한 것은 사물영속성 때문이다. 상호배타성 제약(mutual exclusive)은 한 가지 사물에 하나의 이름만이 붙을 수 있다는 인지개념이다. 이 개념이 획득되면 영아들은 '어휘 폭발기'에 속하게 된다. 왜냐하면 50개의 단어를 알면 총 100개의 어휘를 습득할 수 있는 원리를 갖는 것이기 때문이다. 예를 들면, 영아에게 사과와 모르는 과일을 보여주고 '우투투'가 어디 있는지 물으면 영아는 모르는 과일을 '우투투'라고 대답한다. 왜냐하면 한 가지 사물에 붙는다고 생각하기 때문에 이름을 모르는 사물에 '우투투'를 붙이는 것이다(mapping). 피아제는 전조작기 유아의 특성 중 대표적인 인지개념으로 '자기중심적 사고'를 제시했다. 이는 이기적인 것이 아니라 한 측면 외에는 볼 수 없는 조망수용능력(perspective taking)의 한계이다.

자기중심적 사고를 설명하는 대표적인 피아제 실험은 세 산 실험이다. 세 산 실험은 테이블에 크기가 각기 다른 세 개의 산이 있다. 실험대상자인 유아와 인형을 테이블 맞은편에 앉힌 후 유아에게 자신이 보는 산의 모양과 인형이 보는 산의 모양이 어떠한지 그림카드에서 고르라고 한다. 전조작기 유아는 자신이 보는 산의 모양과 인형이 보는 산의 모양을 동일한 그림카드로 선택한다. 이러한 유아들의 인지특성으로 인해 이 시기 유아 언어는 '집단적 독백'에 속한다. 집단적 독백이란 여러 명의 아이들이 함께 대화하지만 대화의 주제가 각기 다른 것을 의미한다.

즉, 자신의 입장에 속한 대화만을 하는 것이다. 한 아이는 엄마에 관한 이야기를 하는 데 다른 아이는 이 말을 듣고 어린이집 선생님 얘기를 한다. 성인에게서는 나타나기 어려운 언어형태이다. 자기중심적 사고를 반영하는 또 다른 언어형태로 '자르곤(jargon)'과 '독백'이 있다. 자르곤은 무의미한 말을 타인의식 없이 산출하는 것이며 독백 또한 혼자 말하는 것이다. "내가 신발을 신어야지.", "이건 이렇게 하고, 됐다!" 등(이경화, 2003)이 이에 속한다. 그러나 연령이 높아지면서 유아들은 자기 중심적 도식에서 벗어나 타인 입장을 이해할 수 있는 사회화된 언어형태를 갖는다.

이와 같은 형태 변화는 환경과 인지와의 상호작용인데 몇 가지 기제가 작동한다. 이는 동화, 조절, 평형화로서 변증법적으로 반복되며 인간을 성장시킨다(이경화, 2003). 동화는 새로운 지각적, 운동적, 개념적 사건을 기존의 도식이나 행동패턴에 통합시키는 인지적 과정(Wordsworth, 1998)이다. 예를 들어, 한국어 문장 어순에 적합한 말을 들은 외국인은 기존의 자신의 도식에서 한국어 문장 어순과 동일한 말을 들었다는 판단 하에 이를 '한국어'라고 받아(동화)들인다. 외국인은 본인의 도식에 불편하지 않은 말을 들었기 때문에 '평형화' 상태에 놓인다. 조절은 새로운 도식의 창조이거나 옛 도식의 수정이다(Wordsworth, 1998). 예를 들어, 한국어를 공부하려는 외국인에게 한국어 문장은 영어 문장과 다르다는 인식으로 인해 언어 도식을 바꾸어야 한다. 그 과정이 조절과정이다. 또한 이 과정은 외국인에게 갈등요소가 된다. 따라서 이를 불평형화라고 한다. 인간은 누구나 성장을 위해 평형화와 불평형화를 순환하며 발달한다. 영아는 '엄마'라는 단어로 본인의 욕구를 충족할 수 있다. 이 과정은 영아에게는 도식과 일치되는 상황이므로 동화와 평형화를 경험한다. 그러나 연령이 높아지면서 본인의 욕구도 세분화되고 주변에서 요구하는 언어 수준이 달라지면서 '엄마'라는 단어로만 의사소통할 수 없음을 자각하게 된다. 이때 영아는 불평형화를 경험하게 되고 문장 수준으로의 조절을 경험하게 된다. 영아는 평형화, 동화 그리고 조절, 불평형화를 반복하면서 점차 성인의 언어 수준으로 성장한다. 그러나 인지우선론은 언어도 인지에 영향을 줄 수 있다는 점을 간과하여 인지와 언어와의 관계를 명확히 밝히지 못했다는 점(주영희, 2001)에서 한계를 보인다.

(2) 사회적 구성주의

L. S. Vytotsky
(1896~1934)

비고츠키(Vygotsky)는 인간발달은 사회문화 요소가 개입된다고 하였다. 개인이 속한 사회와 문화가 인간성장에 영향을 준다. 특히, 아동은 주변에 있는 성인 혹은 좀 더 똑똑한 또래(more capable peers)와 상호작용하며 발달한다(Thomas, 2000). 그리고 상호작용 방법으로 제일 중요한 요소는 언어이다. 따라서 언어 없이는 성장할 수 없으며 언어는 사회의 문화, 관습, 사고방식을 담고 있으므로 유아들은 언어를 배움으로써 자신이 속한 사회의 사고체계, 행동 등을 습득할 수 있다(이경화, 2003). 이를 '언어우선론'이라고 한다. 언어우선론은 유아가 '자랑스럽다', '당황스럽다' '행복하다' 등 추상어를 사회 구성원들과 빈번하게 사용하면 그 의미가 인식되면서 인지가 촉진된다고 설명했다. 즉, 사회구성원과의 상호작용이 중요하다.

비고츠키는 사회구성원과의 상호작용에서 두 가지 중요한 개념을 제시했다. 근접발달지대(zone of proximal development, ZPD)와 비계(scaffolding)이다. 근접발달지대는 아동이 스스로 성취할 수 있는 수준과 누군가의 도움에 의해서 획득할 수 있는 수준 간의 차이이다. 혼자서는 신발을 한 짝만 신을 수 있는 영아가 엄마의 도움으로 두 짝을 모두 신을 수 있게 되었다면 도움으로 인해 신겨진 한 짝이 근접발달지대가 되는 것이다. 이때 엄마의 도움을 '비계자'라고 설명한다. 따라서 아동은 주변에 어떤 의사소통자가 있는지에 따라 언어발달이 달라진다. EBS 아기 성장보고서(제4편 언어습득의 비밀)에 따르면, 중상류층 부모의 자녀와 저소득층 부모의 자녀 언어를 비교하였다. 그 결과, 전문직종 부모를 둔 자녀가 보다 정교하고 복잡한 언어발달을 보였다. 이는 아동이 어떤 언어 비계자와 상호작용했는지가 언어발달에 중요한 요소가 되는 것을 증명한다.

사회적 구성주의는 초기 어휘를 사회적 언어(social speech)로 보았다. 예를 들면, 초기 어휘가 '엄마', '안녕' 등과 같은 단어인데 모두 타인을 의식한 관계어에 속한다는 것이다. 따라서 사회적 구성주의는 언어발달의 중요한 요소를 사회, 관계, 타인 등으로 보았다. 이 같은 특징은 언어형태를 혼잣말(private speech), 외적 언어, 내적 언어로 나뉘게 된다. '외적 언어'는 2세 혹은 지적 능력이 낮은 사람들에게서 산출되는 언어특성으로 사고가 단어로 변형된 것이며 사고의 구체화이고 객관화이다(이지현 외 2015). 그래서 인과관계와 시간개념에 대해 이해하기 전에 '~ 왜냐하면, 그러나, ~ 할 때'라는 단어를 사용하는 것이다. 또한 문제를 해결할 때 자신의 사고를 언어로 표출하여 문제를 해결하는 것도 외적 언어에 속한다. 예를 들면, '3 더하기 2'라는 수학문제를 푸는 과정에서 유아는 소리를 내어 계산한다. "하나, 둘, 셋, 넷, 다섯" 혹은 "셋에다가 둘을 더하면 어떻게 되지? 참새가 세 마리가 있었는데… 아하 다섯이구나." 이처럼 모든 문제 해결과정을 소리 내어 자신을 통제한다. 그러나 점차 연령이 높아지면서 '3 더하기 2'라는 문제를 보게 되면 속으로 계산해서 "5"라고 답한다. '혼잣말'은 피아제 인지발달단계 중 전조작기에 해당하는 것으로 '자기중심적 사고(egocentrism)'에서 비롯된다. 피아제는 자신의 입장만을 생각하는 혼잣말은 미성숙한 형태라고 보았다. 그러나 비고츠키는 혼잣말은 미성숙한 언어형태가 아니라 자신의 문제를 스스로 통제하고자 하는 고급기능으로 설명했다. 그는 어려운 문제 앞에서 아동이 소리 내어 문제를 읽거나 문제 푸는 과정 자체를 입으로 중얼거리며 절차를 통제하는 것은 매우 고차원적 기능이라는 것이다.

Urie Bronfenbrenner (1917~2005)

생태학자인 브론펜브레너의 발달이론 역시 언어습득에 시사점을 준다. 그는 아동 주변의 생태 근접도에 따라 다양한 체계 '미시체계, 중간체계, 거시체계, 외체계'가 있는데 이 체계들이 쌍방향으로 아동에게 영향을 준다고 설명한다. 가장 직접적인 부, 모, 형제 및 어린이집 선생님 등은 미시체계로서 아동에게 가장 가까이에서 영향을 주는 생태이다. 중간체계는 미시체계 간의 관계로서 엄마와 아빠의 친밀도가 아동에게 영향을 주는 것이다. 거시체계는 직접적으로 아동에게 영향을 주는 것은 아니지만 멀리서라도 영향을 주는 예를 들면, 아버지의 직장 상사, 엄마의 이웃 혹은 친구들이 이에 속한다. 마지막으로 외체계는 국가, 문화, 법 등인데 아동에게 대통령이 사탕을 직접 준 적은 없지만 대통령이 아동교육 기관에 대한 정책 법안을 통과시키면 그 영향을 아이들이 그대로 받게 되는 것이다. 이 같은 체계를 언어에 적용해 보면, 모든 생태계의 다양한 측면들이 아동 언어에 영향을 준다. 대표적으로 한국 아동이 일본에 거주한다면 일본 문화가 영향을 주어 일어를 습득하거나 일본어 악센트 영향을 받은 한국어를 산출한다. 그러나 중요한 것은 생태 자체가 아동에게 영향을 주는 것이 아니라 아동도 생태에 영향을 준다는 것이다. 기질이 순한 아이는 부모에게 양육 스트레스를 덜 준다. 그러므로 유능한 언어생태가 아동 주변에 있다 하더라도 받아들일 수 있는 인지 수준, 기질 정도 및 기타 다양한 영유아 요소들이 언어 수준에 영향을 준다.

연구문제

1. 행동주의 습득이론에서 강화의 문제점은 무엇일까요?

2. 구성주의 관점에서 피아제와 비고츠키의 다른 점은 무엇일까요?

3. 행동주의의 어떤 문제점을 LAD가 보충해줄까요?

03
CHAPTER

영유아 언어발달 과정

영유아 언어발달 영역은 음성과 문자로 나뉜다. 울음으로 의사소통을 시작하던 영아는 점차 옹알이에서 한 단어 수준으로 의사소통을 하다가 어휘 폭발기를 거치면서 단어조합 형태인 문장을 습득하게 된다. 본 과정에서 영유아는 성인(부모, 교사)과의 상호작용을 통해 이야기, 담화 수준의 유능한 의사소통가가 된다. 또한 영유아는 일상생활에서 다양한 문자를 접하게 되어 문자에 자연스러운 호기심을 보이며 이름을 쓸 필요성과 글을 읽고 쓰는 능력이 일상생활에서 얼마나 중요한지 인식하게 된다. 이와 같은 과정은 어떤 언어권의 영유아에게도 보편적 단계를 통해 동일하지만 언어특성 및 언어 환경에 따라 다양한 개인차가 존재한다.

언어를 음성언어와 문자언어로 구분할 때, 음성언어(말)의 발달은 문자언어(글)의 발달보다 선행한다. 문자언어가 순조롭게 발달하기 위해서는 우선 음성언어의 기술이 충분히 발달되어야 한다. 음성언어와 문자언어는 서로 긴밀한 관련성을 갖기 때문이다. 물론 말과 글의 관계를 충분히 이해하기 위해서는 태어나면서 주변의 물리적, 사회적 환경과의 상호작용을 통해 지속적으로 언어적, 물리적 경험을 제공받으며 점진적으로 나아가야 한다. 영아기와 유아기 동안 듣기와 말하기를 중심으로 언어를 사용하면서 복잡 미묘한 언어의 공통점과 차이점을 지속적으로 학습해 나간다. 주변의 문자에 대해서도 인식하게 되며 주위 사람들이 일상적으로 읽고 쓰는 모습을 관찰하면서 자신도 읽기, 쓰기와 긴밀하게 관련된 생활을 하고 있다는 사실을 알게 된다. 시간이 지나면서 영유아는 자신도 생활 속에서 읽고 써야 할 필요성을 느끼고 실제로 읽고 쓰는 시도를 해보면서 일상생활에서 문자가 하는 기능에 대해 알아가게 된다. 성인이나 형제가 주변의 글자나 글, 책을 보며 읽어 주거나 영유아의 말을 받아 적어 보여주는 경험을 통해 영유아는 문자가 말과 관련이 있음을 알게 되고 말소리에 대해 흥미를 가지고 의식적으로 생각하게 될 때 말과 글의 이해가 촉진될 수 있다. 이러한 이유로 일상생활에서 접하는 언어 관련 자극이 너무 적고 부족한 환경에서 성장하는 영유아는 읽기와 쓰기 학습에 부정적인 영향을 받기 쉬우며 이 시기 집중적으로 음성언어 기술을 발달시키지 못하면 학교에 입학하기 전부터 누진지체를 보이게 된다.

음성언어와 문자언어의 공통점과 차이점은 다음과 같다(이지현·마송희·김수영·정정희, 2015). 음성언어와 문자언어의 공통점은 다른 사람과 의미를 주고받으며 의사소통의 기능을 하며, 음성언어와 문자언어는 모두 표상체계로서, 의미를 소통하기 위하여 그 사회에서 약속된 부호를 사용하게 된다. 또한 음성언어와 문자언어는 사람, 물체, 사건 등을 표현할 때 동일한 어휘들을 사용하며 말하기, 듣기, 읽기, 쓰기의 과정은 '들은 대로 말하기', '쓴 것을 읽어 보기' 등 동시에 일어날 수 있기에 음성언어와 문자언어는 함께 사용될 수 있다. 음성언어와 문자언어는 모두 영유아가 이 세상과 단어에 대한 지식을 형성하는 데 있어 '정신의 도구'이며, 공통된 기술, 즉 예측하기, 질문하기, 답하기, 표현하기 등 공통의 기술을 사용할 수 있다.

음성언어와 문자언어의 차이점은 각각 청각과 시각이라는 서로 다른 감각을 사용하는 표상체계이다. 음성언어는 청각자극인 말소리를 사용하는 언어이며 말하는 화자와 듣는 청자가 시간과 공간을 함께하며 일시적으로 소통할 수 있다. 반면 문자언어는 시간과 공간을 함께하지 않아도 되는 저자와 독자가 시각자극인 문자를 사용하는 언어이다. 비록 문자언어도 임의적으로 그 사회 안에서 약속하고 소통하는 부호이나 비교적 음성언어보다 영구적이다. 문자언어에는 문자 부호를 해독하는 것을 포함한다.

1 음성언어 발달

영유아는 최초의 언어인 울음을 시작으로 의사소통을 시작하게 된다. 자신과 관련이 있고 영향을 주고받는 주위 사람들을 통해 언어적, 비언어적 상호작용을 하며 듣기, 말하기를 연습하고 익히며 음성언어의 발달을 이루어 나간다. 1세 미만의 영아 초기인 전언어기와 1세 이후의 언어기에서 나타나는 음성언어의 주요 특징들을 살펴본다(박희숙, 2020).

1) 영아 초기(전언어기)

출생 후 1세 미만까지는 전언어기라고 한다. 전언어기에는 울음, 쿠잉, 옹알이, 자기 소리 및 타인 소리의 모방, 몸짓 등의 언어적 행동이 나타난다.

(1) 울음

영아는 출생 시부터 울음(crying)을 통해 소리를 만들어내는데, 이는 최초의 의사소통으로써 양육자나 다른 타인의 주의를 끌기 위한 목적으로 나타난다. 초기 울음은 의미가 분화되지 않고 숨을 내쉬며 일어나는 일종의 반사 반응이나, 점차 분화되어 울음의 강도나 높이로 배가 고픈지, 졸린지, 화가 났는지, 아픈지 등을 알 수 있다. 즉, 생후 1개월이 지나면서 배고픔, 졸림, 아픔, 공포, 괴로움 등을 서로 다른 패턴과 강도, 고저, 길이를 갖고 있는 차별화된 움을 통해서 상대방에게 자신의 의사를 전달하게 된다. 따라서 이 시기의 아기는 이전에 비해 양육자와 보다 더 정확한 의사소통을 할 수 있게 된다.

(2) 쿠잉

'소리내기'라고 하는 쿠잉(cooing)은 약 6주경에 나타난다. 울음 이외의 발성이며, 주로 모음으로 구성되며 배가 고프거나 젖을 먹은 다음 혹은 잠에서 깨어날 때 양육자와 상호작용하며 목젖을 울리는 '우우~'나 '아아~', '구구~' 같은 소리를 낸다. 우연히 산출되는 목 울림 소리로 영아가 기분 좋을 때 나타난다. 영아는 쿠잉을 사용하면서 주된 양육자와 상호교환적 의사소통을 시작하게 된다.

(3) 옹알이

옹알이(babbling)는 3~4개월경에 나타난다. 자모음을 결합한 음절을 반복하는데, 단어와 유사하게 들리기도 하나 의미가 없는 소리이다. 옹알이는 일종의 놀이로서 발성연습을 통해 언어발달을 촉진하는 계기를 마련하고 부모와의 의사소통을 활발히 할 수 있도록 도와주는 매개체로서의 역할을 한다. 6개월가량의 영아는 우연히 자신이 발성한 소리를 되풀이해 모방하고 9개월 이후에는 주변 사람들의 말소리를 의식적으로 그러나 메아리처럼 따라 하게 된다. 영아가 부모와 옹알이를 통해 의사소통할 때 부모는 자신이 사용하는 언어의 음소만을 선택적으로 사용하게 되므로 영아는 자기가 속한 집단에서 쓰지 않는 소리는 전혀 내지 않게 되고, 자주 쓰이는 소리는 점점 많이 내게 됨으로써 옹알이를 통해 자연스럽게 모국어의 음소를 획득하게 되는 것이다. 따라서 영아의 옹알이는 주위 환경에서 경험한 소리의 빈도와 횟수에 따라 영향을 많이 받게 되므로 부모나 다른 사람들은 영아에게 소리 내어 말을 하고 영아의 표현에 대해 적절한 반응을 보여주면서 영아가 지속적으로 발성할 수 있도록 도와주어야 한다.

(4) 자기 소리 모방과 타인 소리 모방

영아는 약 8~9개월이 되면 여러 음성을 모방하여 반복적으로 소리 내는 것을 즐기게 된다. 특히 주변에서 나는 소리를 잘 인식할 수 있게 되면서 우연히 자신이 낸 소리를 듣고 이것을 다시 모방하게 되고, 다른 사람의 말소리를 모방하여 소리를 내기도 한다. 영아는 자기의 소리와 다른 사람의 소리를 분별하여 모방할 수 있고 이때 단어로 된 어휘를 모방하는 경향이 있다고 한다.

(5) 몸짓

약 8~12개월경에는 상대방과 의사소통하기 위하여 몸짓(gesture)이나 얼굴 표정과 같은 비언어적인 반응을 사용하기 시작한다. 손으로 가리키거나 손을 흔들거나 고개를 끄덕이는 식의 몸짓은 단어를 말하는 것과 같은 기능을 하게 되고, 영아가 말을 하기 시작하면서는 자신의 메시지를 보완하기 위한 수단으로 함께 사용한다. 말하는 것을 격려받고, 소리 내어 하는 말이 몸짓보다 다른 사람을 더 이해시키기 쉽다는 것을 영아 자신이 깨닫게 됨에 따라 점차 감소한다.

〈표 3-1〉 영아기의 보편적인 몸짓과 그 의미

몸짓	의미
• 젖을 빨지 않고 입 밖으로 흐르도록 하는 것	• 배가 더 이상 고프지 않음, 만족하게 먹었음
• 혀로 젖꼭지를 밀어내기	• 불유쾌함
• 입을 삐죽이 내밀기	• 원치 않음
• 물건을 향해서 손 내밀기	• 그 물건을 손에 쥐기 원함
• 사람을 향해서 손 내밀기	• 안아주기 원함
• 입술 빨기 또는 혀 내밀기	• 배고픔
• 미소 짓기와 팔 내밀기	• 안아주기 원함
• 재채기	• 춥거나 기저귀가 젖음
• 옷을 갈아 입히거나 목욕을 시킬 때 바둥거리기	• 이 행위를 싫어하고 화가 났음
• 손가락으로 가리키기	• 그 물건을 달라고 함

출처: 이순형 외(2010)에서 재구성.

2) 언어기

만 1세 이후부터는 전언어기에서 언어 출현 시기로 오게 된다. 대체로 12개월 정도가 되면 한 단어를 사용하여 의사소통할 수 있게 되며 대략 24개월이 되면 두 단어로 된 문장을 말할 수 있게 된다.

(1) 한 단어 단계

생후 1년을 전후하여 첫 단어를 말하게 된다. 일단 첫 단어를 말하기 시작하면 그 이후로 어휘 습득이 빠르게 증가한다. 인지적 능력과 언어적인 기술이 제한되어 있기 때문에 한 단어로서 전체 문장을 대신하게 되나 그 단어는 하나의 문장과 같은 의미를 지니기 때문에 한 단어 문장, 일어문(holophrase)이라고 한다.

〈표 3-2〉 초기 사용어

분류		언어표현
명사	사람	엄마, 아빠, 아기, 형아, 함니(할머니), 언니 하버지(할아버지), 아움마(아줌마)
	신체	꼬(코), 발, 눙(눈), 머이(머리)
	의류	꼬까, 신바(신발)
	음식	무(물), 우유, 맘마, 밥바(밥), 아탕(사탕)
	장난감	빵빵(차), 꽁(공)
동사, 형용사	동사	쉬, 가자, 까주(까줘), 안 줘, 없다. 떼찌, 안 해, 앉아, 응가, 찌져(찢어주세요), 어부바, 줘, 안녕, 장가(잘 가), 빠이빠이
	형용사	미워, 시어(싫어), 아포(아퍼), 어뜨(뜨겁다) 아차(차갑다), 무셔(무서워)

출처: 조명한(1982).

(2) 두 단어 조합 단계

18개월에서 24개월경에는 두 단어를 결합하여 간단한 문장을 만들기 시작한다. 이를 전보문(telegraphic speech)이라고 하는데, 전보문처럼 관사나 조동사, 그 밖의 연결어는 생략하고 대신 동사, 명사, 형용사와 같은 의미를 전달하는 데 꼭 필요한 단어만을 포함하고 있기 때문이다.

또한 이때 '과잉축소'와 '과잉확장' 현상이 나타난다. 과잉축소는 단어가 갖고 있는 원래의 뜻보다 좁은 의미로 사용하는 경우로, '치킨'을 말할 때 모든 닭고기가 아닌 기름에 튀긴 닭고기만을 지칭하는 경우라고 할 수 있다. 반면에 과잉확장이란 단어가 갖고 있는 원래의 뜻보다 넓은 의미로 사용하는 경우로, 영아가 '아빠'라고 말할 때 자신의 아빠뿐만 아니라 모든 성인 남자, 혹은 아저씨들을 지칭하는 것이라고 할 수 있다. 이러한 과잉축소와 과잉확장은 영아의 경험이 풍부해짐에 따라 어휘가 늘어나고 문법을 이해하면서부터 자연스럽게 사라지게 된다.

〈표 3-3〉 영아기 언어이정표

• 소리발달

<table>
<tr><th>구분</th><th>시기</th><th>내용</th></tr>
<tr><td>옹알이단계</td><td>0~1세</td><td>• 발성단계(0~1개월)
• 쿠잉단계(2~3개월)
• 확장단계(4~6개월)
• 반복적 옹알이단계(6~8개월)
• 음절성 발음단계(9~12개월)</td></tr>
<tr><td>초기음운발달</td><td>1~2세</td><td>자신이 낼 수 있는 소리로만 말하면서 줄여서 말하는 특징이 있음(음절축약)
컴마(큰엄마), 아찌(아저씨), 함니(할머니)</td></tr>
<tr><td>후기음운발달</td><td>2~7세</td><td>
<table>
<tr><th rowspan="2">연령</th><th colspan="4">음소발달단계</th></tr>
<tr><th>완전습득연령
95~100%</th><th>숙달연령
75~94%</th><th>관습적연령
50~74%</th><th>출현연령
25~49%</th></tr>
<tr><td>2세</td><td>ㅍ, ㅁ, ㅇ</td><td>ㅂ, ㅃ, ㄴ, ㄷ,
ㄸ ㅌ ㄱ ㄲ,
ㅋ, ㅎ</td><td>ㅈ, ㅉ, ㅊ</td><td>ㅅ, ㅆ</td></tr>
<tr><td>3세</td><td>ㅂ, ㅃ, ㄸ, ㅌ</td><td>ㅈ, ㅉ, ㅊ, ㅆ</td><td>ㅅ</td><td></td></tr>
<tr><td>4세</td><td>ㄷ, ㄲ, ㄷ</td><td>ㅅ</td><td></td><td></td></tr>
<tr><td>5세</td><td>ㄱ, ㅋ, ㅈ, ㅉ</td><td></td><td></td><td></td></tr>
<tr><td>6세</td><td>ㅅ</td><td></td><td></td><td></td></tr>
</table>
</td></tr>
</table>

• 언어이해력 발달

구분	시기	내용
음성 발달기	0~10개월	• 말소리 구분 자신에게 말을 거는 사람에 열중하며 반응함 • 억양 및 강세 구분 말소리의 높낮이, 강세 등 다양한 변화가 있는 말소리에 민감하게 반응함 • 목소리 변별 소리 중 사람의 목소리에 탐색적이며 특히 엄마(돌보는 사람)목소리를 구분하여 선호함 • 억양패턴 변별 단어사용 시 억양에 따른 소리 패턴으로 단어 간 경계를 구분하여 이해함(까까 먹자, 까까 맛있니?
첫 낱말 발화기	10~16개월	• 몸짓, 표정, 시선 등 비언어적 단서에 의한 의미이해 • 상황적 단서를 통한 의미 이해 • 상황 및 준 언어적 단서(억양, 강세)에 의한 의미 이해 • 상황 및 준 언어적 단서에 대한 의존 없는 의미 이해
어휘 폭발기	16~24개월	• 문법형태소(조사, 어미), 구문구조(수동, 능동), 낱말 배열순서(주어+목적어+술어)에 대한 이해

• 언어표현력 발달

구분	시기	내용
음성 발달기	0~10개월	• 울음 영아의 울음에는 원인과 의미를 담고있어 요구와 느낌을 소통하는 수단으로 기능함 • 가성적 울음 생후 3주경 발성이 나타나면서 울음과 유사하나 울음과는 구분되는 소리를 냄 • 쿠잉 순환적 형태의 개별적 소리를 내는 음성화로 상대와의 상호 교환적 발성도 나타남 아——아, 오——오, 어——어 • 옹알이 생후 7–8개월경 혀와 입술이 발달되면서 자음과 모음이 혼합된 음성적 행동이 나타남 마마마마마마, 다다다다다

구분	시기	내용
음성 발달기	0~10개월	• 성인이 한 말 모방하기 10개월경 성인의 말소리를 이해하진 못하지만 의식적으로 모방하는 행동이 나타남
첫 낱말 발화기	10~16개월	• 첫 단어 말하기가 나타나면서 실제 단어를 사용하기 시작함 • 단어의 발음이 불 분명하고 단어의 의미를 성인과 다르게 사용하기도 함
어휘 폭발기	16~24개월	• 어휘가 급증하는 시기로 18개월경 습득 어휘가 20단어 내외이던 것이 2세경에는 200내지 500단어 정도의 어휘를 습득함

출처: 보건복지부·육아정책연구소(2013).

3) 유아기

듣기, 말하기 발달과 관련하여 유아기는 음운의 인식이 증가하며 말의 조음이 완성되어 가는 시기이다. 3, 4세 유아는 대명사, 조사, 형용사, 부사를 포함한 복합 문장을 사용하고 4, 5세가 되면 문법적으로 정확한 문장을 사용할 수 있게 된다(김은심·조정숙, 2011).

(1) 문법의 형성

문법(grammar)이란 낱말의 조합 규칙을 말한다. 유아의 문장이 길어지면서 단순한 의미에 기초한 표현들이 문법적 요소들과 연계되면서 어순의 사용이 보다 문법적으로 되어 간다. 다양한 문법적 형태소가 나타나며 여러 시제의 동사가 문장에 사용되어 성인 언어와 아주 유사해진다.

① 문법적 형태소의 출현

문법적 형태소(grammatical morphemes)는 의미를 나타내는 형태소와 결합하여 문법적 관계를 지시하는 형태소이다. 한글의 경우에는 여러 가지 격조사가 나타나기 시작하는데 예를 들어, 공존(랑, 하고, 도, 같이), 장소(에, 로, 한테), 과거(었), 미래(ㄹ), 주격(가), 목적(을, 를), 도구(로) 등이며 우리나라 유아 언어에서 문법적 형태소가 나타나는 시기는 주격 조사인 '가'가 출현하는 것을 기준으로 삼아볼 때, 2.5세경이 된다(조명한, 1982).

그러나 유아가 문법을 사용할 때 처음에는 성인과 다른 방식으로 사용하는 경향이 있고, 문법적 형태소 사용에 있어 과잉일반화 현상을 예로 들 수 있다. 과잉일반화(overgeneralization)는 예외인 불규칙한 경우까지 문법적인 규칙을 확대하여 적용하는 현상이다. 예를 들어, 주격조사인 '가'를 행위자 뒤에 붙인다는 규칙을 알게 되면 이 규칙을 모든 명사, "동생가 나빠.", "수박가 맛있어." 등과 같이 과잉일반화하여 적용시킨다. 혹은 "내가 포도가 먹어."처럼 목적격 조사를 사용해야 할 때에도 주격 조사를 사용하는 실수가 흔히 나타난다. 과잉일반화 현상은 언어습득이 단순히 환경적 자극을 수동적으로 모방하여 이루어지는 것이 아니라는 것을 보여준다.

〈표 3-4〉 우리말 문법 형태소의 평균 출현 순위 및 사용 예

순위	문법적 형태소	사용 예
1	문장 어미(야, 라, 자 등)	엄마야/이리와
2	공존(랑, 하고, 도, 같이)	엄마랑 애기랑/나두
3	장소(에, 로, 한테)	엄마 앞에/산에/엄마한테
4	과거(었)	산에 갔어/새 봤어
5	미래(ㄹ)	낸내 할 거야/쉬 할래
6	주격(가)	엄마가/오빠가/병아리가
7	진행(ㄴ, ㄴ다)	내가 먹는다
8	수동(이, 히)	내가 입혀 줄게/토끼가 놀랐어
9	주어(는)	나는 사자다
10	목적(을, 을)	그냥 귤을 먹어
11	도구(로)	몽둥이로 맴매해

출처: 조명한(1982).

② 부정문의 사용

유아는 처음에는 단순히 '안'을 문장 앞에 첨가하여 부정문을 만든다. 즉, 부정 형태소인 '안'을 문장 앞에 배치하는 오류를 범하게 되어 "안 계란 먹어."(잘못된 배치), "계란 안 먹어."(바른 배치) 등과 같이 부정 형태소의 잘못된 배치와 바른 배치를 혼합하여 흔히 사용하는 경향을 보이게 된다.

또한 연령이 증가하면서 '못 먹는다'에서와 같이 '못'을 동사나 형용사 앞에 놓아

해당 동사나 형용사를 부정하는 유형, 즉 …하지 못한다'로 나타나게 된다. 이 단계를 지나면 유아들은 문법적으로 정확한 부정문을 사용하게 된다(박희숙, 2020).

③ 의문문의 사용

유아기는 알고 싶은 욕구와 호기심이 최고조에 도달하여 "이게 뭐야?"라는 질문을 끊임없이 하면서 의문을 제기한다. 점차 의문형 어미와 의문사를 사용하여 의문문을 만든다. 한국어의 경우, 지(이게 뭐지?), 까(이게 뭘까?), 니(이게 뭐니?), 냐(이게 뭐냐?) 등과 같은 의문형 어미와, '뭐, 어디, 누가, 언제, 왜, 어디서, 어떻게'와 같은 의문사를 모두 사용하여 의문문을 만들게 된다(이화도, 2009).

의문사 중 인과관계에 관한 '왜'와 행위의 도구나 수단에 관한 '어떻게'는 비교적 늦게 발달되며 시간 개념에 관한 '언제'는 가장 늦게 나타난다(김은심·조정숙, 2011, 재인용).

또한 유아는 "나 착하지, 맞지?", "이건 맛있는 과자야, 그렇지?"와 같이 문장의 끝에 토를 달아서 다시 확인조로 물어보는 확인 부가의문문을 사용한다. 이러한 의문문은 자신의 말에 대한 확증을 요구하는 것이다(Brown, 1973).

(2) 의사소통 능력의 발달

인지 능력과 언어 기술이 풍부해지면서 유아가 언어를 사회적 소통의 도구로 사용하는 역량도 함께 발달한다. 의사소통 능력이란 다른 사람과 상호작용하는 방법, 상황에 맞게 적절히 의사소통하는 방법, 의사소통 상황에서 다른 사람이 말하고 행하는 것에 관한 의미를 파악하는 방법 등을 포함한다(Bromley, 1988). 유아는 화자와 청자로서의 능력을 충분히 가지고 있으며, 경험과 연습을 통해서 보다 효율적으로 의사를 전달하는 방법을 터득하게 된다. 유아들은 의사소통할 때 교대로 말을 해야 한다는 것을 알게 되고, 상대방을 쳐다보면서 말을 해야 한다는 것을 인식하게 되는 등 효율적인 의사소통에 필요한 사회적·상황적 요인을 인식하기 시작한다.

유아들은 언어의 여러 문법 규칙을 사용하기 전에 의사소통에 필요한 실제적인 방법을 먼저 배워 나간다. 멀리 있는 사람과 대화를 하기 위해서는 목소리를 더 크게 해야 한다거나 그 사람 가까이 가야 된다는 것을 알게 된다. 또한 다른 사람에게 요구할 때는 공손하게 해야 하며, 말을 할 때 무엇이 예의 바르고 예의 바르지 않은지를 구별하게 된다. 또한 유아는 말하는 사람의 진정한 의도와 표현된 말과는 차이가 있을 수 있다는 것을 이해한다. 유아들은 의사소통을 효율적으로 하려면 말하고자 하는 내용을 상대방 특성에 맞추어야 한다는 것을 알게 된다. 예를 들어, 연령이 많은 사람과 이야기할 때 더 길고 복잡한 문장을 사용하고, 연령이 어린 경우에는 말을 반복하고 주의를 끄는 단어를 사용한다(Shatz & Gelman, 1973).

그러나 유아기 아동들은 정보를 탐지하는 데 아직은 미숙하기 때문에 의사소통에서의 문제를 해결하지 못한다. 피아제는 어린 유아의 경우 조망수용 능력의 부족으로 의사소통의 한계를 보인다고 하였다. 즉, 상대방과 대화할 때 다른 사람의 입장은 생각하지 않고 자신의 관점에서 이야기하는 자기중심적인 언어를 사용한다고 하였고, 반복어, 독백, 집단적 독백이 이에 해당한다. 반복어는 좋아하는 낱말을 되풀이해서 말하는 것, 운율을 즐기면서 반복하여 흉내 내는 것으로, 예를 들어 '다 다 다', '빠방 빠방'이 있다. 독백은 다른 사람이 듣고 있는지와 관계없이 소리 내어 혼잣말을 하는 것이다. 집단적 독백은 유아와 이야기하지만 각자 자신의 관심 영역에 대해서만 이야기하는 것으로 서로 간의 상호작용이 이루어진다고 보기 어렵다(박희숙, 2020).

| 그림 3-1 | 유아의 집단적 독백의 예

이상에서 제시한 언어의 발달을 정리하면 다음과 같다(윤복희·김은영·박혜경·최일선, 2013)

〈표 3-5〉 연령별 언어특징

연령	언어의 특징
2~3세	• 물건의 용도가 설명될 때 물건의 그림을 가리킨다. • 나이를 말하기 위해 손가락을 사용한다. • 질문할 때 자신의 성별을 말한다. • 관련된 두 가지 지시를 수행한다. • "~하는 중이다."의 동사 형태로 말한다. • 복수형으로(책/책들) 말한다. • "이것이 무엇이지?"라고 질문한다. • 음성 크기를 90% 조절한다. • '이것' '저것' 을 사용하여 말한다. • '~이다'를 사용하여("이것은 공이다.") 말한다. • 자신의 이름보다는 '나/나를/내 것'으로 말한다. • 물건을 지적하면서 "~가 아니다."라고 말한다. • '누구'라는 질문에 이름으로 대답한다. • 명사들의 소유격 형태(아빠의)를 사용하여 말한다. • 몇몇 종류의 명칭을 사용한다. • 가끔 '~할 수 있다' 혹은 '~할 것이다'를 말한다. • '열렸다' 혹은 '닫혔다'로 표현한다.
3~4세	• 의문문 끝에 '~이니?'를 붙여 말한다. • 이야기를 읽어 주는 동안 5분 정도 주의를 기울인다. • 관련 없는 두 가지 지시를 수행한다. • 질문하면 완전한 이름(성 포함)으로 대답한다 • "어떻게?"라는 간단한 질문에 대답한다. • 과거 형태를 사용하여 말한다. • 바로 전에 경험한 일들을 이야기한다. • 친숙한 물건들이 사용되는 방법을 말한다. • '하려고 한다/해야 한다/하고 싶다'로 미래에 일어날 일을 표현한다. • 일어난 순서대로 두 가지 사건을 말한다.
3~4세	• 일련의 세 가지 지시들을 수행한다. • 수동문에 대한 이해를 보인다(남자/여자 아이가 남자 아이한테 맞았다.) • 요구할 때 물건들/그림들의 쌍을 찾을 수 있다. • 말에서 '할 수 있을 텐데/할 텐데'를 사용한다. • 복합문을 사용한다(내가 공을 쳤는데 길거리에 떨어졌다.) • 요구에 따라 물건의 위와 아래를 찾을 수 있다.

연령	언어의 특징
4~5세	• 그림에서 불합리한 점들을 지적할 수 있다. • '언니(누나)/형(오빠)/동생/할머니/할아버지'라는 단어를 사용한다. • 비교되는 문장을 제시할 때 반대말을 말한다. • 도움이 되는 그림 없이 친숙한 이야기를 말한다. • 특정한 종류에 속하지 않은 그림의 이름을 말한다. • 2단어의 끝소리가 같은지 다른지를 말한다. • 복문을 사용한다(~때문에 엄마가 나더러 들어오라고 하셨어.). • 소리가 큰지 혹은 작은지를 말할 수 있다.
5~6세	• '조금/많이/여러 개'를 가리킬 수 있다. • 주소를 말한다. • 전화번호를 말한다. • '가장 많은/가장 적은/조금'을 가리킬 수 있다. • 간단한 농담을 말한다. • 매일의 경험을 말한다. • '통해서, 멀리/~로부터/~로/~위로' 등을 사용해서 위치 혹은 움직임을 묘사한다. • "왜?"라는 질문에 이유를 설명한다. • 3~5가지 부분으로 이어지는 이야기를 한데 맞추고 이야기한다. • 단어들을 정의한다. • '~의 반대'를 말할 수 있다. • "만약 ~ (계란을 떨어뜨린다)라면 무슨 일이 일어날까?"라는 질문에 대답한다. • 어제와 오늘을 의미있게 사용한다. • 새로운 혹은 낯선 단어들의 의미를 묻는다.

출처: 보건복지부·육아정책연구소(2013).

2 문자언어 발달

읽기와 쓰기의 발달은 문자를 통한 의사소통이 이루어지는 것을 의미하며 문자언어를 사용하여 읽고 쓸 수 있는 능력을 문해(literacy)라고 한다. 문해의 출현은 영유아기 동안의 문자언어 발달을 설명하는 용어로, 음성 언어의 습득과 함께 자연스럽게 이루어지는 연속적인 과정이다. 문해는 단순히 읽고 쓰는 기능이 아닌, 높은 수준의 사고를 요구하는 인지적 과정이며, 영유아가 속한 사회적, 문화적 환경의 영향을 받으며 생활 속 다양한 언어 맥락 안에서 습득된다. 또한 문자언어와 음성언어는 상호영향을 미치며 발달을 촉진하게 된다(이경화 외, 2013).

최근 영유아기 문해 발달에 관하여 듣기, 말하기와 같은 음성언어 발달과 마찬가지로 읽기, 쓰기 발달도 일상생활을 통해 자연스럽게 이루어질 수 있다고 본다. 따라서 글을 사용하여 의시소통을 효율적으로 할 수 있는 문해환경의 중요성이 강조되고 있다.

영유아는 인쇄물인 글에 흥미를 보이고 다양한 그림책이나 본문을 읽는 것을 좋아하며, 자기 이름 글자 쓰기에 집중하게 된다. 그러나 아직은 몸짓, 표정, 억양 등의 비언어적인 맥락에 의존하여 말과 글을 이해한다. 따라서 영유아기에는 누군가가 글을 말로 변환해서 전달해 주는 과정이 필요하며 이 과정에서 글자 자체보다는 글의 구조나 내용에 집중하여 타인의 생각과 느낌을 이해하는 데 도움을 받게 된다. 또한 영유아기에 초기 듣기와 말하기 과정에서 발음이나 문법 오류를 성인이 고쳐주지 않는 것과 마찬가지로, 초기 문자언어에서 나타나는 오류 또한 자연스러운 부분으로 받아들여야 한다. 기능적인 읽기, 쓰기 훈련보다는 읽고 쓰는 과정에 영유아의 사고가 반영될 수 있는 교수전략이 중요하며 일상생활 속에서 다양한 문자언어를 경험하고 읽기, 쓰기에 관심을 가질 수 있도록 다양하고 적절한 환경이 제공되어야 한다.

풍부한 문자언어 경험은 높은 수준의 음성언어 지식을 발달시키며, 음성언어 지식은 또 다시 문자언어를 촉진하여 보다 높은 수준의 문자언어 지식을 발달시키므로 음성언어와 문자언어가 통합적으로 조성된 환경은 언어발달을 보다 효율적으로 이끌 수 있다.

특히 영아기의 문해 발달을 발생적 문해(emergent literacy)라고 한 Clay(1979)는 영유아의 문해는 적절한 경험과 상호작용을 통해 자연스럽게 발현한다(emerge)고 하였다. 즉, 문해는 단순히 해독하는 것이 아니라 책을 다룰 줄 아는 것, 책을 읽을 때는 오른쪽으로, 위에서 아래로 읽는다는 것, 글자의 기능을 이해하는 것을 포괄하는 것으로 보았다.

- 발생적 문해는 영유아가 주변의 문자언어를 접하게 되면서 발달한다. 일반적으로 글자를 정확하게 읽기 이전의 책을 잡고 읽는 척하는 행동(pretended reading)이나 정확한 글자가 나타나지 않지만 끼적이기 등도 문해/문식성에 포함된다.
- 책을 읽는 척하는 행동은 책 속의 글에는 어떤 의미가 있다는 것을 이해하고, 책을 읽는 행동을 모방하는 것이고, 정확한 글자는 모르지만 끼적이면서 자신의 의미를 표현하려고 하는 것이므로 문해에 해당한다.
- 발생적 문해의 관점은 영유아 문자교육에서의 교육내용이나 방법에서 변화를 가져와 형식적으로 직접적인 교수법보다 영유아에게 의미 있는 자료를 중심으로 하는 자연스러운 접근이 강조되었다. 즉, 발생적 문식성 관점에서 읽기과 쓰기는 영유아가 문자를 사용하는 사회에서 태어난 순간부터 나타나는 자연스러운 과정으로, 문해는 읽기, 쓰기, 말하기, 듣기의 학습과정의 통합적인 부분으로 본다. 이에 영유아는 실제적인 일상생활의 맥락 속에서 다양하고 의미 있는 용도로 자주 사용하는 과정을 거치면서 자연스럽게 문해를 경험하게 된다(권민균, 김수향, 양진희, 임영심, 정정희, 2021).

1) 읽기 발달

읽기는 쓰인 글자를 보고 읽어낼 수 있는 것을 말하며 시각적 식별력과 시각 기억, 청각적 식별력과 청각 기억 및 낱자→낱말→문장으로 순서로 나아가며 낱말구성 요소의 해독이 이루어져야 한다. 더불어 글을 읽고 그 내용을 이해하며 분석하는 과정이 이어지는데, 글 속에 있는 여러 낱말과 문장을 따라가며, 글이 주는 의미를 찾고 자신의 이전 경험이나 지식이 함께 작용하는 과정이 포함된다.

클레이(Clay)는 초보적 읽기 행동 발달을 다섯 가지로 구분하였다(이경화 외, 2013, 재인용). 1단계는 글자가 이야기로 전환될 수 있다는 것을 이해하는 단계이다. 이 단계에서는 책의 그림을 보고 이야기를 내용과 관계없이 만들어 내며 자신이 쓴 것도 정확히 읽지 못하고 읽는 흉내를 낸다. 2단계는 구어에서는 잘 사용하지 않는 특별한 형태의 문어체 이야기를 만들어 내는 단계이다. 예를 들어, "여기에 ~이 있습니다.", "아빠가 ~이라고 말했습니다." 등이다. 3단계는 그림을 보고 적절한 문장을 생각해 내는 단계이다. 이 단계에서는 자신이 기억한 이야기 내용과 그림의 도움을 받아서 책을 읽는다. 4단계는 책에 쓰인 문장의 대부분을 기억하는 단계이다. 5단계는 단어의 시각적 단서를 사용하여 문장을 재구성하는 단계이다. 이 단계에서는 글자를 손으로 짚으며 읽기도 하고 특정한 단서가 어디에 있는지 질문하기도 한다.

이영자와 이종숙(1985)은 클레이(Clay, 1972)와 로스만(Rossman, 1980)의 단계에 기초하여 3, 4, 5세 유아를 대상으로 한 책 읽기 행동의 연구에서 다음과 같은 읽기 발달 단계를 제시하였다.

① 읽기 이해 전 단계(하위 1단계: 말없이 그림만 쳐다보기, 하위 2단계: 그림을 지적하기, 하위 3단계: 그림의 명칭을 이야기하기, 하위 4단계: 그림에 대해 질문하기)
② 이야기 구성능력이 없어 "난 ~ 못 읽어요." 같은 의사표현을 하는 단계
③ 그림을 보고 마음대로 이야기 만들기 단계
④ 의미를 비슷하게 꾸며 말하기 단계
⑤ 단어나 구절을 암기하여 이야기하는 단계(하위 1단계: 책에 나온 글자의 암기를 통하여 50% 이하의 단어나 구절을 사용하여 이야기하기, 하위 2단계: 책에 나온 글자의 암기를 통하여 50% 이상의 단어나 구절을 사용하여 이야기하기)
⑥ 글자를 읽어야 한다는 것을 이해하지만 글자를 읽을 줄 몰라 "난 못 읽어요."와 같은 의사를 표현하는 단계
⑦ 글자를 읽는 단계(하위 1단계: 글자를 보고 한 문장을 기준으로 25% 이하로 똑바로 읽기, 하위 2단계: 글자를 보고 한 문장을 기준으로 50% 이하로 똑바로 읽기, 하위 3단계: 글자를 보고 한 문장을 기준으로 75% 이하로 똑바로 읽기, 하위 4단계: 글자를 보고 한 문장을 기준으로 75~100% 똑바로 읽기

3세경에 초보적 읽기가 이루어진다. 비록 글자를 깨우쳐서 바르게 해독할 수는 없으나 읽기의 의미를 이해하고 읽기와 관련된 행동을 시작한다(McGee & Richgels, 1996).

유아는 그림과 글자가 상징임을 이해한다. 유아는 글자의 형태, 이름, 특성에 관심을 가지며 배우려 한다. 예를 들어, 좋아하는 과자 상자에 쓰인 이름과 그림이 무엇을 나타내는지 알며, 자신의 이름이 붙어 있는 사물함은 자기 소유의 물건을 넣는 장소라는 것 또한 알게 된다.

유아는 책이나 다른 인쇄물을 볼 때 맥락에 의존해서 읽는다. 예를 들어, 맥락은 과자 포장지에 쓰인 이름, 그림책 표지에 쓰인 제목을 읽을 수 있게 해준다. 자주 보던 그림과 함께 있는 글자들이 맥락으로 작용하여 만 4세 정도의 유아는 친숙한 맥락 속의 글자를 읽을 수 있다. 유아는 책을 펼치고 이전에 성인과 함께 여러 번 봤을 때의 표현을 기억하고 그림을 통해 문장의 내용을 추측해 읽는다. 그림을 맥락으로 활용하고 기억에 의존해 읽는 것이다. 때로는 정확히 읽지 않지만 유창하게 이야기를 지어내기도 한다.

유아는 책을 읽을 때 항상 같은 내용이 되는 것은 항상 같은 글이 쓰여 있기 때문임을 이해하게 된다. 따라서 책을 읽는 것은 책에 쓰인 글을 읽는 것임을 알게 된다.

또한 이야기의 구조도 이해하게 된다. 시간에 따른 사건의 순서, 기승전결의 흐름, 인과관계를 알게 되며, 한 장면 이후 어떤 내용이 올지 추측할 수 있다. 누가, 언제, 어디서, 무엇을, 어떻게, 왜 한 것인지 사건의 세부 내용에 대한 판단도 가능하다.

2) 쓰기 발달

문자언어에는 글자 및 그림 그리기와 미분화된 끼적거리기가 포함된다(김은심·조정숙, 2011). 쓰기는 상징적 도구를 사용하여 자신의 경험을 이해하고 조직하여 다른 사람에게 전달하는 과정이다. 영유아는 아주 어린 시기부터 다양한 형태의 쓰기를 시도한다. 크레파스나 색연필을 가지고 끼적거리거나, 책에 있는 글자를 따라 베껴보거나 성인에게 어떤 글자를 써달라고 요청하기도 한다. 종이 위에 무언가를 끼적거려 자신의 의사를 전달하려 시도하기도 한다. 영유아들은 일상생활에서 문자언어를 사용하는 성인과 상호작용하는 과정에서 쓰기에는 사람들의 생각을 상대방에게 전달하는 기능이 있음을 깨닫게 되고 끼적거리기와 창안적으로 쓰기 활동을 자발적으로 해보며 관습적이며 표준적인 글쓰기에 접근하게 된다. 즉, 자신이 쓴 것이 어떠한 기능을 하는지 파악하게 되면서 쓰기의 의미와 그 형태에 대한 지식을 발달시키게 된다. 따라서 영유아들의 쓰기는 끼적거리기에서 시작되어 창안적 글자 쓰기로, 그리고 점차 관습적 쓰기 형태로 발전해간다.

(1) 쓰기의 발달 과정

이대균, 김주영, 임자영, 박지선(2009)은 다음과 같은 영유아의 쓰기 발달 단계를 제시하였다.

① 낙서하기 단계 – 손과 팔을 반복해서 움직일 때마다 선이 나타나는 것에 만족감을 느껴 이러한 행동을 계속한다.

② 조절된 낙서하기 단계 – 도구를 쥐고 힘을 조절할 수 있게 되어 자신이 원하는 낙서의 형태가 나타난다. 특히 수직선 긋기가 먼저 나타나고 다음으로 수평선 긋기, 그리고 원을 그릴 수 있다.

③ 낙서 명명하기 단계 – 다양한 형태의 낙서가 나타나며, 영유아는 자신의 낙서에 이름과 의미를 붙인다.

④ 한두 개의 글자 형태가 나타나는 단계 – 쓰기 도구를 이용하여 글씨를 쓰듯 그림을 그리는 과정에서 우연하게 한두 개의 글자 형태가 나타난다. 시간이 지나면서 의도적인 글자 형태가 나타나게 된다.

⑤ 여러 줄의 글처럼 보이는 단계 – 여러 줄로 이루어진 쓰기가 나타난다.

⑥ 창안적인 글자 쓰기 단계 – 정상적인 글자와는 다른 유아만의 독특한 형태로 글자를 쓴다. 글자의 정확한 형태를 알고 쓰는 것이 아니라 여러 글자를 쓰는 중간 중간 한두 글자를 창의적인 형태로 표현하거나 한 글자가 전체 단어를 대표하기도 한다.

⑦ 글자 쓰기 단계 – 글자의 형태가 고르지는 않으나 표준글자가 나타난다. 자주 쓰는 자신의 이름이나 가족의 이름 등은 정확한 형태로 나타난다.

| 그림 3-2 | 유아의 글자 쓰기의 예(4세 여아)

⑧ 단어 쓰기 단계 – 글자 크기가 고르지는 않으나 자음과 모음의 방향과 받침이 틀린 불완전한 단어 쓰기에서 완전한 단어 쓰기 형태가 나타난다.

⑨ 문장 쓰기 단계 – 정확한 쓰기가 가능해지는 시기이다. 문장을 여러 개 쓰는 과정에서는 부분적으로 틀린 글자가 나타나기도 한다. 이때 직접적인 수정보다는 유아 스스로 쓴 글자와 다른 사람이나 자료에 표기된 글자가 다르다는 것을 이해하고 고쳐갈 수 있도록 도와주는 것이 바람직하다.

(2) 쓰기의 의미 이해

유아들은 쓰기를 통해 자신의 생각을 나타낼 수 있음을 배운다. 유아 초기에는 자신이 쓴 것이 어떻게 해독되는지가 아니라 자신이 어떤 내용을 쓰는지가 더 중요하다. 이러한 유아기 초기의 쓰기는 '초보적 쓰기'라고 일컬어지며(McGee & Richigels, 1996), 이 시기 유아들은 문자를 재창조하여 쓰기도 한다.

유아들은 성인의 쓰기를 흉내 내어 물결의 선이나 고리 모양을 표현한다. 이를 유사 쓰기(pseudo-writing)라고 한다(그림 3-3).

| 그림 3-3 | 3세 유아의 유사 쓰기의 예

출처: 조선하(2003).

이때는 자음과 모음 지식이 발달하는 시기로, 자·모음의 형태, 명칭, 소리를 배우고 쓰며 자신의 이름 쓰기를 즐긴다. 또한 유아기에는 쓰기와 관련된 상위언어가 발달하는데, 예를 들어, "ㅁ은 네모 같아요", "ㅎ은 ㅇ이 모자 썼어요."와 같은 유아의 말은 쓰기에 관한 지식을 나타낸다(이순형 외, 2010). 유사 글자와 글자 쓰기가 나타나고 이런 글자를 연이어서 쓰는 행동을 빈번하게 보이다가, 이후 주변에서 많이 보았거나 자신과 가족의 이름 등 의미 있는 글자들은 관습적인(conventional) 수준에서 쓸 수 있게 되고, 글자의 크기와 비율이 일정하게 조절되지 않으나 이를 통해 말과 글의 관계를 이해하지 되고, 읽는 사람을 염두에 두고 글자를 쓰게 된다.

(3) 유아의 이름 쓰기 발달

대부분 유아가 가장 먼저 배우게 되는 글자는 자신의 이름 글자이다. 이름 글자는 유아의 일상생활에서 자주 유용하게 사용되고 사회적 필요성을 가지기 때문에 가장 먼저 가르치게 되는 대표적인 쓰기 교육 내용이다(김영실·임양금, 2006). 글자를 읽고 쓸 수 있음으로써 누릴 수 있는 편리함 때문에 이름 글자는 유아의 현재 읽기와 쓰기 능력에 상관없이 가능한 한 빨리 익힐 수 있고 맞춤법에 맞춰 쓰도록 요구되는 최초의 글자이다. 또한 유아는 자신의 이름 글자에 대해 특별한 친밀감을 가지고 있다(Puranik & Lonigan, 2012). 아직 글자 해독이 어려운 단계에 있는 유아는 주위에서 본 글자에 자기 이름의 글자와 동일하거나 비슷한 형태가 들어가 있는 것을 시각적으로 인식하고 자신의 이름이 쓰여 있다고 생각하기도 한다. 언어발달 과정에서는 기능이 형태보다 선행하기 때문에 아직 관습적인 읽기나 쓰기 능력이 없는 유아도 자신의 이름 글자를 다른 글자보다 더 일찍, 그리고 더 잘 인식한다. 이러한 이류로 유아는 자신의 이름 글자 읽기부터 읽기 학습을 시작하며 쓰기 학습도 시작하게 된다(곽경화·김영실, 2014).

유아의 자기 이름 글자 쓰기의 발달 단계는 다음과 같다(김영실·임양금, 2006; 최나야, 2009; Puranik & Lonigan, 2012).

단계	특징	이름글자 쓰기 표본
0단계	무반응	
1단계	선 긋기 식의 끼적이기	
2단계	점, 원, 사각형, 삼각형 같은 모양이 겹쳐진 나열된 형태	
3단계	점, 원, 사각형, 삼각형 같은 모양이 떨어져 나열될 형태	
4단계	이름글자와 무관한 낱자와 유사한 모양이 분절되어 나열된 형태	

단계	특징	이름글자 쓰기 표본
0단계	무반응	
5단계	이름글자와 무관한 진짜 낱자와 끼적이기 (낱자가 분절되어 나열됨)	
6단계	이름글자와 무관한 글자들로 끼적이기	
7단계	이름글자와 낱자들로 이루어진 끼적이기	
8단계	이름글자 중 글자를 정확히 쓰고 나머지 글자의 낱자로 끼적임	
9단계	이름글자 중 두 글자를 정확히 쓰고 나머지 글자의 낱자로 끼적임	
10단계	이름글자를 모두 정확히 씀	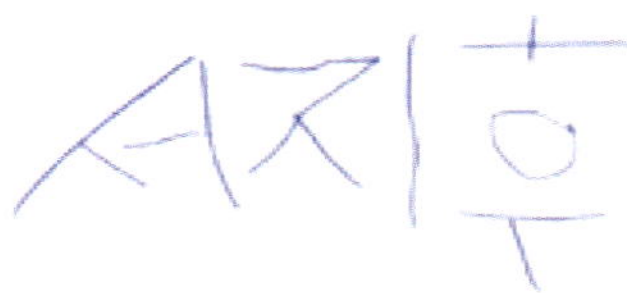

3 언어발달의 개인차

언어발달은 모든 영유아들에게 동일하게 나타나는 보편단계와 다양한 환경과 영유아가 가진 개인적 특성으로 인해 영유아마다 독특한 특징을 보이는 개인차가 있다. 개인차를 만드는 요인을 크게 개인적 요인과 환경적 요인으로 살펴보았다.

1) 개인적 요인

(1) 심신의 상태

영유아의 신체적 조건과 심리상태는 언어발달에 영향을 줄 수 있다. 우선 발음기관, 청각기관, 신경근육과 조직 등 신체적 조건이 정상적인 언어발달에 영향을 준다. 언어발달을 이루기 위해서는 보고, 듣고, 만지는 감각기관을 통해 외부의 정보를 수집하고 이들을 분석, 통합할 수 있어야 하며 입술이나 혀, 구개, 후두, 폐 등의 기능이 정상적이어서 발성을 하는 데 지장이 없어야 한다. 동시에 자신이 산출한 소리나 타인의 소리를 듣고 자신의 소리를 수정하는 과정이 필요하며 이를 위해 청각기관이나 신경계, 뇌 등이 정상 상태이어야 한다. 이러한 신체기관의 기능과 영유아의 건강 상태는 언어발달의 선행조건이다.

또한 정서불안은 언어장애로 이어질 수 있으므로 심리적으로 안정된 정서 상태를 유지하는 것이 언어발달에 도움이 된다. 영유아가 학대나 심리적 외상을 경험하게 되면 정상적인 언어발달을 방해하여 함묵증이나 고성, 말을 더듬는 등의 여러 가지 행동을 보일 수 있다.

(2) 지능

언어의 선천적 능력을 주장하는 촘스키(Chomsky, 1957)는 언어능력은 일반적인 지적 능력과는 관계가 없다고 하였으나 영유아가 듣고 말을 하고 읽고 쓰기 위해서는 기억력과 모방력, 사고 능력과 문장 구성력 등이 필요하다. 대체로 언어 능력과 지적 능력은 .30–.80까지 정적인 상관관계가 있다고 한다(강성화·김경회, 2008).

그러나 절대적이지는 않다. 즉, 지능이 낮으면 언어발달에 어려움을 나타내어 지적 장애 영유아의 경우 의사소통 능력에 한계가 있다. 그러나 높은 지능이 탁월한 의사소통 능력을 보장하지는 않는다. 따라서 지능이 낮은 경우 언어발달에 문제를 보이지만 지능이 높다고 해서 언어 능력도 동시에 높다고 설명할 수 없다.

2) 환경적 요인

(1) 가정환경

영유아가 언어를 습득하려면 말을 해야 할 필요성을 느껴야 하고 타인과 말을 주고받을 기회를 가져야 하며, 언어화 사고에 기초를 둔 다양한 경험을 해야 한다. 이러한 의미에서 가정은 영유아의 언어발달에 결정적인 영향을 미친다.

어머니는 영유아의 언어발달에 가장 많은 영향을 미친다. 영유아가 어머니와 얼마나 많은 시간을 어떻게 대화하느냐에 따라 습득의 시기나 습득의 정도가 결정된다. 특히 언어 상호작용 시 나타내는 어머니의 태도, 즉 발성, 어휘의 선택, 문장의 선택에 있어 영유아가 이해하기 쉬운 발성이나 어휘의 사용은 언어를 빠르게 습득하도록 도움을 줄 수 있다. 따라서 어머니가 영유아에게 어떠한 태도로 대화를 하느냐는 영유아의 언어발달에 큰 도움이 된다(Kochanska et al., 2004). 따라서 다양한 장면에서 영유아의 언어사용을 격려하고 어휘 확장의 기회를 제공하고 부모 자신의 언어의 질을 높이는 것이 필요하다.

사회계층에 따른 언어적 환경의 차이를 살펴본 연구들에 따르면, 저소득층의 영유아는 중산층 이상의 영유아들에 비해 언어발달 속도가 느리고 발음이 미숙하고 어휘도 빈약하며 문장이 더 짧았다(Cazden, 1968). 또 사회계층에 따라 가정에서 사용되는 언어 형태에 차이가 있는데 중류층에서는 정교한 어법(elaborated code)을, 그리고 저소득층에서는 제한적 어법(restricted code)을 사용한다. 정교한 어법은 문장이 더 복잡하고 영유아에게 직접적으로 관련된 내용을 담고 있으며 구체적인 정보를 제시한다. 이에 반해 제한적 어법은 문장이 짧고 단순하며 개념이나 정보가 제시되지 않은 언어 형태이다(Bernstein, 1961). 따라서 가정에서 정교한 어법을 사용하여 영유아와 상호작용하는 방법이 언어습득에 긍정적인 영향을 줄 수 있다.

가정의 물리적 환경은 영유아의 언어발달에 영향을 준다. 어머니와의 언어 상호작용을 촉진하는 동화책, 놀잇감 등을 적절히 활용하면 언어발달을 촉진할 수 있다. TV나 비디오 컴퓨터 등도 언어발달에 긍정적 영향을 준다는 보고도 있으나 이들 언어 자극은 시각과 청각에 과도하게 집중되어 시청 시간이 길면 큰 도움이 되지 않으며 언어발달 이외의 다른 영역 발달에 부정적인 결과를 초래할 수 있으므로 장시간의 사용은 제한하는 것이 바람직하다.

가족과 공동의 경험을 갖게 되면 영유아의 경험을 확장시켜 구체적이고 살아있는 언어경험을 제공하여 줄 수 있다. 따라서 영유아가 가족과 즐거운 경험을 할 수 있도록 배려하는 것이 언어발달에 도움을 준다.

(2) 교육환경

영유아의 언어발달과 관련하여 가정 바깥에서 이루어지는 사회적 상호작용의 가장 중요한 상대는 교사라고 할 수 있다. 특히 영유아가 경험하는 보육·교육기관에서의 상호작용은 영유아의 언어발달을 위해 유아교사는 칭찬과 격려를 자주 사용해야 하고, 비판을 삼가야 하며, 영유아가 숙달, 성공, 자긍심 등을 경험하고 효과적인 자기조절 기술을 발달시킬 수 있도록 적당한 지원과 자율적인 활동을 적절히 혼합하여 사용하여야 한다. 또한 교사는 얼굴표정이나 언어적 태도, 행동에 있어 긍정적이어야 한다(Aisworth et al., 1978).

보육·교육기관이 어떠한 교육적 철학과 목표를 가지고 있는가는 영유아 언어발달에 영향을 준다. 구조화된 언어교수법을 지향하는 경우 개념형성이나 어휘습득에는 도움이 될 수 있으나 창의적 사고를 자극하지 못할 수 있으므로 자연스러운 언어활동이 이루어질 수 있는 교육 활동을 마련하는 것이 필요하다. 언어발달을 자극하기 위한 활동으로는 예를 들어, 영유아가 생활 속에서 경험한 다양한 상황과 역할을 전개해 볼 수 있는 상징놀이, 극놀이, 역할놀이 등이 있다. 영유아들 간의 언어적 상호작용을 통해 자연스러운 언어활동이 이루어질 수 있는 기회와 적절한 자료와 소품, 자유롭게 표현하도록 격려하는 분위기를 만든다.

또한 보육·교육기관의 물리적 환경도 영유아의 언어발달에 영향을 끼친다. 예를 들어 교실의 구조, 비치된 도서의 양과 질, 언어 영역의 구성, 언어자료에의 접근 가능성 등은 영유아의 참여 수준과 교사-영유아 간 상호작용의 질에 영향을 미치게 되어 영유아의 언어발달에 중요하게 작용한다(Newman & Roskors, 1992).

(3) 또래 환경

또래와의 상호작용은 활동 중에 주고받는 언어적, 비언어적 상호작용을 총칭한다. 또래와의 상호작용을 위해 영유아는 서로 관심이 있는 사물이나 사건에 대한 묘사, 표정, 행동과 같은 비언어적 상호작용을 함께 활용한다(Pellergrini, 1984). 이는 또래 상호작용은 비언어적 수단도 매개로 한다는 것을 뜻한다. 이러한 영유아의 상호작용 형태는 발달 수준에 따라 차이가 있으나 언어능력과 밀접한 관련성을 보인다. 또래와의 관계는 영유아의 언어발달에 영향을 끼치며 보육·교육기관에서 또래와의 의사소통 능력이 향상되면 상호작용이 증가하고 또래 수용도도 높아지게 된다(엄은나, 2007).

또한 또래는 읽기와 쓰기에서 매우 중요한 모델이 된다. 다양한 활동 속에서 기술적으로 발달한 또래의 도움을 받을 수 있게 되면 유아의 읽기와 쓰기 발달 과정에 도움을 받을 수 있는데 예를 들어, 교사 주도적인 읽기보다 또래 간 책 읽어 주기를 실시한 경우 유아의 읽기 능력이 높아질 수 있다고 한다(우덕례, 2011).

연구문제

1. 영아 소리 발달 과정을 설명하세요.

2. 영유아의 문자언어 발달 환경은 어떠해야 하는지 생각해 보세요.

3. 유아의 이름 쓰기 발달과정을 설명하세요.

4. 스마트폰이 영유아 언어교육에 미치는 영향에 대해 토론해 보세요.

04
CHAPTER

영유아 언어교육 및 보육과정

현재 우리나라는 전국의 유치원 및 어린이집과 같은 영유아 교육 및 보육 기관에서 운영할 공통적, 일반적 교육 및 보육 과정인 국가 수준의 교육과정을 제시하고 있다. 이것은 교육 및 보육 기관이 일정한 교육 목적과 교육 목표를 달성해서 교육과 보육의 형평성을 유지하고 질을 높이기 위해 국가에서 마련해 준 일종의 문서화된 계획이다. 국가 수준 교육과정 기준을 제시하는 것은 교육의 질적 기회균등을 보장하고 단계별 교육내용을 체계적이며 일관성 있게 유지하는데에 도움을 준다. 또한 교육의 일정 수준 이상의 질을 유지하고 중립성을 확립하는 데에 의미가 있다. 본 장에서는 0~2세 대상으로 하는 제4차 표준보육과정과 3~5세 대상으로 하는 개정 누리과정의 '의사소통' 영역의 내용을 살펴보면서 각각의 성격과 목표, 내용을 살펴보고자 한다.

1 표준보육과정에서의 언어지도

1) 표준보육과정의 변천(1차~4차)

표준보육과정은 어린이집을 이용하는 모든 영유아를 대상으로 만들어진 보육 프로그램으로서, 영유아보육법 제29조 제2항 및 제4항에 따른 영유아 보육과정이다. 1991년에 영유아 보육법을 제정하면서 보육의 법적 토대를 만들었으나, 각 어린이집 시설마다 보육의 목표와 내용의 질적 수준 차이가 발생하는 문제가 발생하였다. 이에 대한 해결책으로 보육 시설에서 영유아 보육의 목적과 목표를 달성하기 위한 국가 수준의 보육과정을 제정한 최초의 표준보육과정이 2007년에 1월에 고시되었다. 구체적 보육의 목표와 영역별 내용과 교사 지침을 제시하고, 보육 프로그램을 개발하여 각 어린이집의 질적 수준의 형평성을 확보하도록 하였다.

최초의 표준보육과정이 고시된 이후, 어린이집 보육과 유치원 교육의 형평성을 갖추기 위한 공통과정의 필요성이 제기되면서 이를 위해 어린이집의 '표준보육과정'과 유치원의 '유치원 교육과정'을 통합한 5세를 위한 공통과정인 '누리과정'이 2011년 9월에 도입되었으며, 5세를 위한 누리과정과 연계를 고려하여 0~4세 표준보육과정으로 구성된 '제2차 표준보육과정'이 2012년 2월에 고시되었다.

2012년 7월에는 5세를 위한 누리과정을 개정하는 것과 더불어 3~4세 누리과정으로 확대하여 도입되었으며, 그 다음 해인 2013년 1월에는 보육기관을 이용하는 0~5세 영유아의 연속적 경험과 연령 간 발달적 연계를 위해 3~5세 연령별 누리과정의 목표와 내용을 고려한 0~2세로 확대된 '제3차 표준보육과정'을 발표했다.

2019년에는 영유아 교육 수요 변화 등을 고려하여 유아 놀이 중심 교육과정을 기반으로 하는 '개정 누리과정'을 발표했으며, 누리과정 개정에 따른 영유아 특성에 맞추어 영유아의 놀 권리와 균형적 발달을 고려한 영유아 중심, 놀이 중심의 0~2세 보육과정인 '제4차 어린이집 표준보육과정'이 2020년에 개정 고시되었다.

〈표 4-1〉 표준보육과정 및 보육프로그램 추진과정

표준보육과정의 개정과정	내용
영유아보육법 전문 개정 (2004.1.)	표준보육과정 개발의 근거 마련 (영유아보육법 제29조 제2항, 제4항, 시행규칙 제30조)
표준보육과정 고시 (2007.1.)	표준보육과정의 구체적 보육내용 및 교사지침 고시함 (여성가족부 고시 제2007-1호)
표준보육과정 보육프로그램 (2008.7.)	표준보육과정 보육프로그램 총론(1권) 0~5세용 어린이집 프로그램(총 6권), 장애아용 프로그램(1권) 개발 및 보급
표준보육과정 재고시 (2010.9.)	여성가족부의 보육업무가 보건복지부로 이전되면서 2007.1의 표준보육과정 고시가 보건복지부 고시 제 2010-71호로 재고시함
5세 누리과정 고시 (2011.9.)	보건복지부, 교육과학기술부에서 어린이집과 유치원 5세를 위한 공통과정으로서 5세 누리과정을 제정 고시함
5세 누리과정에 기초한 어린이집 프로그램 (2012.2.)	5세 누리과정에 기초하여 5세 어린이집 프로그램(4권)과 DVD(4개), 연령연계 프로그램(1권)을 개발하여 보급
제2차 표준보육과정고시 (2012.2.)	5세 누리과정 제정고· 더불어 0~4세를 포함하여 제2차 표준보육과정을 고시함 (보건복지부 고시 제2012-28호)
3~4세 누리과정 고시 및 5세 누리과정 개정 고시 (2012.7.)	보건복지부와 교육과학기술부가 함께 5세 누리과정 개정과 더불어 3~4세 누리과정을 고시함
제3차 어린이집 표준보육과정 고시 (2013.1.)	0~1세 보육과정, 2세 보육과정, 3~5세 보육과정(누리과정)을 포함하여 전체적으로 고시함 (보건복지부 고시 제2013-8호)
3~4세 누리과정에 기초한 어린이집 프로그램 (2013.2.)	3세 누리과정에 기초한 어린이집 프로그램(7권)과 DVD(6개), 4세 누리과정에 기초한 어린이집 프로그램(8권)과 DVD(7개) 개발하여 보급
어린이집 표준보육과정에 기초한 영아보육프로그램 (2013.3.)	제3차 어린이집 표준보육과정에 기초하여 총론(1권) 0~2세용 영아보육프로그램 (총 7권)과 DVD(1개) 개발

출처: 보건복지부·중앙육아종합지원센터(2015).

2) 제4차 표준보육과정의 성격

현재 시행되고 있는 제4차 표준보육과정은 2019년 개정 누리과정의 방향과 취지를 수용하여 영유아 중심, 놀이 중심을 추구하였으며, 영유아의 개별적 특성을 존중하고 영유아의 기본 권리의 개별 보장을 중시하는 입장을 취하였다. 한편, 보육의 정체성을 유지하고, 영아 보육의 특성을 반영하기 위하여 제3차 어린이집 표준보육과정을 토대로 0~2세 영역별 내용을 수정, 보완하였다. 기존의 연령 체계인 0~1세를 위한 보육과정, 2세를 위한 보육과정, 3~5세를 위한 보육과정(누리과정)의 구성은 유지하였으나, 0~1세 4수준, 2세 2수준으로 구분하여 세부 내용을 제시했던 것을 통합하여 제시하였다. 또한, 0~2세 보육과정은 기존의 6개 영역을 유지하였으나, 내용을 간략화하였다. 제4차 표준보육과정의 고시 특성은 다음과 같다.

- 국가 수준의 공통성과 지역, 기관 및 개인 수준의 다양성을 동시에 추구한다.
- 영유아의 전인적 발달과 행복을 추구한다.
- 영유아 중심과 놀이 중심을 추구한다.
- 영유아의 자율성과 창의성 신장을 추구한다.
- 영유아, 교사, 원장, 부모 및 지역사회가 함께 실현해 가는 것을 추구한다.

3) 제4차 표준보육과정 '의사소통 영역'의 목표와 내용

(1) 0~1세

0~1세 영아는 울음으로 의사소통을 시작하여 쿠잉, 옹알이 등 자신의 음성을 반복적으로 소리 내는 것을 즐기게 된다. 다른 사람의 소리를 모방하기도 하고, 몸짓이나 얼굴 표정과 같은 비언어적인 반응을 사용하며 의사소통 능력을 키워나간다. 또한, 주변의 그림과 상징 자료에 관심을 보이며, 읽기와 쓰기에 관련된 기초 경험을 통해 책과 이야기에 관심을 보이게 되고, 끼적이기에 대한 시도를 한다.

제 4차 표준 보육과정 의사소통 영역의 0~1세 과정은 일상생활에서 영아가 자신의 의사를 음성과 몸짓 등 다양한 방식을 활용하여 다른 사람에게 전달하고, 상대방의 표현을 이해하며 의사소통하는 즐거움을 경험하고, 기초적인 의사소통 능력을 키우는 것에 중점을 두었다.

따라서, 교사는 0~1세 영아가 일상생활에서 자신의 옹알이, 말소리, 말, 표정과 몸짓, 끼적이기 등 다양한 방식을 통해 자유롭게 표현하고, 다른 사람의 표현을 적절하게 파악하고 이해할 수 있도록 지원해주는 것과 다양한 책과 이야기에 관심을 갖도록 즐거운 경험을 제공해주는 것이 필요하다.

① 목표

- 의사소통 능력의 기초를 형성한다.
- 일상생활에서 듣고 말하기를 즐긴다.
- 읽기와 쓰기에 관련된 관심을 가진다.
- 책과 이야기에 관심을 가진다.

② 내용 범주

0~1세 의사소통 영역의 내용은 듣기와 말하기, 읽기와 쓰기에 관심 가지기, 책과 이야기 즐기기의 세 가지 내용 범주로 구성되어 있다.

〈표 4-2〉 제4차 표준보육과정 0~1세 의사소통 영역 내용 범주

내용범주	내용
듣기와 말하기	• 표정, 몸짓, 말과 주변의 소리에 관심을 갖고 듣는다. • 상대방의 이야기를 들으면서 말소리를 낸다. • 표ㅋ정, 몸짓, 말소리로 의사를 표현한다.
읽기와 쓰기에 관심 가지기	• 주변의 그림과 상징에 관심을 가진다. • 끼적이기에 관심을 가진다.
책과 이야기 즐기기	• 책에 관심을 가진다. • 이야기에 관심을 가진다.

(ㄱ) 듣기와 말하기

'듣기와 말하기' 내용 범주는 0–1세 영아가 상대방의 표정, 몸짓, 말, 소리 등에 관심을 갖고 들으며, 상대방의 이야기를 들으며 표정, 몸짓, 말소리로 자신의 의사를 표현하는 내용으로 구성되어 있다. 세부 내용은 다음과 같다.

- 표정, 몸짓, 말과 주변의 소리에 관심을 갖고 듣는다.

0~1세 영아가 다른 사람의 표정과 몸짓과 말소리에 관심을 갖고 들으며, 주변에서 들리는 말소리와 다양한 소리에 흥미와 관심을 갖고 주의를 기울여 들으며 소통하는 내용이다.

- 상대방의 이야기를 들으면서 말소리를 낸다.

0~1세 영아가 다른 사람의 말하는 이야기에 주의를 기울여 듣고, 다양한 발성법과 옹알이로 시작해서 점차로 적극적으로 말소리를 내며 적절하게 의사소통하는 내용이다.

- 표정, 몸짓, 말소리로 의사를 표현한다.

0~1세 영아가 비언어적인 의사소통 방법인 표정과 몸짓을 이해하고, 적절하게 표현하며, 비언어적인 의사소통방법을 포함하여 언어적인 방법인 말소리로 다양한 의사소통 방식을 활용하여 자신의 의사를 표현하는 내용이다.

(ㄴ) 읽기와 쓰기에 관심 가지기

'읽기와 쓰기에 관심 가지기' 내용 범주는 0~1세 영아가 주변에 있는 친숙한 그림, 상징에 관심을 보이고, 자유롭게 끼적이기에 관심을 갖고 시도해보며 결과를 경험해보는 내용이다. 세부 내용은 다음과 같다.

- 주변의 그림과 상징에 관심을 가진다.

0~1세 영아가 주변에 있는 친숙한 그림, 표지판, 상표 등 주변의 상징에 흥미와 관심을 가지는 내용이다.

- 끼적이기에 관심을 가진다.

0~1세 영아가 끼적이기에 관심을 갖고, 손에 쓰기 도구를 쥐고 벽 또는 바닥, 용지에 끼적이기를 하며, 손의 움직임을 통해 나타나는 결과에 관심과 흥미를 가지는 내용이다.

(ㄷ) 책과 이야기 즐기기

'책과 이야기 즐기기' 내용 범주는 0~1세 영아가 다양한 종류의 책과 이야기에 관심을 가지는 내용이다. 세부 내용은 다음과 같다.

- 책에 관심을 가진다.

0~1세 영아가 다양한 종류와 형태의 책을 경험하며 책에 대한 흥미와 관심을 갖고 탐색하는 내용이다. 책을 통해 자신의 경험과 관련된 생각이나 감정을 관련짓고 상징 행동을 하며, 이야기를 짓고 상상해보는 활동을 하고, 책에 대한 선호가 생기는 내용이다.

- 이야기에 관심을 가진다.

0~01세 영아가 이야기를 들으며 자신이 좋아하는 이야기에 대한 선호가 생기는 내용이다.

③ 4차 표준보육과정 의사소통 영역의 실제

(ㄱ) '듣기와 말하기' 영아 경험의 실제: 안녕

<table>
<tr><td rowspan="2">영아 경험의 실제</td><td>(준우 17개월, 우성 19개월)
등원시간에 우성이가 할머니와 헤어지고 나서 기분이 좋지 않아 울먹인다.
먼저 등원한 준우가 우성이를 보고 가까이 다가온다. 준우는 우성이를 쳐다보더니 웃어 보기도 하고, 우성이의 얼굴을 만져보려 한다.
교사: 우성아, 준우가 반가워서 인사하러 왔나봐! 그런데, 준우야, 우성이가 지금은 기분이 별로 안 좋은가봐~</td></tr>
<tr><td>잠시 후 우성이가 가방을 사물함에 정리하자, 준우가 다가온다.
교사: 우성아, 준우야. 서로 인사해봐. 안녕~ 우성아~
준우: 안녕
그 후 준우는 우성이가 등원하면 나타나, 우성이를 빤히 쳐다보고 살짝 만져 보거나, 가까이 다가간다.</td></tr>
</table>

영아 경험의 실제	며칠 후 등원시간 준우가 매트에 누워 있는 우성이에게 다가간다. 교사: 준우야, 우성이가 지금 속상하대~ 준우: (우성이를 바라본다.) 교사: 준우가 우성이 눈물 닦아줄래? 준우: (우성이의 눈물을 닦아준다.)
영아 경험의 이해	• 준우는 우성이가 등원시간에 보이는 표정과 몸짓에 관심을 가지고 보고, 교사의 말을 관심을 가지고 들었다. • 준우와 우성이는 자신의 의사를 다양한 표정, 친밀함을 나타내는 몸짓, 말소리로 표현하였다. • 준우는 우성이가 속상하다는 말을 듣고 우성이의 감정과 행동에 관심을 가지고 눈물을 닦아주었다.
교사 지원	* 일과 영아의 자발적인 의사소통 과정을 이해하기 위하여 영아가 또래와 의사소통하려는 언어적, 비언어적 시도를 관찰하며, 영아가 또래에게 표현할 수 있는 시간을 가질 수 있도록 하였다. * 상호작용 영아가 또래와 표정, 몸짓, 말소리를 통해 서로의 기분을 표현하고 그에 대해 반응하는 상호작용과정을 의미있게 지켜보았다. 영아가 적절하게 의사소통할 수 있도록 또래의 기분을 설명해주거나, "안녕"과 같이 상황에 적절하게 말하여 영아가 자연스럽게 따라서 말해보고 자신의 의사를 언어로 표현할 수 있도록 지원하였다.

출처: 보건복지부(2020).

(ㄴ) '읽기와 쓰기에 관심 가지기' 영아 경험의 실제: 샌님 이거 바바

영아 경험의 실제	정윤이는 검정색 크레용으로 기름종이 위에 끼적인다. 혼자서 한참을 끼적인다. 정윤: 샌님 이거 바바. 정윤이는 자신이 끼적인 곳을 손가락으로 가리키며 보라고 말한다.
	정윤: (큰 목소리로) 샌님!! 이거 바~~~ 교사: 금방 가서 볼게. 교사가 다른 영아의 기저귀를 갈면서 정윤이의 말에 반응한다.
	정윤: 응~ 정윤이는 자신이 끼적인 그림을 보며 기다린다.

영아 경험의 실제	한 달 뒤 정윤이가 10분 동안 볼펜을 쥐고 노트에 혼자 끼적이기를 한다. 교사가 먼저 말을 걸자, "싫어~~!!" 라고 하며 계속해서 말없이 끼적인다 (정윤 23개월)
영아 경험의 이해	• 정윤이는 끼적인 것을 교사에게 보여주려고 말과 몸짓으로 표현하였고, 교사의 반응을 기다리면서 생각을 주고받는 소통을 경험하였다. • 정윤이는 끼적이기를 하는 동안 교사가 먼저 말을 걸자 "싫어"라고 말하며 자신의 요구와 느낌을 말하였다. • 영아는 다양한 도구를 사용하며 끼적이기에 관심을 가졌고, 때로는 자신이 끼적인 결과를 타인과 소통하기보다는 끼적이기 자체에 집중하기도 하였다. • 영아는 다른 영아를 돌보며 기다려달라는 교사의 말을 듣고 자신의 그림을 보며 기다리며 반에서의 규칙과 약속을 알고 지켰다.
교사 지원	* 공간 교실에 끼적이기 공간(책상)을 마련하였다. * 자료 영아가 끼적일 수 있는 다양한 크기와 질감의 종이(기름종이, 메모지 등), 쓰기 도구(크레용, 볼펜 등)를 제공하였다. 영아가 교사가 사용하는 볼펜을 사용해보고자 할 때 써 볼 수 있도록 하였다. * 상호작용 영아가 자신의 끼적이기를 봐 주길 바라는 요구에 반응하였고, 영아가 교사의 개입이나 소통하기를 원하지 않을 때는 기다려주었다.

출처: 보건복지부(2020).

(ㄷ) '책과 이야기 즐기기' 영아 경험의 실제: 사과가 쿵!

영아 경험의 실제	설아가 '사과가 쿵' 책을 손가락으로 가리키며 사과 그림에 관심을 가진다.
	손가락으로 사과를 집는 시늉을 한다. 설아: 냠냠냠 설아는 페이지를 넘길 때마다 사과 먹는 시늉을 한다.
	교사: 설아야 그림책에 있던 토끼가 여기에 있네. 안녕? 나는 토끼야. 나에게도 사과를 줄래? 설아: 아~ 토끼 인형에게 사과를 먹여준다.

	시은이가 다가와서 그림책의 사과를 집어 먹는 시늉을 한다. 시은: (입에 사과를 넣는 시늉을 하며) 냠냠냠. 교사: 시은아, 설아야 친구에게도 사과를 먹여줄 수 있니? 설아: (시은이에게 사과를 내미는 시늉을 하며) 아~ (설아 19개월, 시은 20개월)
영아 경험의 이해	• 설아는 교사의 이야기에 주의를 기울여 듣고, 또래의 몸짓에 반응하며 소통하였다. • 설아는 이전에 교사와 함께 읽어보았던 그림책을 혼자 보면서 사과 그림에 관심을 가지고 손가락으로 가리키며 사과 그림이 의미하는 상징에 관심을 갖고 읽었다. • 설아는 사과를 먹는 몸짓, 토끼 인형과 다른 영아에게 먹여주는 시늉을 반복하면서 이야기에 관심을 갖고 새롭게 지었다. • 설아는 스스로 사과를 집어서 먹고, 다른 동물이나 또래에게 먹여주기도 하며 음식을 즐겁게 먹는 놀이를 하였다. • 설아는 시은이와 함께 그림책 속 사과 그림을 먹고 먹여주는 상징 행동을 하면서 상상놀이를 함께 하였다.
교사 지원	* 공간 영아가 자유롭게 책을 탐색할 수 있도록 편안하고 책을 즐길 수 있는 공간을 마련하여 지원하였다. * 자료 그림책 '사과가 쿵!'을 보고 사과를 먹는 몸짓을 하며 이야기를 만드는 영아에게 교실에 있던 토끼 인형을 책 속에 등장하는 토끼와 연결시켜 상상할 수 있도록 소개하였다. * 상호작용 영아가 책을 반복하여 즐길 수 있도록 하였고, 영아가 관심을 보이는 부분을 반복하여 표현할 수 있도록 영아가 만드는 이야기 흐름에 따라 지원하였다. 유사한 관심을 보이며 몸짓으로 표현하고 있는 영아들이 함께 상상하며 이야기를 이어 나갈 수 있도록 영아들이 함께 이야기를 연결할 수 있는 상황을 말로 제안하였다. 예 "친구에게도 사과를 먹여줄 수 있니?"

출처: 보건복지부(2020).

(2) 2세

2세 영아는 기초적인 어휘력이 급격하게 증가하며, 발음을 하는 조음 능력과 문장을 구성 능력이 확장되며 의사소통 체제를 습득하는 중요한 시기이다. 단어를 결합하여 간단한 전보식 문장을 만들기 시작하며, 말하는 양도 증가하며 일상생활의 반복적인 일이나 친숙한 상황을 한 두 낱말이나 간단한 문장으로 말할 수 있다.

제 4차 표준 보육과정 의사소통 영역의 2세 과정은 2세 영아가 듣기, 말하기, 읽기, 쓰기의 의사소통 방식에 관심을 갖고 즐겁게 활용하고, 책과 이야기에 흥미를 보이며 상상하는 즐거움을 경험하는 것에 중점을 두었다. 2세 영아가 일상생활에서 자신의 의견 말하고, 상대방의 이야기를 듣는 것을 즐거워하며, 그림과 문자 상징 등을 읽고 쓰기에 관심을 가지는 것과 책과 이야기를 상상하며 즐길 수 있는 경험을 하는 것을 목표로 한다.

따라서 교사는 일상생활에서 의사소통 경험에 기초하여 2세 영아들이 말하고, 듣고, 읽고, 쓰는 능력이 향상되도록 다른 사람의 말이나 짧은 이야기를 들려주고 듣는 경험을 제공해주며, 자신의 생각과 느낌을 즐겁게 표현하는 기회를 주는 것이 필요하다. 또한, 그림책이나 환경 인쇄물에 대한 관심을 갖고, 자유롭게 읽고 쓰는 풍부한 경험을 제공해주는 것이 필요하다.

① 목표

의사소통 능력과 상상력의 기초를 형성한다.
일상생활에서 듣기와 말하기를 즐긴다.
읽기와 쓰기에 관심을 가진다.
책과 이야기에 재미를 느낀다.

② 내용

2세 의사소통 영역의 내용도 듣기와 말하기, 읽기와 쓰기에 관심 가지기, 책과 이야기 즐기기의 세 가지 범주로 구성되어 있다.

〈표 4-3〉 제4차 표준보육과정 2세 의사소통 영역 내용 범주

내용범주	내용
듣기와 말하기	표정, 몸짓, 말에 관심을 갖고 듣는다. 상대방의 이야기를 듣고 말한다. 표정, 몸짓, 단어로 의사를 표현한다. 자신의 요구와 느낌을 말한다.
읽기와 쓰기에 관심 가지기	주변의 그림과 상징, 글자에 관심을 가진다. 끼적이며 표현하기를 즐긴다.
책과 이야기 즐기기	책에 관심을 가지고 상상한다. 말놀이와 이야기에 재미를 느낀다.

㈀ 듣기와 말하기

'듣기와 말하기' 내용 범주는 2세 영아가 상대방의 표정과 몸짓, 말에 주의를 기울이며 듣고, 상대방의 이야기를 듣고 말하며, 자신의 의사를 표현하기 위해서 표정과 몸짓, 단어를 활용하며 자신의 요구와 느낌을 자유롭게 말하는 내용이다. 세부 내용은 다음과 같다.

- 표정, 몸짓, 말에 관심을 갖고 듣는다.

2세 영아가 다른 사람의 표정과 몸짓, 말에 관심을 갖고 들으며, 말하는 사람의 생각과 의도를 파악하고, 주변의 소리와 다양한 말소리의 차이에 관심을 갖고 듣는 내용이다.

- 상대방의 이야기를 듣고 말한다.

2세 영아가 상대방의 이야기를 듣고 자신의 생각과 느낌을 상대방에게 전달하는 내용이다.

- 표정, 몸짓, 단어로 의사를 표현한다.

2세 영아가 자신의 의사를 표현하기 위해 표정과 몸짓과 같은 비언어적인 의사소통을 포함하여 단어나 간단한 문장을 활용하여 상대방과 의사소통하는 내용이다.

- 자신의 요구와 느낌을 말한다.

2세 영아가 다른 사람에게 자유롭고 편안하게 자신의 요구와 느낌을 말하는 내용이다.

(ㄴ) 읽기와 쓰기에 관심 가지기

'읽기와 쓰기에 관심 가지기' 내용 범주는 2세 영아가 일상생활에서 친숙한 주변의 그림과 상징, 글자에 관심을 가지고, 자유롭게 끼적이며 즐겁게 표현하는 내용이다. 세부 내용은 다음과 같다.

- 주변의 그림과 상징, 글자에 관심을 가진다.

2세 영아가 일상생활에서 경험하는 주변의 그림이나 표지판, 상표와 같은 상징, 친숙한 글자에 관심을 가지며 상징을 이해하고 상징 읽기를 경험하는 내용이다.

- 끼적이며 표현하기를 즐긴다.

2세 영아가 다양한 종류의 쓰기 도구를 활용하여 상상하거나 상징화하며 표현하는 것을 의도적으로 끼적이기로 즐겁게 표현하는 것을 경험하는 내용이다.

(ㄷ) 책과 이야기 즐기기

'책과 이야기 즐기기' 내용 범주는 2세 영아가 다양한 종류의 책과 이야기에 관심을 갖고 상상하며 즐기고, 말놀이와 이야기 짓는 활동에 흥미를 갖는 내용이다. 세부 내용은 다음과 같다.

- 책에 관심을 가지고 상상한다.

2세 영아가 선호하는 책이 생기고, 다양한 종류의 책에 관심을 갖고, 책 보기를 즐기며 자유롭게 상상하고, 책을 만들어보는 내용이다.

- 말놀이와 이야기에 재미를 느낀다.

2세 영아가 친숙한 낱말과 다양한 종류의 표현이 담긴 말놀이와 이야기 짓기를 즐기며 말과 이야기의 변화를 경험하는 내용이다.

③ 4차 표준보육과정 2세 의사소통 영역의 실제

(ㄱ) '듣기와 말하기' 영아 경험의 실제: 거미줄 놀이

영아 경험의 실제	영아들이 풀을 이용하여 만들기를 하다가 교사에게 풀이 손에 자꾸 묻고, 풀이 없어진다고 말했다. 그래서 교사는 풀 대신 물레방아 테이프를 제공하였으나 영아들은 테이프를 잡고 틀을 돌리는 것을 어려워하였다. 교사는 영아가 투명 테이프를 책상에 붙이는 모습을 본 후 손으로 쉽게 찢어서 사용할 수 있는 종이 테이프를 제공하였다. 영아들은 각자의 방식으로 종이테이프로 자신의 생각과 느낌을 자유롭게 표현하며 놀이를 한다. 주영: 이건 바퀴야. 아니 동그라미야. 하엘: 하엘이는 테이프를 붙일 거예요. 여준: 이건 공룡알이에요. 테이프로 만들었어요. 연호: 이거 봐요. 네모예요. 태현: 선생님 이거 고래, 고래예요.
	영아들은 종이테이프를 바닥에 붙이고 놀이한다. 유림: 이건 길이야. 연호야 일어나서 걸어봐. 연호: 응? 이건 거미줄이야. 우리 거미줄 걸을까? 교사: 칙칙폭폭 땡~ 주영: 나도 걸을래. 칙칙폭폭~ 유찬: 선생님 기다려요. 나 아직 안탔어요.
	바닥에 종이테이프를 붙이던 영아들은 우연히 의자와 책상을 발견하고 종이테이프를 붙이기 시작한다. 여준: 이거는 이렇게 넘어가는 거야. 연호: 나 봐봐! 지나가 볼게. 소현: 다음엔 내 차례야.
	의자와 책상 대신 상자를 제공하자, 영아들은 집을 상상하기도 하며, 거미줄 놀이를 다시 이어간다. 유림: 우와, 우리 집이에요. 태현: 이거 너무 높아, 끊어질 거 같아. 유찬: 거미줄 밑으로 (여준 39개월, 천설, 유림, 유찬, 주영 38개월, 태현, 연호 36개월, 소현 34개월, 하엘 28개월)
영아 경험의 이해	• 영아들은 풀을 사용하면서 불편함을 느끼고 자신의 요구와 느낌을 교사에게 말로 표현하였다. • 영아는 바닥에 종이테이프로 공룡알 등을 만들고, 테이프를 붙이면서 무엇을 만들었는지를 말로 표현하였다. 영아들은 상대방의 이야기에 경청하며 자신의 의사를 표현하였다.

영아 경험의 이해	• 테이프를 바닥에 붙이면서 또래에게 거미줄 놀이를 말로 제안하였다. 책상과 상자에 테이프를 붙이면서 줄을 넘고, 줄 아래로 기어가며 놀이하는 방법을 상대방에게 말과 몸짓으로 알려주었고, 자신의 행위와 생각을 말로 표현하며, 놀이를 이어갔다. • 영아는 종이테이프를 바닥에 붙여 거미줄로 상징화한 후 걷기를 시도하였다. 종이테이프를 책상에 붙여 높이가 생기자 영아들은 기어가기, 넘어가기 등을 하며 이동운동을 시도하였다. • 영아는 종이테이프로 표현된 다양한 형태를 또래와 함께 상상하고 놀이하였다.
교사 지원	* 공간 영아가 종이테이프를 교실 바닥에 붙이거나 책상에 붙이는 것을 허용하고, 책상과 의자 등을 자유롭게 옮기며 놀이할 수 있도록 지원하였다. * 자료 영아들의 반응을 살펴보면서 풀, 물레방아 테이프, 종이테이프로 자료를 바꾸어 제시하여 영아가 스스로 사용할 수 있는 적합한 자료를 지원하기 위해 노력하였다. 영아의 안전을 고려하여 상자를 제공하였고, 영아들이 자유롭게 상자에 테이프를 붙이고 연결하며 놀이할 수 있도록 지원하였다. * 상호작용 영아가 자유롭게 고유한 방식으로 테이프로 모양을 만드는 것을 인정하였다. 영아에게 놀이(기차놀이)를 제안하며 함께 놀이하였다. 종이테이프를 이용하여 놀이를 변형(만들기-고래만들기-거미줄 놀이-테이프 넘고 아래로 기어가기)하는 영아의 놀이 방식을 존중하여 놀이가 이어질 수 있도록 하였다.

출처: 보건복지부(2020).

(ㄴ) '읽기와 쓰기에 관심 가지기' 영아 경험의 실제: 이거 도깨비 뿔이잖아.

영아 경험의 실제	소민이가 평소 머리를 빗을 때 부르던 노래를 하며 그림을 그린다. "올라가는 머리 내려가는 머리 빙글빙글 돌려서 도깨비 뿔~"
	소민이가 노래를 반복하며 그림을 그리는 모습을 보고 일준이가 가까이 와서 묻는다. 일준: 이..뭐 ... ? 소민: 이거 도깨비 뿔이잖아. 머리를 예쁘게 묶는거야. 넌 남자니까 일준이는 없어. 소민이는 이렇게 예쁘지? 일준: 히히히.
	일준이는 여기저기를 가리키며 그림을 그리라는 듯 요구한다. 일준: 여기~ 여기~ 소민이의 그림에 뿔이 점점 많아진다.

	소민이는 모든 뿔에 색을 칠하고 마무리한다. 일준이는 소민이가 그림 그리는 모습을 한참 동안 지켜본다. (소민, 일준 35개월)
영아 경험의 이해	• 소민이는 도깨비 뿔 노래를 부르면서 도깨비를 그림으로 상징화하여 표현하였고, 소민이의 그림에 관심을 보이며 말하는 일준이에게 머리를 묶은 자신의 예쁜 모습이라며 그림의 의도를 말로 설명하였다. 소민이와 일준이는 그림을 그려 의미를 표현하기를 즐겼다. • 일준이는 손가락으로 가리키며 소민이에게 도깨비 뿔을 더 그릴 것을 말로 요구하였다. 소민이는 일준이의 요구를 받아 그림을 계속해서 그렸다. 두 영아는 서로의 관심과 의사를 몸짓과 말로 표현하며 친구와 소통을 즐겼다.
교사 지원	* 공간 및 자료 영아가 자유롭게 그릴 수 있는 크기의 종이를 제공하였다. * 상호작용 영아가 주도적으로 소통할 수 있도록 개입하지 않고 이를 지켜보며 소통과정을 기록하였다.

출처: 보건복지부(2020).

(ㄷ) '책과 이야기 즐기기' 영아 경험의 실제: 재후의 이야기 짓기

영아 경험의 실제	교사: (주사기를 들고 있는 재후에게) 아이스크림 맛이 있어서~~ 라고 노래를 부른다. 재후는 주사기를 바닥에 던지고 배를 만지며 인상을 찌푸린다. 재후: (옷을 올려 배를 보여주며) 아파. 교사: 재후 배 아파? 주사 맞을까? 재후: (울먹이며) 아파. 하며 배를 만진다. 교사는 재후의 표정이 너무 진지하여 아픈지 다시 물어보자, 재후는 장난치듯 웃으며 노래를 따라 부른다.
	8개월 후, 재후는 오이를 꼬치에 꽂아본다. 재후: 뾰조뾰조해.
	재후: (오이 꼬치를 아래로 돌리며) 해파리야. 오이 해파리! 재후는 꼬치에 오이를 꽂아본다. 교사: 해파리 본 적 있어? 재후: 아니. 그런데 해파리 독 있어~ (오이 하나가 꼬치에서 떨어지자) 독이 없어져서 해파리 죽었다. 교사가 해파리를 살려달라고 말하자 재후는 다시 오이를 꼬치에 꽂고 살아났다고 이야기를 짓는다.

영아 경험의 이해	• 재후는 이야기를 몸짓으로 표현하며 가상놀이를 즐겼다. 상상과 실제를 넘나드는 가상의 이야기 짓기를 즐겼다. • 재후는 다양한 매체를 활용하여 주변의 사물을 가작화하여 이야기 짓기를 즐기고 있었다. 재후는 변형된 사물에서 새로운 이야기를 떠올리고 하는 방식으로 이야기 짓기를 이어갔다. 재후는 교사와 함께 상상 이야기를 주고받는 경험을 하였다. • 영아는 주사기를 이용하여 병원놀이를 하며 배가 아프다는 가상 상황에 따라 상상의 표현을 하였다. • 영아는 오이와 꼬치로 자신에게 익숙한 동물인 해파리를 자유롭고 창의적으로 표현하였다.
교사 지원	* 자료 영아에게 주사기 등 병원놀이 자료를 제공하였다. 영아가 자유롭게 탐색하며 놀이 할 수 있는 매체(적당한 크기의 식재료, 꼬치 등)를 제공하였다. * 상호작용 영아가 다양한 공간에서 상상하여 이야기 짓는 것에 호응하였다. 영아와 함께 상상의 이야기 짓기에 참여하였다.

출처: 보건복지부(2020).

2 개정 누리과정에서의 언어지도(2019 개정 누리과정에서의 언어지도)

1) 누리과정 개정 취지 및 성격

개정 누리과정은 2017년 12월 7일에 발표한 교육부의 「유아교육 혁신방안」 중 '교실 혁명을 통한 유아 중심의 교육 문화 조성' 과제를 토대로 제정되었다. 유아 중심, 놀이 중심, 교사의 자율성을 강화하는 기본 방향을 바탕으로 개별 유아의 다양한 특성을 고려하여 교육 내용을 구성하였으며, 유아의 자유 놀이를 적극 권장하고, 교사는 유아의 놀이를 관찰하고 기록하는 등 유아와 상호작용에 초점을 맞추어 지도하고, 현장의 자율성을 존중하는 내용으로 교육과정이 개정되었다. 3~5세 보육과정(누리과정)의 고시 성격은 다음과 같다.

- 교육과정의 구성 체계를 확립하였다.
- 누리과정의 성격을 '공통의 교육과정'으로 명시하였다.
- 기존의 구성 체계를 유지하고 5개 영역의 내용을 간략화 하였다.
- 유아 중심, 놀이 중심을 추구하였다.
- 누리과정 실행력과 현장의 자율성을 강조하였다.
- 평가를 간략화하였다.

2) 개정 누리과정 의사소통 영역 특성

첫째, 유아의 듣고 말하는 경험은 분리되어 있지 않고 통합적으로 이루어짐을 고려하여 기존 누리과정의 '듣기'와 '말하기'를 통합하여 '듣기와 말하기'로 제시하였다.

둘째, 유아의 읽고 쓰는 경험이 개별적으로 분리되어 있지 않음을 고려하여 기존 누리과정의 '읽기'와 '쓰기'를 통합하여 '읽기와 쓰기에 관심 가지기'로 제시하였다.

셋째, 유아가 동화와 동시, 말놀이와 이야기 짓기 등 일상에서 자연스럽게 문학을 즐기는 경험을 고려하여 '책과 이야기 즐기기' 내용범주를 새롭게 제시하였다.

3) 개정 누리과정의 의사소통 영역 목표 및 내용

3~5세 유아는 다른 사람의 말을 주의 깊게 듣는 태도와 이해하는 능력이 향상되며, 자신의 생각과 느낌, 경험을 다양한 방식으로 표현하는 등 주변에 있는 사람들과 적극적으로 의사소통을 시도하며, 책과 이야기에 관심을 갖는다.

개정 누리과정의 의사소통 영역은 유아가 다른 사람과 적극적으로 소통하며, 일상생활에서 글자나 상징에 관심을 갖고, 책과 이야기를 즐기며 상상하는 경험과 관련된 내용에 중점을 두었다.

따라서 교사는 3~5세 유아가 자신의 생각과 느낌과 경험을 다양하고 적절한 방식으로 말하고 글로 표현할 수 있는 경험을 제공해주며, 다른 사람의 말에 관심을 갖고 바른 태도로 듣고 이해하는 경험을 지원하며, 아름답고 고운 말이 담긴 다양한 책과 이야기에 관심을 갖고 상상력을 기를 수 있도록 촉진해주는 것이 필요하다.

① 목표

일상생활에 필요한 의사소통 능력과 상상력을 기른다.

일상생활에서 듣고 말하기를 즐긴다.

읽기와 쓰기에 관심을 가진다.

책이나 이야기를 통해 상상하기를 즐긴다.

② 내용

개정 누리과정 3~5세 의사소통 영역의 내용은 듣기와 말하기, 읽기와 쓰기에 관심 가지기, 책과 이야기 즐기기의 세 가지 범주로 구성되어 있다.

〈표 4-4〉 개정 누리과정 3~5세 의사소통 영역 내용 범주

내용범주	내용
듣기와 말하기	말이나 이야기를 관심있게 듣는다. 자신의 경험, 느낌, 생각을 말한다. 상황에 적절한 단어를 사용하여 말한다. 상대방이 하는 이야기를 듣고 관련해서 말한다. 바른 태도로 듣고 말한다. 고운 말을 사용한다.
읽기와 쓰기에 관심을 가지기	말과 글의 관계에 관심을 가진다. 주변의 상징, 글자 등의 읽기에 관심을 가진다. 자신의 생각을 글자와 비슷한 형태로 표현한다.
책과 이야기 즐기기	책에 관심을 가지고 상상하기를 즐긴다. 동화, 동시에서 말의 재미를 느낀다. 말놀이와 이야기 짓기를 즐긴다.

(ㄱ) 듣기와 말하기

3~5세 유아가 상대방의 말과 이야기를 관심있게 듣고, 상대방이 하는 이야기를 듣고 관련된 이야기를 주고 받으며, 자신의 경험, 느낌, 생각을 상황에 적절한 단어를 사용하여 말하고, 바르고 고운 말을 사용하는 내용이다. 세부 내용은 다음과 같다.

• 말이나 이야기를 관심있게 듣는다.

3~5세 유아가 상대방이 하는 말과 이야기의 주제에 흥미를 보이고, 다른 사람의 이야기를 듣고, 궁금한 것에 대해 질문을 하고 이해하는 내용이다. 다른 사람의 이야기를 들을 때 주의 깊게 들으며, 끝까지 바른 태도로 듣는 내용이다.

• 자신의 경험, 느낌, 생각을 말한다.

3~5세 유아가 일상에서 일어나는 일들을 문장으로 말하고, 자신의 느낌, 생각, 경험을 적절한 낱말과 문장으로 말하며, 주제를 정하여 함께 이야기를 하고, 이야기를 지어보며 상상력을 기르는 내용이다.

• 상황에 적절한 단어를 사용하여 말한다.

3~5세 유아가 때와 장소, 대상과 상황에 알맞은 단어와 문장으로 말하는 내용이다.

• 상대방이 하는 이야기를 듣고 관련해서 말한다.

3~5세 유아가 다른 사람이 이야기하는 내용을 주의깊게 듣고, 말하는 사람의 생각, 의도, 감정을 고려하고 이해하며 말하는 내용이다.

• 바른 태도로 듣고 말한다.

3~5세 유아가 상대방의 이야기를 주의를 기울여 듣고, 바른 자세로 끝까지 들으며, 자신의 의견을 말하는 내용이다.

• 고운 말을 사용한다.

3~5세 유아가 일상생활에서 유행어, 속어, 신조어, 비난하는 말, 거친말 등을 사용하지 않고, 자신의 의견을 말할 때 바르고 고운 말을 사용하는 내용이다.

(ㄴ) 읽기와 쓰기에 관심 가지기

3~5세 유아가 말과 글의 관계에 관심을 가지고, 일상생활에서 친숙한 주변의 상징과 글을 읽으며, 자신의 생각과 감정과 경험을 글자와 비슷한 형태로 표현하는 내용이다. 세부 내용은 다음과 같다.

• 말과 글의 관계에 관심을 가진다.

3~5세 유아가 말이나 생각을 글로 나타낼 수 있음을 알고, 말이 글로, 글이 말로 옮겨지는 것을 경험하는 내용이다.

• 주변의 상징, 글자 등의 읽기에 관심을 가진다.

3~5세 유아가 일상에서 자주 보는 표지판, 그림 등 상징과 글자 읽기에 관심을 갖고, 상징과 글자에 담긴 사람들의 생각과 감정과 정보를 이해하는 내용이다.

• 자신의 생각을 글자와 비슷한 형태로 표현한다.

3~5세 유아가 자신의 이름과 주변의 친숙한 글자를 써보기도 하고, 자신의 생각과 느낌과 경험을 글자와 비슷한 형태나 글자로 표현하는 내용이다.

(ㄷ) 책과 이야기 즐기기

3~5세 유아가 다양한 장르의 책에 관심을 가지며 상상하며 즐기는 내용이다. 세부 내용은 다음과 같다.

• 책에 관심을 가지고 상상하기를 즐긴다.

3~5세 유아가 책 보는 것을 즐기고, 소중하게 다루며, 상상하는 즐거움을 경험하는 내용이다.

• 동화, 동시에서 말의 재미를 느낀다.

3~5세 유아가 동화와 동시를 듣고 우리 말의 재미와 아름다움을 경험하는 내용이다.

• 말놀이와 이야기 짓기를 즐긴다.

3~5세 유아가 끝말잇기, 수수께끼, 스무고개 등 다양한 말놀이를 즐기고, 자신의 느낌, 생각, 경험을 기초로 상상력을 발휘하여 새로운 이야기를 만드는 과정을 즐기는 내용이다.

③ 개정 누리과정 의사소통 영역의 실제

(ㄱ) '듣기와 말하기' 유아 경험의 실제

유아가 친구들에게 동물원에 놀러갔던 이야기를 신나고 재미있게 들려준다. 유아는 "나는 호랑이다. 어흥!"하며 눈을 크게 뜨고, 목소리를 굵고 거칠게 한다. 이어 원숭이에 대한 이야기를 할 때는 가늘고 날카로운 음성으로 바꿔 말한다. 옆에서 이야기를 듣던 유아들이 원숭이 동작과 목소리를 흉내내며 웃는다.

출처: 교육부, 보건복지부(2019).

(ㄴ) '읽기와 쓰기에 관심 가지기' 유아 경험의 실제: 음식점 놀이

유아들이 음식점 놀이를 하고 있다. 유아가 "선생님, 우리 지금 가게 만들건데 '김밥가게' 어떻게 적어요?"하며 선생님에게 도움을 요청한다. 선생님은 유아가 잘 볼 수 있도록 보드판에 천천히 '김밥가게' 글자를 크게 적는다. 유아는 보드판의 글자를 보며 천천히 따라 적는다.

출처: 교육부, 보건복지부(2019).

(ㄷ) '책과 이야기 즐기기' 유아 경험의 실제: 공룡책

유아가 여러 책을 한꺼번에 쌓아 두고 읽는다. 다른 유아가 와서 "내가 좋아하는 공룡책 여기 있어?"하며 책을 찾는다. 유아가 책장을 넘기며 공룡 이름 맞추기를 하다가 브라키오사우루스가 나오자"와~! 정말 길다. 여기서 여기 끝까지 미끄럼 타면 진짜 재미있겠다", "그런데 여기까지는 어떻게 올라가지?"하며 낄낄낄 웃는다.

출처: 교육부, 보건복지부(2019).

연구문제

1. 현재 우리나라의 국가 수준 영유아 보육과정의 종류를 제시하고, 언어지도에 해당하는 영역의 내용 범주와 내용을 설명해 보세요.

2. 국가 수준의 교육 및 보육과정을 제시하는 이유와 중요성과 제한점에 대해 논의해 보세요.

3. 현재 시행되고 있는 누리과정의 교육적 의의와 개선할 사항은 무엇인지 토의해 보세요.

05
CHAPTER

언어교육의 접근법

언어는 인간의 고유한 특성이며 또 인간의 가장 근본적이면서도 중요한 특성이다. 따라서 언어 발달은 인간의 생애 가운데 가장 중요한 발달 과업 중 하나라고 할 수 있다. 특히 영유아기의 언어발달이 지연되면 청소년과 성인기까지 발달이 지연될 수 있는 누진지체 측면을 고려해 보았을 때 이 시기의 중요성을 가늠해볼 수 있다. 영유아에게 언어를 지도하는 언어교육 접근법은 시대별로 여러 가지 논쟁을 거쳐 지속적으로 변화를 거듭해오고 있다. 따라서 본 장에서는 언어교육 접근법의 변천에 따라 영유아기 언어지도 방법이 어떻게 발전되어 왔는지를 살펴보고 각 언어교육 접근법의 관점, 이론적 배경 그리고 교수 원리 등을 자세히 알아보고자 한다.

1 발음 중심 언어교육 접근법

1) 출현 배경

발음 중심 언어교육 접근법(phonics instruction approach)은 1960년대 행동주의 이론에 근거한 접근법으로 부호 중심 접근법(code emphasis approach)이라고도 하고, 기술 중심 모형(basal reader series)이라고도 소개된다. 영유아의 언어를 지도하기 위해서 말하기와 듣기 능력이 선행돼야 하며 읽기와 쓰기 지도는 후속으로 진행돼야 한다고 보는 입장이다. 발음 중심 언어 교육 접근법은 특히 읽기를 가르칠 때 글자를 정확한 소리로 읽어 내는 방법을 가르치는 것을 강조한다.

1920년대 이후의 영유아 언어교육 접근법은 성숙주의의 영향을 받아 자연스러운 언어발달을 강조해왔다. 그래서 성숙주의의 대표적인 학자인 게젤(Gesell)은 영유아기의 언어발달을 듣기, 말하기, 읽기, 쓰기의 순서대로 발달한다고 주장했으며, 영유아 시기의 언어교육은 듣기와 말하기 등의 음성 언어 중심으로 이루어져야 함을 강조했다. 또한 유아기의 문자 언어교육은 준비도 교육(reading readiness)이어야 함을 강조하고 읽기와 쓰기 학습을 위한 기초만 제공해 주면 된다고 보았다.

성숙주의 학자들은 영유아의 언어 교육을 위해서는 말하기와 듣기의 음성 위주 언어학습을 제공해주며 영유아가 언어적 표현을 했을 때 성인이 즉각적이고 민감한 반응을 해주는 것이 중요하다고 보았다. 또한 영유아의 언어 교육을 위해서는 풍부한 언어적 환경을 제공해주는 것이 필요하다고 주장했다.

그러나 성숙주의 이론에서 주장하는 음성언어 중심의 언어교육은 많은 한계점이 나타났다. 성숙주의 학자들은 영유아의 음성언어란 체계적으로 가르치지 않아도 자연스럽게 발달한다고 보았지만, 실제로 영유아의 언어발달에서 정확한 의사소통을 위해서는 올바른 문장이나 어휘를 가르쳐야 한다는 주장이 제기되었다. 그래서 이에 대한 대안으로는 1960년대 이후에 행동주의 관점을 기본으로 구조적이고 체계적인 언어 학습법인 발음 중심 언어교육 접근법이 출현하게 되었다.

| 그림 5-1 | 자음과 모음을 조합시키는 활동, 발음 중심 언어교육 접근법의 예

2) 이론적 배경

발음 중심 언어교육 접근법은 행동주의 이론에 근거한다. 성숙주의 이론과 비슷한 점은 언어가 단계적으로 발달한다고 보는 것이다. 그래서 언어발달은 문자언어보다 음성언어가 선행되어야 함을 주장했다. 그러므로 교사가 유아에게 문자 교육을 시키기 위해서는 이미 음성언어가 발달된 유아에게 문자 교육이 가능하다고 보았다.

발음 중심 언어 접근법이 성숙주의 이론과의 차이점을 살펴보면, 성숙주의자들은 읽기와 쓰기 학습은 성숙에 의한 결과로 보고, 풍부한 언어 환경을 제공해주면 자발적으로 유아의 학습이 준비된다고 보았다. 그러나 행동주의자는 유아의 읽기와 쓰기에 대한 학습 준비도가 자발적으로 이루어지는 것이 아니라 적절한 언어경험을 통해서 이루어진다는 상반된 주장을 하였다. 행동주의자는 유아를 환경에 영향받는 수동적 존재로 보았고, 유아의 언어발달은 교육환경과 경험에 의해 결정된다고 보았다. 그래서 효율적인 읽기 교수는 읽기 기술을 위계적으로 조직화하고 교사 주도 하에 교시(敎示)하여 직접 가르치는 것을 강조한다.

따라서 본 접근법은 영유아의 자연스러운 언어발달을 위해서 기다리는 것이 아니라, 체계적인 교육을 통한 직접적인 학습을 제공한다. 말하기, 듣기와 같은 음성

언어는 직접 교수 없이 자연스럽게 획득될 수도 있지만 읽기와 쓰기 같은 문자 언어는 환경자극 없이는 획득되지 않기 때문에 반드시 체계적인 지도가 필요하다고 보았다.

발음 중심 언어교육 접근법의 목적은 올바른 해독(decoding)과 부호화(encoding) 기술을 습득하는 것이다. 유아가 읽기와 쓰기를 배우기 위해서는 우선적으로 읽기에 필요한 기초 기술인 맞춤법 원리와 음소 구성 원리를 배워야 한다. 따라서 체계적인 조기 문자 언어 교육 프로그램에서 교사는 유아에게 시청각적으로 제시된 도형이나 사물을 변별하는 기술과 적절한 말하기·듣기 기술, 낱글자를 인식하고, 소리를 구별해 내고, 낱글자와 소리와의 관계를 아는 기술, 낱자의 소리, 낱말 등을 직접적으로 가르친다.

3) 특징 및 지도 원리

발음 중심 언어교육 접근법의 특징을 고려한 지도의 원리는 다음과 같다.

첫째, 읽기와 쓰기를 가르칠 때 형식적이고 구조화된 방식으로 접근하며, 가르쳐야 하는 내용을 명시화하며 구체적인 방법을 통해 지도한다. 읽기와 쓰기를 배우는 유아를 위해 선행기술이 습득되어 있는지를 살펴보고, 부족할 시에는 이에 대한 적절한 도움을 주는 등 체계적이고 정해진 순서를 따르며 직접적이고 명시적인 방법으로 지도한다. 즉, 읽기와 쓰기를 가르치기 전에 말하기, 듣기 능력의 발달과 그 외의 선행적 기술(음악 소리 및 말 소리 변별, 짧은 단어와 긴 단어 기억하기, 시간적 서열, 소리 알아맞히기, 억양 유형, 주어와 동사의 일치, 수동태와 능동태 등 구문과 관계된 기술)이 습득되었는지를 고려한다.

말하기와 듣기 능력, 그리고 선행적 기술이 발달되었다면 음운 인식(phonological awareness)이 가능하도록 글자와 말소리의 관계를 자음 모음 순서대로 가르친다. 음운 인식이란, 낱말을 이루고 있는 낱자의 소리를 식별하며 이러한 소리를 조합하여 낱말을 만들 수 있다는 사실을 아는 것, 말소리의 최소 단위인 음소를 조합,

분절, 삭제, 삽입하고 대체할 수 있는 기술을 일컫는다(이차숙, 2005). 예를 들면, '강'이라는 글자의 받침 'ㅇ'을 'ㅁ'으로 바꾸면 '감'이 되는 것을 아는 기술을 말한다. 글자와 말소리의 관계를 기억하고 관계를 적용하여 읽을 수 있도록 구체적인 교육 내용과 목표를 가지고 지도한다. 따라서 효과적인 읽기 지도를 위해서 자음과 모음의 체계, 자소(글자)와 음소(말소리)의 대응관계 등과 같은 음소 구성 원리, 철자법 교육, 음운, 음절의 인식 등의 내용을 구조화시켜서 가르쳐야 한다. 즉, 발음 중심 언어교육 접근법에서는 자모체계, 글자와 말소리 관계에 대한 지식과 음운 인식을 체계적이고 명시적으로 지도하는 체계적인 언어 교육 프로그램을 지향한다.

쓰기 지도를 위해서는 유아가 왼손과 오른손을 사용하면서 우세 손의 움직임을 느끼기, 왼쪽에서 오른쪽으로 손을 움직여보기, 다양한 도형의 크기와 모양에 대한 공통점과 차이점 구분하기, 공간 관계 이해하기, 방향 개념 알기, 물체 관계와 위치에 대해 알기, 눈 손의 협응력 기르기 등 쓰기 목적에 대한 기본적인 쓰기 준비도가 이루어졌는지 확인해야 한다. 이러한 기능이 잘 습득된 이후 쓰기 지도를 한다. 지도 구성요소는 단어를 시각적으로 변별하고 재인하는 능력, 들은 단어를 청각적으로 변별하고 운율의 유사함을 변별하는 능력, 베껴 쓰기, 음가(音價) 알기, 낱자 이름 알기, 단어 암기 속도, 음소-자소의 대응 능력 등이다(정은주·정진, 1996).

둘째, 언어를 지도하는 접근 방식은 상향식 접근법에 따른다. 상향식 접근법(bottom-up approach)이란 낱자에서 시작해서 단어, 문장, 이야기의 순서로 읽기를 지도하는 방법이다. 따라서 음운인식을 훈련한 후 단어를 읽어내도록 하고 어휘력을 키우며 문장을 읽고 이야기를 읽는 위계적인 방식의 훈련을 수행한다.

셋째, 교사 주도적인 접근에 따른다. 유아가 지식을 스스로 구성할 수 없는 수동적 존재라고 보기 때문에 읽고 쓰는 능력을 획득하기 위해서는 교사의 주도적이고 계획적인 가르침이 필요하다고 강조한다. 그래서 또래와의 상호작용은 거의 배제하고 교사가 부과한 읽기와 쓰기 활동을 주로 한다. 그래서 유아의 자발적인 선택이나 참여를 고려하기보다는 교사가 주도적으로 유아에게 가르쳐야 할 내용을 계획하여 직접 명시화시켜서 가르친다. 효과적인 언어 학습을 위해서는 체계적이고 단계적인 교수 계획이 중요하며 적절한 모델링과 강화를 통한 직접적인 교수 방법을 사용한다. 또한, 개별 유아의 동기나 흥미를 고려하여 접근하지 않고 교사 주도의 활동을 선호하며 평가 또한 교사 주도의 획일적인 표준화 평가 방법을 채택한다.

넷째, 반복학습을 강조한다. 낱말카드 읽기와 낱말 보고 쓰기 등 맥락과 상관없이 기계적 기술 활동을 주로 한다. 그래서 언어 의미의 기능적인 사용보다는 읽기와 쓰기에 대한 형식 교육에 초점을 둔다. 교사는 가르쳐야 하는 내용을 정해진 방법에 의해 반복적으로 가르치고 유아가 반복적인 모방과 연습을 해서 읽기와 쓰기 기술을 숙련하도록 한다. 예를 들어, 자신의 이름을 열 번 반복해서 쓰기, 낱자 '가'를 점선 따라 베껴 쓰기 등이 이에 속한다.

다섯째, 학습 과정에서 모델링, 강화와 벌을 사용해서 교육한다. 교사는 유아에게 가르쳐야 할 내용을 직접 교시하고 모델링을 해서 유아가 모방하도록 한다. 또한, 언어교육의 효과를 높이기 위해 정적 강화와 부적 강화를 적극적으로 사용한다. 유아가 정확하게 발음을 했거나 주어진 과제를 잘했을 경우, 사탕이나 토큰을 주는 등의 물리적 강화를 제공하거나 칭찬을 통해 바람직한 행동의 횟수를 증가시키는 방법 등을 사용한다.

결론적으로 발음 중심 언어교육 접근법은 교사의 주도적인 역할이 강조된다. 교사는 철자법과 언어구조, 어원에 대해 정교한 이해를 하고 있어야 하며, 유아발달 수준에 대한 정확한 이해를 기반으로 명시적이고 체계적인 교육 계획 및 방법을 수립해야 한다. 교사는 구체적인 목표와 교육 내용을 설정하고, 교사 주도 하에 체계적이고 위계적인 학습 계획과 방법을 세운다. 예를 들어, 낱자 혹은 단어를 인식하고 변별하기, 비슷한 소리를 가진 글자를 변별하기, 글자의 소리 알기, 낱자 이름 알기, 자음과 모음의 글자 결합 법칙을 이해하기 등을 교육한다. 이와 같은 읽기와 쓰기에 대한 준비도가 갖추어지면 글자를 베껴 쓰기, 낱자나 몇 개의 단어를 반복적으로 쓰기, 바른 글씨체와 맞춤법 교육 실시하기 등을 수행하여 점차 높은 단계의 글자를 가르친다. 또한, 학습 효과를 평가하기 위해 받아쓰기한다. 유아가 읽고 쓴 결과물을 중요시하고 결과물을 통해 평가한다. 교육의 효과를 높이기 위해 강화, 모델링 등 성인 중심 직접 교수 방법을 사용한다(한유미·김혜선·권희경·양연숙·박수진, 2006).

| 그림 5-3 | 발음 중심 언어 교육 접근법을 적용한 학습 자료 예시

4) 적용대상 및 장점

발음 중심 언어교육 접근법은 주로 글을 처음 배우는 유아에서 학령전기 아동 특히 읽기에 어려움을 느끼는 아동에게 적합한 교육 방법이다. 한글의 구조와 원리를 가르치면 유아가 체계적으로 글자를 학습할 수 있어서 습득을 용이하게 한다. 교사 입장에서 보았을 때에도 체계적으로 일목요연하게 정리된 자음과 모음의 원리를 순차적으로 지도하면 되기 때문에 지도의 편리성이 있다. 이러한 자소(문자체계상의 자음, 모음)-음소(음운체계상의 자음, 모음)의 대응 관계를 이해하게 되면 이 규칙을 새로운 낱말 읽기에도 적용할 수 있게 되므로 전이가 높다는 장점이 있다. 그리고 철자법을 가르침으로써 정확한 쓰기 교육 목표에 도움이 된다(이경화·조순옥·김정원·심은희·이연규·이문정, 2003).

5) 문제점 및 대안

초기의 발음 중심 접근법은 개별 유아의 개성과 흥미를 고려하지 않고 일방적인 교사 주도의 교육 방법으로 진행되었으며, 천편일률적인 방식을 모든 유아에게 동일하게 교수하므로 무의미하고 지루하다는 비난을 받았다. 따라서 다음과 같은 몇 가지 방법이 보완되어 수행될 때 유아에게 보다 적합한 교수가 될 것으로 보인다.

첫째, 유아의 연령, 동기, 흥미를 고려하여 직접 교수 시기를 정해야 한다. 교육목표가 성취되기 위한 방법 중 하나는 효율성에 있다. 이때 경험은 유아라는 학습자에 적합한 맞춤교육일 때 그 효과가 극대화된다. 즉, 유아가 그 학습동기를 가질 수 있도록 하는 경험이 교수목표에 도달하는 것이다.

둘째, 집단 크기(일대일, 소집단, 대집단)를 고려한다. 왜냐하면 유아를 대상으로 언어지도할 때는 유아마다 개인차가 존재하기 때문에 일대일로 교육해야 하는 내용이 있고, 소집단 혹은 대집단 활동을 통해서 흥미롭고 동기를 향상시킬 수 있는 방법이 있기 때문이다.

셋째, 다양하고 통합적인 교육 방법 및 교수 방법을 고려하여 다차원적으로 접근해야 한다. 인간은 동물과 다르다. 간단하고 단순한 유기체가 아니라 매우 통합적인 유기체로 구성되어 있다. 따라서 인간이 가진 학습스타일 및 지식을 받아들이는 정보 채널이 인간은 모두 다양하다. 따라서 유아의 교육목표를 달성하기 위해서는 개별 유아에 대한 이해가 고려된 방법이 필요할 것이다. 이와 같은 점에서 다양하고 통합적인 교육방법이 획일적이고 모든 유아에게 동일하게 적용된 교수방법보다 적합하다.

〈표 5-1〉은 이러한 점을 고려한 발음 중심 지도의 자·모음 수업 내용의 일부이다.

〈표 5-1〉 발음중심 지도의 자·모음 수업 내용

활동명	자음/모음 조합하기	생활주제	공룡
집단형태		소요시간	20~30분
활동목표	자음/모음을 익히고 조합되는 원리와 획순을 안다.		
지도 및 준비물	자음/모음 조합표, 보도편, 그림 인형(암닭 그림), 공룡 그림이 있는 상자, 포스트잇		
활동전개	**〈자음/모음 조합하기〉** • 손유희–짝꿍 찾아 놀러 가자 호짜호짜 호짜호짜 짝꿍 찾아 놀러 가자 호짜호짜 호짜호짜 가나다라 마바사아 자차카타 파하 • 리듬 있게 부르고 조합표에 자음과 모음을 대응시키며 써서 음절을 만든다. 예 노래. ㄱ이 불렀어. ㅏ ㅏ 나와라 = 가 • 노래로 부르며 가에서 기까지 써 보고 읽어본다. • 받침을 써 보고 읽어본다. **〈획순 알아보기〉** • 그림 인형(암탉 그림)을 꺼내어 융판에 획순 대로 글자를 따라 걸어가게 한다. • 유아가 어떤 글자인가 맞힌다. • 교사가 다시 써 주며 유아는 손가락으로 따라 써 본다. • 큰 종이에 크게 적어주고 글자를 따라 걸어보기를 한다.		
활동전개	**〈글자 만들어 써보기〉** • 노래–'아삭 아삭 북북 배고픈 공룡 살그머니 나왔네' 노래를 불러주며 공룡 상자(입 부분이 절개되어 있음)를 꺼낸다. • 포스트잇을 융판에 붙인다. • 유아가 나와서 쓰고 싶은 자/모음을 포스트잇에 써서 음절을 만든다(예 바) • '바'자가 들어가는 말을 이야기해본다. • 다 같이 읽어 보고 공룡 상자 입속으로 글자를 넣어준다. • 나머지 유아는 먹는 소리를 내 준다. • '맛있는 게임'으로 마무리한다. –먹는 음식을 말하면 박수 3번 치고, 먹을 수 없는 것을 말하면 '메롱'한다. 예 '맛있는 사과' 짝짝짝, '맛있는 세상' 메롱		

출처: 이대균·서윤정(2005).

2 총체적 언어교육 접근법

1) 출현배경

총체적 언어교육 접근법(whole language approach)은 전통적인 발음 중심 언어교육 접근법이 기계적이고 주입적인 방법에 의해 유아에게 무의미하게 글자를 반복적으로 읽고 쓰게 한다는 비판에서 시작되었다. 이것은 현장에 있는 교사가 유아에게 언어교수를 실시할 때 유아의 일상과 밀접한 관련이 있으면서도 흥미로운 언어교육 환경을 만들고자 하는 논의를 하면서 발전되기 시작한 접근법이다. 총체적 언어교육 접근법은 한 가지 이론에 근거한 접근법이 아니라 전통적 언어교육법의 대안을 찾기 위하여 다양한 학자의 이론적 기반에 영향을 받아 통합적으로 탄생하였다(이경화 외, 2003). 영향을 준 이론은 다음과 같다.

| 그림 5-4 | 그림책을 활용한 총체적 언어교육 접근법의 예

2) 이론적 배경

총체적 언어교육은 루소, 페스탈로치, 프뢰벨 등의 아동 중심 교육 사상에서 출발한다. 이들은 영유아가 무한한 잠재능력과 가능성을 가진 존재이며, 교사는 영유아 능력을 키워주기 위해 적절하고 풍부한 환경을 제시해주는 역할을 하면 영유아의 발달이 촉진된다고 보았다. 그래서 아동 중심 교육 사상에 뿌리를 둔 학자는 영유아를 능동적인 지식탐구자로 보았고, 이중 피아제(Piaget)는 영유아가 지식을 수동적으로 받아들이는 존재가 아니라 적극적으로 노력하여 자신의 지식을 구성해 가는 능동적인 존재로 보았다. 따라서 영유아의 언어능력을 키워주기 위해서는 영유아의 흥미와 개성을 존중하고 개별 영유아의 관심사를 바탕으로 접근해야 한다고 주장한다.

17세기 유럽에서 유아학습을 위해 최초로 그림책을 사용한 코메니우스(Comenius)는 총체적 언어교육의 좋은 모델이다. 성인의 책으로 유아를 교육하는 것을 자연스러운 것으로 여기던 당시에 코메니우스는 유아를 위한 그림책을 만들었다. 물론 그 당시의 그림책은 유아 연령, 흥미 그리고 인지적 수준을 모두 고려한 책으로 보기는 어렵지만 성인과 아동에게 다른 책으로 접근해야 한다는 아동 중심적 접근의 첫 출발점에 해당한다.

20세기의 존 듀이(John Dewey)는 진보주의 교육사조에 영향을 받았다. 그는 영유아의 특성, 흥미와 직접적인 경험에 의한 교육방법을 강조하였고 타 교과와의 통합 활동을 강조하였다. 그래서 특성, 흥미, 경험 그리고 통합적인 교과과정을 바탕으로 교육경험을 제시해야 한다고 주장했다.

비고츠키(Vygotsky)는 사회적 구성주의 이론가이다. 그는 언어 교수 시에 사회적 상호작용이 매우 중요함을 강조하여 이를 교육활동에 반영하고자 하였다. 그래서 학습과 사회-문화적 영향 관계를 고려하여 교육이 가능하도록 하였다. 교사는 영유아 발달을 위해 '근접발달 영역(the zone of proximal development, ZPD)'을 설정하고, 적절한 비계(scaffolding) 설정을 해주며, 유능한 또래나 성인들과의 사회적 상호작용을 강조하였다. 비고츠키는 인간은 혼자 있는 존재가 아니라 사회맥락과 상호작용을 하면서 성장하는 존재임을 주장한 학자다. 그래서 타인과의 적극적인 상호작용이 영유아를 성숙시킨다고 보았으며, 성인 혹은 또래와의 상호작용은 언어와 사고가 발달하게 하는 기제가 되고, 이때 성인 중심이 아니라 영유아의 성향이 고려된 성인의 조절적 교수가 영유아 발달을 극대화한다고 주장했다.

마지막으로, 할리데이(Halliday)의 기능적 언어교수가 총체적 언어교수에 영향을 주었다. 할리데이는 언어습득과 사용에 있어서 상황 맥락(the context of situation)을 강조한 학자이다. 그는 영유아의 언어습득이란 지속적인 생활 장면(persistent life situation)에서 이루어지며 실제적인 행동을 통해서 언어가 학습된다고 주장했다. 즉, 언어는 관찰하고 분석하는 물리적 대상이 아니라 지속적인 일상생활 속에서의 능동적인 의사소통 도구라는 것이다.

위에서 설명한 바와 같이 총체적 언어교수 접근법은 다양한 이론적 배경에 근거를 두고 있다. 그리고 이들이 주장하는 언어의 기본 단위는 철자가 아니라 '의미'이며 말하기, 듣기, 읽기, 쓰기를 구분하여 각각 가르치는 것이 아니라 모든 교과와 통합하여 가르치는 것을 주장한다.

3) 특징 및 지도 원리

총체적 언어교육 접근법은 언어의 개인적 측면과 사회적 측면을 모두 고려한 접근법이다. 개인적이라는 측면은 영유아의 사고를 가능하게 하는 역할을 말하며, 사회적이라는 의미는 영유아의 언어발달에서 부모나 교사, 또래와의 의사소통의 중요성을 고려한다(이경화 외, 2003). 발음 중심 접근법과 다르게 총체적 언어교육 접근법에서는 '사회'라는 측면을 고려한다는 것이 특징적이다. 총체적 언어교육 접근법에서는 인지와 언어가 상호 호혜적인 관계로 설명하고 있으며, 영유아는 실생활이라는 사회적 맥락과 능동적 상호작용을 통해 발달한다. 영유아의 언어는 세상을 배워가는 도구에 해당하며, 유아가 스스로 이해, 예견, 선택 그리고 수정하는 복잡한 과정을 통해 의미를 구성하는 것을 언어교육의 목적으로 보았다. 총체적 언어교육 접근법의 기본 특징을 기반으로 한 지도의 원리는 다음과 같다.

첫째, 총체적 언어 접근법에서는 언어의 의미를 중시한다. 그래서 언어는 전체(awhole)로서 가르쳐야 하며 영유아에게 유의미한 맥락 속에서 가르쳐야 함을 주장한다. 말하기, 듣기, 읽기, 쓰기는 단독적으로 구성된 교과가 아니며 상호 관련되어 있고 동시다발적인 통합과정으로 보았다. 또한 언어 학습은 상황(context)과 상호작용하면서 일어나며 상황과 관련된 의미 중심의 통합된 활동으로 언어 교육을 시도해야 함을 강조한다.

둘째, 학습 방향은 교사가 영유아에게 이야기를 들려주는 방식으로 먼저 접근하며, 이후에 문장, 단어 그리고 낱자 등에 관심을 갖고 활용하게 하는 하향식 접근법(top-down approach)을 따른다. 글자 자체를 소리 내어 읽는 활동보다는 글이 가진 역할, 즉 의사소통과 의미를 발견하는 것에 초점을 둔 접근법이다.

셋째, 총체적 접근법에서는 영유아를 환경과의 지속적인 상호작용을 통해 지식을 구성해 가는 능동적 존재로 본다. 따라서 교사는 자발적 읽기와 쓰기가 일어날 수 있는 환경을 계획하고 조성해주어야 한다. 이때 환경은 구체적이면서도 실생활과 관련되어 있고 영유아에게 의미 있는 활동의 장이어야 한다. 그러나 활동에서 교사가 모두 직접 개입하는 것보다는 영유아 스스로 자신의 사전 지식을 가지고 구성해 가는 것을 권한다.

넷째, 글자 자체를 소리 내어 읽는 활동이라기보다는 글이 가진 역할 즉, 의사소통에 보다 초점을 둔 접근법이다. 그래서 일상에서 문자를 사용해서 의미를 구성해 가며 이러한 과정들이 누적되어 가면서 자연스럽고 즐겁게 읽기와 쓰기를 습득한다.

4) 적용대상 및 교사역할

총체적 언어교육 접근법은 언어를 처음 접하는 영유아기에도 자연스럽게 언어 기능과 실제적인 언어 활용을 익힐 수 있다는 점에서 시행 가능하며, 사고력과 표현력을 키워줄 수 있기 때문에 아동기에도 적용 가능한 교육법이다.

본 접근법에서의 교사 역할은 영유아가 다양한 언어활동을 경험할 수 있도록 풍부한 문해 환경을 계획하고 제공해야 한다. 개별적인 상호작용을 통해 언어 활동을 지원하면서 대화 기회를 많이 갖고, 무엇보다 질문을 많이 활용하여 영유아가 스스로 언어활동을 구성해갈 수 있도록 도와주어야 한다. 또한, 꾸며 읽기(pretending reading)와 창안적 글자 쓰기(invented spelling)를 격려하며 또래와의 활발한 상호작용이 일어날 수 있도록 촉진해야 한다. 뿐만 아니라, 자유롭게 언어적 경험을 할 수 있는 허용적인 분위기를 제공함과 동시에 다양한 영역에서 읽기와 쓰기와 말하기 듣기 활동이 통합적이며 흥미 있게 이루어지도록 해야 한다. 그리고 음율 활동, 미술 활동, 신체 활동, 동극 활동 등에서 언어를 적절하게 사용할 수 있도록 다양한 활동 지원을 해야 한다. 특히, 교사는 명령이나 지시가 아니라 유아의 생각과 감정에 대해 이야기를 나누도록 하며, 유아 스스로 적절하고 합리적으로 문제를 해결해나갈 수 있도록 지지하는 역할을 한다.

5) 문제점 및 고려 사항

일선 교육현장에서는 총체적 언어교육 접근법을 통 글자 접근법으로 잘못 이해하는 경향이 있다. 그러나 총체적 언어교육 접근법에서는 통 글자를 단순 암기하는 단순한 읽기 기술보다는 숙련된 언어 사용자가 되는 것을 교육의 목표로 삼는다. 즉, 언어를 다루는 숙련된 기술을 교육의 목표로 삼고, 말하기와 듣기와 읽기와 쓰기 활동의 통합적 접근을 강조한다. 본 접근법은 전체적인 의미와 전달력을 강조하며, 전반적인 의사소통에서 의미가 잘 전달되는 것과 모든 언어 영역이 통합되어 접근되는 것, 그리고 모든 교과목의 통합을 포함하는 접근법이다. 또한, 영유아의 일상생활에서 자발적이고 능동적인 언어 경험을 제공하며, 말하기와 듣기, 읽기와 쓰기가 통합된 환경에서 실제적이고 의미 있는 활동을 제공한다. 이러한 총체적 언어교육법은 1980년대 이후 부모와 교사의 열성적인 지지를 받았으며 현재까지도 인기 있는 교육 접근법으로 일컬어지고 있다.

그러나, 교육의 일부에서는 영유아의 흥미단을 강조하여 교육 내용이 모호하고 교육목적이 불분명하다는 비판을 제기한다. 실제로 의미와 의사소통 기능만을 지나치게 강조한 나머지 유아들의 읽고 쓰는 능력이 낮아지는 결과도 나타나게 되었다. 따라서, 총체적 언어교육 접근법을 기반으로 한 언어교육을 실시할 때에는 다음과 같은 사항을 점검해야 한다. 이차숙(2005)은 총체적 언어교육 접근법을 기반으로 한 언어교육 프로그램을 구성할 때 다음과 같은 사항을 제시했다.

① 교사와의 개별적인 상호작용 과정을 통해서 영유아가 일상생활에서 자발적이고 능동적으로 언어경험이 가능하도록 한다.
② 이야기와 문장의 의미파악을 중심으로 한 의미 덩어리 접근법으로서 하향식 접근을 수행한다.
③ 교육기관의 하루 일과 안에서 말하기, 듣기, 읽기, 쓰기가 통합된 환경을 제공하도록 한다.
④ 유아가 여러 가지 통합된 활동을 할 수 있도록 배려하면서 다른 유아와도 협동적인 학습이 가능하도록 지원한다.
⑤ 과학 영역, 미술 영역, 음률 영역, 수 영역, 사회 영역 등 모든 교과 간 영역을 통합하여 실제적이고 의미 있는 활동을 할 수 있게 한다.
⑥ 실생활에서 다양한 언어적 경험을 할 수 있도록 한다. 예를 들면, 읽기 지도를 할 때 유아에게 의미 있는 글을 제공한다. 또한, 음악으로 표현하기, 그림으로 표현하기, 글로 표현하기 등의 다양한 후속 활동으로 통합 연결되도록 한다.
⑦ 영유아가 능동적으로 환경을 접하고 자연스럽게 지식을 구성할 수 있도록 돕는다. 이것은 교사가 외부에서 개입하지 않고 영유아 스스로가 자신의 경험과 배경 지식에 따라 선택하도록 하는 것이다. 이를 내부에서 외부로 향하는 접근법(inside-out approach)이라 하며 영유아의 잠재적 가능성을 고려한 방법이다.
⑧ 총체적 접근법 수행에 좋은 도구가 되는 그림책에 관심을 갖도록 한다.
⑨ 내용 파악을 위해 그림이나 삽화 등 시각 매체를 적극적으로 활용하고 유아

가 글의 내용을 미리 예측할 수 있도록 많은 질문을 한다. 또한 유아가 스스로 질문을 만들어보고 질문이 확산적, 수렴적 사고와 연계되도록 한다.

⑩ 유아가 실생활에서 경험한 내용을 다양한 재료를 가지고 읽기, 쓰기, 말하기, 듣기 등으로 전환할 수 있게 한다.

⑪ 본 접근법의 평가 목적은 유아의 언어능력을 수정하기 위해서가 아니라 유아의 언어능력에 대한 정보를 주기 위한 것이다. 그래서 결과보다 과정지향적이다. 이러한 이유로, 오류가 없는 언어생활을 하도록 하는 것이 목표가 아니라 언어오류를 통해서 더 나은 언어발달이 되는 기회로 삼는다.

다음은 총체적 언어 접근법의 실례이다.

〈동화책 표지 감상을 통한 활동〉

활동방법

1. 동화책 표지와 동화책 속 그림을 보고 느낀 점을 이야기한다.
   - 표지를 보고 어떤 느낌이 드나요?
   - 주인공은 어떤 아이일까요?
   - 무슨 이야기일까요?
   - 어떤 색이 가장 마음에 드나요?
2. 나만의 동화책 표지를 만들어 보기로 한다. 표지를 만들기 위해 필요한 재료를 제공하고 활동방법을 소개한다.
3 직조 짜기 미술활동을 하면서 색의 변화를 경험해 본다.
4. 동화의 내용을 그림으로 그려보고, 이어질 내용을 상상해서 만들어 본다.
5. 릴레이식으로 친구들과 이야기를 만들어본다.

동화책 표지 감상

직조 짜기 미술활동

동화 뒷이야기 만들기

〈내가 만약 거미라면〉

활동방법

1. 놀이터의 이곳 저곳에 거미줄 모양이 어떻게 구성되어 있는지 관찰한다.
2. 튼튼한 줄기를 직접 찾아서 모아 본다.
3. 아스테이스에 줄기를 연결하여 거미줄을 완성한다.
4. 클레이 점토로 거미줄에 걸린 곤충들을 만든다.
5. 내가 만약 거미라면 무엇을 하고 싶은지 생각하여 글자로 쓴다. (거미줄 관찰)

줄기로 거미줄 관찰

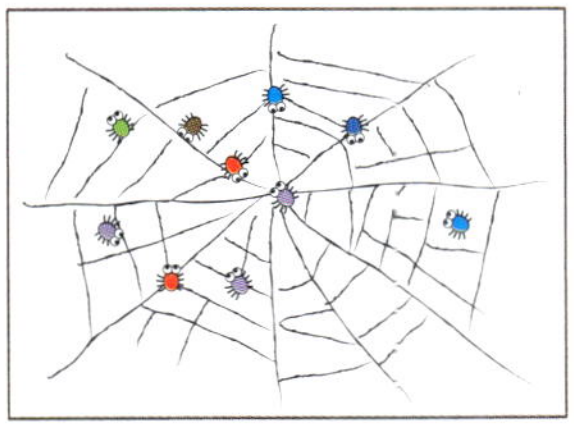

줄기로 거미줄 만들기

내가 만약 거미라면

| 그림 5-6 | 총체적 언어활동에 근거한 수업 자료

출처: 허애란(2010).

3 균형적 언어교육 접근법

1) 출현배경

큰 관심과 인기를 기반으로 성행하던 총체적 언어교육 접근법은 1995년 이후 여러 가지 문제점을 보고했다. 이것은 총체적 언어교육 접근법으로 교육을 하던 캘리포니아 주의 유아들이 다른 주에 있는 유아들보다 읽기 능력이 떨어진다는 연구

결과 때문이었다(위영희, 2004, 재인용). 총체적 언어교육 접근법에서는 일상생활에서 자연스럽게 문제를 접하는 것이 읽기와 쓰기 능력 향상에 효과적이라고 주장하지만, 실제 저소득층 유아들의 경우에는 인쇄물에 노출될 기회가 적고 다양한 언어 교구와 책을 접할 기회가 적어서 상대적으로 읽기·쓰기 능력이 낮은 것으로 보고되었다. 이 사건은 교육 현장에서 총체적 언어교육 접근법이 모든 유아들에게 효율적이고 이상적인 언어지도 방법이 아니라는 경각심을 일깨워주었고, 좀 더 의미 있고 체계적인 새로운 교육방법을 모색하는 계기가 되었다. 캘리포니아 주를 비롯한 많은 연구자들은 총체적 언어교육 접근법이 유아의 흥미와 동기를 유발하는 의미 있는 언어지도 방법이지만 직접적이고 명시적인 교수법의 필요성을 확인하게 되었다. 그래서 읽기와 쓰기의 효율성을 향상시키기 위해 캘리포니아 주에서는 음소인식, 글자와 소리와의 관계, 단어와 철자 교수하기 등과 같은 직접적이고 명시적인 보완적 활동 프로그램을 실시했다.

그래서 유아들의 읽기 능력을 위해서는 음운인식능력과 단어재인에 관한 기본적인 지식을 직접적으로 가르쳐야 한다는 과거 전통적인 주장이 다시 제기되었으며(이차숙, 2004), 발음 중심 언어교육법과 총체적 언어 교육법에 대한 양분화 현상으로 언어 교육에 대한 뜨거운 논쟁이 계속되었다. 이 과정에서 유아의 흥미와 동기를 고려한 의미중심 교육방법인 총체적 언어교육 방법과 직접적이고 명시적인 읽기·쓰기 교육 방법인 발음 중심 언어교육방법에 대한 통합적 모델이 제시되면서 '균형적 언어교육 접근법(balanced approach)'이 대안적 모델로 등장한다. 본 모델은 유아의 읽기, 쓰기 발달을 위해서 두 접근법이 가지고 있는 장점을 수용해서 최적의 교수 모형을 제공하고자 하였다. 그래서 균형적 언어교육 접근법은 개별 유아의 특성과 경험을 고려하면서 음운인식과 같은 명시적 방법을 교사가 직접 가르친다.

| 그림 5-7 | 균형적 언어교육 접근법의 예

2) 이론적 배경

균형적 언어교육 접근법은 총체적 언어 교육 접근법과 발음 중심 언어교육 접근법을 통합한 방식이다. 그래서 총체적 언어교육 접근법에서의 사용하는 의미 중심의 언어활동을 제공하는 동시에 낱자 지식, 음운 지식, 자모 체계의 이해, 자소-음소의 대응 관계, 단어 재인, 그리고 어휘력 등의 읽기 기술 등을 체계적이고 명시적인 방법으로 접근한다(박애자·박수화, 2008). 그리고 각 유아의 배경, 언어 그리고 발달심리적 측면을 바탕으로 유아의 흥미, 강점, 필요한 것을 관찰하여 맞춤식 계획안을 제공한다.

균형적 언어교육 접근법은 총체적 언어교육 접근법과 발음 중심 언어교육 접근법이 대립된 형태로만 존재하는 것이 아니라 이를 결합하고 조화를 이루어서 유아들에게 제공하는 것이 언어발달촉진에 유의함을 설명했다(위영희, 2004; 최지영, 2009). 따라서 본 접근법은 구조화된 교수와 창의적이고 도전적인 문제해결 전략을 포함하는 구성주의적 사조를 기초로 한다. 장점은 개별 유아의 특성과 환경, 발달 요구에 맞추어 여러 가지 교수법을 적용하여 개별화 교육을 실시할 수 있다는 점이다.

균형적인 언어교육 접근법은 유아가 언어를 학습하는 데 있어서 어려움이 무엇이고, 어떻게 가르쳐야 효과가 있는가에 주된 초점을 두고 있다. 말하기·듣기의 의사소통 능력은 자연스러운 습득이 가능하지만, 읽기와 쓰기 학습은 교사의 지도가 필요함을 주장한다. 특별히 풍부한 문해 환경을 제공받지 못하는 저소득층 유아들은 글자의 이름이나 음운 대응 규칙을 지도받아야 한다. 음운 인식은 글자와 소리의 관계를 일깨워줘야 하며, 음운 인식이 잘 학습된 유아는 추후 읽기와 쓰기 능력이 유창해짐을 주장한다(이경화 외, 2003). 문자 언어를 가르칠 때에도 총체적 언어의 틀 안에서 가르쳐서 능동적인 유아의 참여를 격려한다.

3) 특징 및 지도의 원리

균형적 언어교육 접근법은 다음과 같은 특성을 갖는다.

첫째, 언어를 지도할 때 전체적인 접근과 분석적인 접근을 결합한다. 유아가 다양한 언어활동을 할 수 있는 문해 환경과 활동을 풍부하게 제공한다. 문학 작품을 감상하면서 말하기, 듣기, 읽기, 쓰기 기능이 모두 가능하도록 한다. 동시에 개별 유아의 기호, 흥미를 고려한 개별적인 분석 접근도 병행한다. 교사 주도 활동과 아동 주도 활동 그리고 교사와 아동의 상호작용 활동 등 다양한 집단 구성에 본 접근법을 적용할 수 있다.

둘째, 상향식 접근과 하향식 접근을 결합한다. 유아의 읽기 경험은 이야기로 시작해서 문장과 낱말, 낱자 순으로 가르치는 상향식 접근을 지지하여, 낱자와 낱말 그리고 문장, 이야기 순으로 지도하는 음운 중심의 하향식 접근을 병행한다. 개별 유아의 특성에 따라 필요한 접근 방법을 적용하기에 유아의 교육적 효과가 크다. 실제로 총체적 언어교육의 틀 안에서 음운학을 가르쳤을 때 읽기, 쓰기의 기술과 태도가 향상된다는 연구 결과가 있다(이경화 외, 2003).

셋째, 언어 의미를 인식하는 구성과정을 중요시한다. 따라서 읽기 이해를 높이기 위해서 의미 중심 교육법을 선택한다. 이 방법을 활동으로 전개하기 위해서는 교사가 다양한 읽기 자료들을 제공하며 지시적 혹은 비지시적 방법으로 균형 있게 교수한다. 읽기 활동 이후 유아 스스로가 다양한 아이디어를 기초로 능동적 쓰기를 하는 활동도 독려한다.

넷째, 음운인식과 단어와 철자의 관계를 교사 주도 하에 체계적으로 교수하며 단어재인 능력, 어휘력, 단어 읽기 전략 등 글자 인식과 관련된 기술을 체계적으로 교수한다(엄윤재·박혜경, 2005). 그러나 위와 같은 기술들을 교수할 때 유아에게 의미를 부여하지 못하는 활동 자료들은 사용하지 않는다. 다만, 음운 규칙을 모르는 유아의 경우, 이들의 특성과 연령을 고려해서 동시나 짧은 동화를 통해 구(phrase) 혹은 행간 앞 또는 끝에 제시된 음운(각운, 두운)에 관심을 갖도록 하여 총체적 언어교육 접근법 기술과 함께 균형적으로 교수한다.

다섯째, 말하기, 듣기, 읽기, 쓰기를 모두 습득하는 과정은 자연스럽다고 본다. 그래서 네 가지 기능 등을 모두 통합하여 교육하는 것을 가장 효과적으로 생각한다. 특히, 통합의 의미에서 자료 내용 전체를 거시적으로 훑어보듯이 읽은 후 유아 스스로가 좋아하는 부분을 보다 집중해서 읽고 다시 전체 내용을 읽어가는 '전체-부분-전체 '방법을 사용한다. 또한 소리 내어 읽기·쓰기, 안내된 읽기와 쓰기 활동(교사와 아동이 책을 함께 읽고 의견을 서로 나누는 활동) 등 다양한 학습 방법을 적절히 혼용하여 적절한 시기에 교수한다(이경화, 1994).

4) 문제점 및 대안

균형적 언어교육 접근법은 체계적인 계획안과 교육의도를 포함한다. 그러므로 교사는 개별 유아 특성, 언어 수준, 가정 언어 환경 정도를 파악하여 면밀하게 본 접근법을 제시한다. 이때 교사의 역할이 매우 중요한데 다양한 교수 방법들을 정확히 숙지하여 유아에게 제공해야 할 것이다. 먼저, 스트릭랜드(Strickland, 1998)와 파울러(Fowler, 1998)는 자료 내용 전체를 거시적으로 훑어보듯이 읽은 후 유아 스스로가 인상 깊게 남은 부분을 찾아 읽고 다시 전체 내용을 읽어가는 '전체-부분-전체 '방법을 제시했다. 랩과 플러드(Lapp & Flood, 1997)는 음운인식이나 단어재인 시 직접적이고 명시적인 지도를 하되 유아가 선호하는 도서와 이들이 이미 내용을 잘 알고 있는 도서를 효과적으로 적용할 방법을 찾아서 교수하는 것이 중요함을 제시했다.

종합적으로, 교사는 유아의 일상에서 다양한 언어활동 등을 제공하여 언어 기능인 말하기, 듣기, 읽기 그리고 쓰기가 자연스럽게 접근되도록 해야 한다. 그리고 이들의 언어생활을 평가하여 그 결과에 준해 목표를 재수정한다. 이 과정에는 명시적 음운인식과 단어재인 그리고 어휘 확장 연습이 반복적으로 포함되어 있다. 물론 이 모든 과정은 유아의 선호와 배경 등이 고려되어 동기부여가 보다 촉발되도록 해야 할 것이다. 그러나 균형적 언어교육 접근법은 분명한 지도안이 없고

이전 이론을 양립하여 모호하다는 제한점을 갖고 있다. 그럼에도 불구하고 본 접근법이 선호되는 이유는 한 가지 철학이나 교수법에 국한되지 않더라도 학습자인 유아의 발달 수준과 학습양식에 적합한 교수를 추구한다는 점에서 큰 의의를 갖는다. |그림 5-9|는 균형적 문해 프로그램의 책략과 구조를 제시한 것이다.

〈표 5-2〉 세 가지 언어교육 접근법 비교

	발음중심 언어교육 접근법	총체적 언어교육 접근법	균형적 언어교육 접근법
영향 받은 사조	행동주의 (로크, 손다이크)	• 17세기: 코메니우스(Comenius) • 아동 중심 사상 (루소, 페스탈로치, 프레벨) • 구성주의(피아제) • 사회적 상호작용주의(비고츠키) • 경험주의(듀이) • 기능주의 언어학자(할러데이)	• 발음 중심 언어 교육법 • 총체적 언어 교육법
시대	1960년대~ 1980년대	1980년대~1990년대 중 후반	1995년 이후~최근
인간관	수동적 존재	• 능동적 존재 • 사회적 존재	• 능동적 존재 • 사회적 존재
문해 학습관	학습 준비도 필요 단어부터 교육함 발음, 음가 중시함 교사주도 방식 체계, 명시지도	• (성인)상호작용을 통해 음성/문자 언어 학습 • 문식성 환경에서 교수 없이 습득 가능 • 아동-성인 상호작용 강조 • 풍부한 문식 성 환경 조성 • 의미 파악 중시	• 학습 준비도 필요 • 단어(기능)와 이야기(의미) 모두 교수 • 교사 주도와 교사와 상호' 작용 모두 교수 • 흥미, 동기 고려
	단어카드 철자카드	• 그림책 사용	• 다양한 교구 교재사용
	(의미파악 위한) 그림, 삽화 생략	(의미 파악 위해) • 그림, 삽화 권장	(필요에 의해) • 그림, 삽화 생략 혹은 첨가
	(의미파악 위한) 예측 질문 거의 하지 않음	(의미 파악 위해) • 예측 질문 권장	(필요에 의해) • 예측 질문 권장
	상향식 접근	• 하향식 접근	• 상향식 접근 • 하향식 접근
	기능중심 접근법	• 의미중심 접근법	• 기능과 의미의 조화
	음소 · 단어 · 문장 · 담화	• 담화 · 문장 · 단어 · 음소	• 균형적으로 제시
	개별지도	• 소집단 • 대집단	• 개별지도 • 대 · 소집단

4 언어교육 접근법의 실제

〈표 5-3〉의 내용은 홀다웨이(Holdaway, 1979)가 개발한 균형적 언어교육접근법을 박애자와 박수화(2008)가 수정, 보완한 프로그램이다.

〈표 5-3〉 균형적 언어교육 접근법 예시

구분	활동요소	활동내용
교사 주도	대그룹으로 읽기	• 동화 내용에 대해 토론하기 • 동화 내용 예견하기 • 이야기 내용 바꾸기 • 등장인물에 대해 이야기 나누기 • 처음 나오는 단어, 반복되는 단어, 재미있는 단어를 읽기
	소그룹으로 읽기	• 읽은 내용 발표하기 • 작가나 삽화가에 대해 알아보기 • 함께 읽어보기 • ICT(Information communication technology) 활용 교수
	읽기 지도	• 글자 인식하기 • 자 · 모음을 구성하여 글자 만들기 • 문장 속의 구두점, 부호에 대해 알아보기 • 발음이 어려운 글자 발음해 보기 • 어려운 단어의 뜻 알아보기
	짧은 편지 쓰기	• 유아에게 전할 말과 사랑의 편지 써주기
	메모, 차트 쓰기	• 지시사항이나 전할 말을 메모판에 써주기 • 토론 및 예견 내용 등을 차트에 써주기
	쓰기 지도	• 자 · 모음 구성하면서 써보기 • 자주 틀리는 글자 써보기 • 획순에 따라 써보기 • 쓰는 시범 보이기
교사/유아 상호작용	읽기와 음악을 함께하기	• 노래 가사로 단어카드 만들기 • 이야기 내용을 리드미컬하게 읽어보기 • 리듬악기에 맞추어 읽어보기 • 노래가사 바꾸기 • 동시 지어보기

구분	활동요소	활동내용
교사/유아 상호작용	언어 경험	• 유아가 원하는 글자 써주기 • 쉬운 책 읽기 • 좋아하는 글자 읽기 • 단어 잇기 놀이 • 이야기 꾸미기 • 책에 재미있는 문장 찾기
	읽기 도와주기	• 책 읽는 태도 알려주기 • 함께 읽기 • 동화와 동시를 녹음한 테이프 제공하기 • OHP 필름보고 이야기 나누기
	함께 쓰기	• 인터뷰하고 내용 함께 써보기 • 부모와 함께 쓰기 • 글자 스크랩 북 만들기
	쓰기 경험하기	• 단어 은행 만들기 • 좋아하는 글자 쓰기 • 동시쓰기, 문장 쓰기 등 창의적 활동하기
유아 주도 활동	극놀이 하기	• 대본 만들고 읽기 • 극 놀이에 대해 토론할 내용 읽기 • 동화 듣고 주제 환상극 놀이하기 • 극 놀이에서 재미있었던 것 글과 그림으로 표현해보기
	도서관 놀이하기	• 유치원 교실 안의 도서 영역을 도서관으로 꾸미고 대출 카드 만들어서 놀이하기 • 집에서 책을 가져와 교환하여 읽기 • 도서관 견학 후 느낌 말하고 쓰기
	편지 쓰기	• 부모님, 교사, 친구에게 편지 쓰기 • 책에 등장하는 인물에게 편지 쓰기 • 외부 사람에게 편지쓰기
	글 없는 그림책 활동하기	• 글 없는 그림책 내용 꾸미기 • 글 없는 그림책 내용 쓰기 • OHP 필름 보면서 이야기 꾸미기
	작은/큰 책 만들기	• 내 책 만들기 • 이야기 책 만들기 • 내가 좋아하는 것에 대한 책 만들기
	저널 쓰기	• 쓰고 싶은 내용 쓰기 • 이야기 꾸며서 쓰기 • 주제에 따라 글쓰기

출처: 박애자·박수화(2008).

연구문제

1. 발음 중심 언어교육 접근법과 총체적 언어교육 접근법의 장·단점을 기술하세요.

2. 균형적 언어교육 접근법을 고려해서 본인에게 가장 좋은 문해 교수 모형을 설명해 보세요.,

3. 현재 영유아를 대상으로 한 언어교육 접근법에는 제한점이 있습니다. 제한점이 무엇이며 앞으로 어떻게 변화되면 좋을지를 설명해 보세요.

06
CHAPTER

언어 영역별 지도

언어 영역은 듣기와 말하기, 읽기와 쓰기 영역으로 크게 네 가지로 구분된다. 듣기와 말하기 영역은 의사소통의 중요한 근간이 되며, 읽기와 쓰기는 학습의 기본적인 근간이 되는 영역이다. 일반적으로 듣기와 말하기 발달은 자연스럽게 습득되는 것으로 보고, 읽기와 쓰기 영역의 발달을 중심으로 지도의 주안점을 삼는 경향이 있다. 본 장에서는 각 언어발달 영역의 개념을 살펴보고, 영유아 시기의 언어발달을 위해서 각 영역별 교육의 목표와 내용, 그리고 방법을 살펴보고자 한다. 각 영역별 지도의 원리를 점검해보고, 바람직한 교사의 역할과 적절한 환경구성을 하는 방법을 알아보고자 한다.

1 듣기 지도

1) 듣기의 개념 및 중요성

(1) 듣기의 정의

언어의 네 가지 기능 중 우선으로 교육할 영역은 듣기(listening)이다. 왜냐하면 언어발달 중 제일 먼저 발달하는 영역이 '듣기'이기 때문이다. 뿐만 아니라, 듣기는 일상의 의사소통에서 기초가 되는 것과 동시에 학습의 전제조건에 해당한다. 듣기는 어떤 소리를 듣는 것만을 의미하지 않는다. 진정한 의미의 듣기는 바르게 듣는 것을 의미한다. 바르게 듣는다는 것은 영유아가 의미 있다고 생각하는 것에 주의를 기울이고 경청하고 이해하며 적절하게 반응하는 것 일체를 말한다(이경화 외, 2003).

(2) 듣기의 과정

효율적인 듣기란 화자의 말한 의도까지 정확하게 해석하는 것을 말한다. 그래서 듣기는 영유아가 상대방의 말을 청각적으로 듣는 것만을 의미하는 것이 아니라 청지각적 능력을 포함한다. 그래서 듣고 이해하고 이를 바르게 해석하는 인지적 과정이 듣기 개념에 포함되는 것이다. 듣기는 단순듣기(hearing), 이해하기(understanding), 평가하기(evaluating), 반응하기(responding)의 과정을 거친다(Petty & Jensen, 1980). 첫 번째 단계인 단순듣기(hearing)에서는 음성, 단어, 문장을 단순히 듣는 단계이며, 소리에 대한 일차적인 인식 수준을 보인다. 두 번째 단계인 이해하기(understanding) 단계에서는 말하는 사람의 말한 의미를 이해하며, 말한 내용의 의미를 이해하기 위해 청자가 알고 있는 언어적 사전 지식을 활용한다. 세 번째 단계인 평가하기(evaluating)에서는 화자가 말하는 의도와 맥락을 파악하고 평가하고, 네 번째 단계인 반응하기(responding)에서는 들은 내용을 평가한 후 더 발전된 사고, 동작, 표정 또는 청각적으로 반응한다. 따라서, 듣기란 단순한 소리를 들었다는 차원이 아니라, 들은 내용의 의미를 이해하고 평가하고, 반응을 보이는 과정적 활동이다.

1단계 단순 듣기	→	2단계 이해하기	→	3단계 평가하기	→	4단계 반응하기

| 그림 6-1 | 듣기의 과정

(3) 듣기 지도의 중요성

현행 영유아보육 과정에서는 듣기 기술의 중요성을 인식하여 듣기 지도를 위한 체계적 내용을 구성하였고, 초등학교의 경우 듣기·말하기 교과서가 있다. 그러나 실제 교육현장에서는 듣기 교육이 활발하지 않은 편에 속한다. 이유는 듣기 기술이란 굳이 가르치지 않아도 자연스럽게 습득되는 것으로 인식하기 때문이다. 그러나, 듣기 기술이 자연스럽게 습득되는 부분이 있지만 체계적인 듣기 교육을 한다면 보다 원활하게 의사소통할 수 있으며 학업성취에 도움이 될 수 있다(전은주, 1999). 야키와 그의 동료들(Yawkey, et al., 1981)은 청각 장애인의 경우 5년 이내에 특수 언어교육을 받지 않으면 말하기에 어려움을 보이며 음성언어 구조를 바르게 익히지 못하기 때문에 읽기 학습장애가 된다고 하였다(조정숙 외, 2012, 재인용). 또한 듣기 능력이 부족한 유아는 편협한 사고로 인해서 다양하고 창의적인 문제해결을 하기 어렵게 된다. 유아는 듣기 활동을 통해 타인의 의견을 들으면서 자신의 생각과 비교하고, 아이디어를 수집하며 조직하는 능력을 갖추게 된다. 그리고 문제 해결 방식을 터득하여 비판적인 사고도 하게 되므로 듣기 학습은 유아의 사고를 성장시키는 역할을 하기도 한다. 그러므로 현장의 교사들은 듣기 중요성을 인식하여 유아들의 듣기 교육에 관심을 갖고 지도해야 할 것이다.

(4) 듣기 기술에 영향을 주는 요인

듣기 능력은 듣기 활동과 관련된 모든 내용을 처리하는 과정이기 때문에 효율적인 듣기 지도를 위해서는 듣기과정에 대한 세분화된 탐색이 필요하다. 듣기 기술에 영향을 줄 수 있는 요인은 다음과 같다(이차숙, 2005).

첫째, 사전 지식(prior knowledge)이 풍부하면 전달되는 의미를 더 잘 이해할 수 있게 된다. 따라서 유아의 지식기반을 넓혀주기 위해서 다양한 내용의 글을 읽어주는 경험을 제공하는 것이 필요하다. 유아가 다양한 경험을 통해 얻은 사실과 개념을 어휘와 문장으로 조직화하여 문제해결에 도움이 되도록 지도해야 한다.

둘째, 듣기는 말소리에 초점을 맞추고 집중하는 주의력과 관련 있다. 말소리에 초점을 맞추고 어디에서 소리가 시작되고 멈추는지를 집중할 수 있어야 한다. 그러나 영유아는 주의력이 발달과정 중에 있기 때문에 성인의 말에 집중하지 못하는 경우가 많다. 그래서 말을 끝까지 듣는 것이 부족하거나, 보다 더 집중해서 들어야 할 부분을 놓치는 경우가 생긴다. 그러므로 영유아가 타인의 말에 선택적으로 주의를 집중하고, 끝까지 다 들을 수 있도록 지도하는 것이 필요하다.

셋째, 듣기는 메시지를 듣고 소리를 변별하는 능력이 있어야 한다. 그리고 주변의 잡음을 차단할 수 있는 억제 조절능력을 갖추어서 주변음과 중심음을 분리할 수 있어야 한다. 그래서 소리 강약, 고저 등의 청각적 민감성과 소리의 같고 다름에 대한 변별능력이 있어야 한다. 이를 신장시키기 위해서 다양한 소리를 탐색해보며 들은 소리를 비교해보는 활동 그리고 들은 내용을 순차적으로 정리해서 말하는 활동 등을 할 수 있다.

넷째, 메시지를 듣고 말소리를 지각하고 들은 내용을 갖고 있는 지식에 비추어서 구성하고 분석하고 판단할 수 있는 인지적 능력이 듣기 기술에 영향을 준다. 따라서 들은 내용과 관련된 정보를 기억하고 비교하며 이를 사전지식에 적용한 후 인과관계 및 비판적 평가를 연습해 보는 정신적 활동은 유아에게 듣기 인지 능력을 촉진하는 데에 도움이 된다.

다섯째, 지속적으로 최적의 듣기 경험을 하는 경우 듣기 기술을 향상시킨다. 영유아에게 이야기를 집중해서 들으면 자신에게 좋은 일이 생길 수 있다는 긍정적인 경험을 갖게 하는 것은 듣기에 대한 좋은 태도를 갖추게 된다. 그래서 이 같은 정서를 갖기 위해 아이의 이름을 부른 후 영유아가 좋아하는 과자 혹은 장난감 등을 제공하는 것도 좋은 방법이 된다.

따라서 영유아에게 듣기 활동을 제시할 때는 위와 같은 듣기 기술에 영향을 주는 요인을 고려하면서 상황에 적절하게 듣기 활동을 제시하는 것이 필요하다.

(5) 듣기 지도 계획 시 고려할 사항

다음은 브라운(Brown)이 제시한 일반적인 듣기 기술과 비판적인 듣기 기술의 내용이다(이차숙, 2005). 각 영유아에게 지도해야 할 듣기 교육의 목표와 내용이 다를 수 있다는 점을 고려하면서 이 내용을 살펴보기 바란다.

■ 일반적 듣기 기술

① 내용 정확하게 기억하기
② 단어 및 아이디어를 순서대로 기억하기
③ 언어적으로 지시하는 것을 따르기
④ 언어적으로 전달된 내용을 다른 말로 바꾸어 말하기
⑤ 이야기 구성, 인물 성격, 화자가 주로 주장하는 내용 파악하기
⑥ 단어의 문자적 의미를 이해하기
⑦ 단어의 내포적 의미를 이해하기
⑧ 상황에 따른 단어 의미를 이해하기
⑨ 함축된 세부 내용 이해하기
⑩ 주요 주장, 생각을 파악하기
⑪ 질문에 답하고 질문하며 상호작용하며 듣기
⑫ 핵심 아이디어를 찾고 요약하기
⑬ 아이디어들 사이의 관계 파악하기
⑭ 전체적인 구조를 이해하고 다음에 나올 내용 예측하기
⑮ 전달된 내용과 사전 지식을 연결하고 적용하며 반응 계획하기
⑯ 즐거운 내용으로 상상하고 확장하기(심미적 감상력)

■ 비판적 듣기 기술

① 환상적인 것과 사실적인 것을 기준에 따라 구분하기
② 주요 아이디어, 주장, 가설에 대한 타당성과 적절성 판단하기
③ 진술의 진위를 판단하고 평가하기
④ 타당한 진술과 그렇지 않은 진술 구분하기
⑤ 아이디어를 검사, 비교, 대조 및 결론 내리기
⑥ 잘못된 내용이나 이상한 내용 발견하기
⑦ 다양한 듣기 장치의 효과를 인식하고 판단하기
⑧ 화자의 편견이나 관점을 평가하기
⑨ 화자의 조건이나 제한을 평가하기
⑩ 화자의 '아이디어를 새로운 상황에 적용하기 위한 방법'을 평가하기

| 그림 6-2 | 인형극을 하면서 서로 이야기를 주고받는 유아들

2) 듣기 지도의 원리

영유아의 듣기 능력을 지도하기 위해서는 영유아가 발달과정 중에 있다는 사실을 기억해야 한다. 그래서 듣기능력을 신장하기 위해 듣기의 기능, 사전 지식, 동기 및 태도와 관련된 사항 등을 지도해야 한다. 또한, 이러한 접근을 할 때 영유아의 특성을 고려하여 다양한 매체를 사용해서 흥미와 재미를 고취시키는 것이 필요하며, 다양한 학습 기회를 제공하고 체계적인 지도방법을 계획하는 것이 필요하다. 듣기

지도의 기본 원리를 네 가지로 제시하면 다음과 같다.

첫째, 교사는 듣기의 좋은 모델이 되어야 한다. 평소의 교사 듣기 태도는 영유아에게 영향을 주게 된다. 따라서 교사는 평상시에 영유아와 대화할 때 눈을 맞추며 집중해서 열심히 들어주는 듣기 태도를 보여야 한다. 특히, 영유아가 말하려는 의도와 감정을 파악하여 반응하고 공감하는 태도도 필요하다. 이를 위해서 영유아의 말을 중간에 끊지 않으며, 비언어적 요소인 고개를 끄덕이는 태도와 질문을 통해 잘 듣고 있다는 언어적 표시를 주는 것도 중요하다. 이와 같은 반응은 영유아로 하여금 자신의 의견과 감정을 교사에게 솔직하게 말하고자 하는 동기가 된다.

둘째, 교사는 일상생활 및 학습 활동 등 모든 상황을 활용한다. 듣기 활동이 단순히 하나의 수업 단위활동으로만 이루어지는 것이 아니라, 교사와 만나고 헤어지는 모든 상황 안에서 바람직한 듣기 지도를 할 수 있어야 한다. 자연스러운 하루 일과 속에서 듣기의 좋은 습관을 형성할 수 있는 많은 기회를 제공해주며, 주의 깊게 듣고 반응하는 듣기 태도를 격려해야 한다. 이를테면, 등·하원 시 눈을 맞추며 인사 나누기를 통해 듣기 지도를 할 수도 있고, 이야기 나누기 시간을 통해서 친구와 선생님의 이야기를 듣고 반응하는 것을 지도할 수 있으며, 바깥놀이에서 들리는 소리에 주목하게끔 교사가 주의를 환기시키는 '공동 주의'로 이끌며 들리는 소리를 단어와 몸으로 표현하기 등 소리에 반응하는 것을 지도할 수 있다.

셋째, 영유아의 이해 수준과 흥미를 고려하여 다양한 듣기 자료를 제공한다. 영유아의 사고 수준과 집중력은 이들의 발달 수준과 밀접한 관련이 있다. 따라서 교사는 영유아의 발달 수준과 흥미를 고려한 적절한 듣기 활동을 선정해야 한다. 그리고 영유아는 시청각 자료 및 다양한 매체(녹음기, 카세트, 오디오, 각종 도서류, 손가락 인형)를 활용하여 다양한 소리를 경험하고 소리에 대한 감각을 일깨워주고, 다양한 소리의 변화로 인한 즐거움을 느끼고 표현할 수 있도록 다양한 매체를 사용하는 것이 필요하다.

넷째, 영유아의 효과적인 듣기 활동을 위한 심리적·물리적 환경을 조성해야 한다. 예를 들면, 대화할 때 간식을 나누어 주는 상황과 맞물려 있거나 주변이 매우 시끄러운 환경이라면 영유아. 주의 깊게 듣는 것은 어려울 것이다. 그래서 교사는 영유아들이 심리적으로 편한 마음으로 들을 수 있도록 허용적이고 안정감 있는 분위기를 조성하고 편안한 장소를 만들어 주어야 한다. 영유아가 배고픔이나 졸림이 없는지, 아픈 곳은 없는지를 살펴보며 몸과 마음의 상태를 점검하는 것이 필요하다. 또한, 교사의 말의 내용과 속도는 적절한지, 주위 분위기가 안정적인지 등을 고려해주며 영유아가 쾌적하고 편안한 상태로 듣기활동에 참여할 수 있도록 해야 한다.

3) 교육 목표, 내용 및 방법

(1) 교육 목표

발달에 적합한 듣기 교육을 시행하기 위해서는 듣기 교육의 목표를 연령별, 수준별로 나누어 접근하는 것을 기본으로 한다. 하지만, 단순하게 연령별, 수준별로 교육 목표를 기술하는 것이 곤란하며, 듣기의 하위 기능을 난이도에 따라 구분하는 것이 모호한 점이 있다. 따라서, 실제적으로 효과적인 듣기 활동을 위해서는 듣기 지도의 목표를 수준별로 진술하기보다 기능적, 지식적, 동기 및 태도적 측면으로 구분하여 접근하는 것이 바람직하다(조정숙 외, 2012). 이러한 기능적, 지식적, 동기 및 태도적 측면 중에서 영유아의 발달 단계에 따라 서로 다른 내용이 수준별로 더 강조되고 덜 강조되는 것으로 듣기 교육의 목표를 기술할 수 있다.

첫째, 기능적 측면으로 분류한 듣기 기술의 세부목표는 ① 소리· 내용· 아이디어를 변별하고 기억하기, ② 주요 주장과 생각을 이해하기, ③ 인과 관계를 파악하기, ④ 추리하기, ⑤ 예측하기, ⑥ 들어오는 정보와 사전 지식 연결하기, ⑦ 정보의 타당성 판단하기로 요약할 수 있다.

둘째, 지식적 범주의 세부 교육목표는 ① 어휘 지식, ② 언어 구조, 유형 및 메시지 유형에 대한 지식, ③ 문법 지식, ④ 사전 지식이다.

셋째, 동기 및 태도적 측면의 세부 목표는 ① 들은 내용을 상상하고 확장하여 듣기에 대한 즐거움 갖기, ② 좋은 듣기 습관을 가지기이다.

(2) 교육 내용

설정된 듣기 지도의 세부 목표를 기능적, 지식적, 동기 및 태도적 측면으로 듣기 교육 내용을 제시하면 〈표 6-1〉과 같다.

〈표 6-1〉 듣기 지도를 위한 세부 교육목표와 교육내용

듣기 지도 목표	세부목표	교육내용
기능	소리, 내용, 아이디어 기억하기	• 들은 소리 기억하기 • 지시 따르기 • 이야기 듣고 다시 말하기 • 이야기 듣고 세부 내용 기억하기 • 소리, 단어, 이미지, 반복, 운율, 리듬 구조를 감상하고 구어적으로 해석하기
	주요 주장과 생각 알기	• 이야기를 듣고 사건을 시간, 공간으로 배열하기 • 이야기를 듣고 중심 생각 찾아내기 • 주의 깊게 듣고 주요 정보 관계 짓기
	인과 관계 알기	• 인과 관계 추리하기 • 비판적 사고 기능과 문제 해결 능력 파악하고 사용하기
	추리하기	• 맥락을 이용한 단어 의미 추리하기 • 사건의 함축적 의미 찾아내기 • 비언어적 단서 해석하기
	예측하기	• 이야기를 듣고 다음 내용 예견하기 • 이야기를 듣기 전에 결과 예측하기
	정보 타당성 판단하기	• 현실과 환상 판단하기 • 가치, 바람, 수용 가능성 판단하기 • 타당한 것과 타당하지 않은 것 가려내기 • 의견, 개인적 취향, 가치 등을 평가하기 • 사실과 추론을 구분하기
	입력된 정보와 사전지식 연결하기	• 들어오는 정보와 관련 있는 개인적 경험 생각해 내기 • 들어오는 정보와 자신이 알고 있는 내용을 비교하기

듣기 지도 목표	세부목표	교육내용
지식	어휘지식	• 새로운 단어 알기 • 여러 가지 맥락에서 단어의 의미가 다르게 사용되는 것 알기 • 단어의 정확한 의미 알기
	문법지식 사전지식	• 기본 문형 익히기 • 다양한 경험 하기 • 다양한 종류의 듣기 경험하기
동기 및 태도	즐거움을 위하여 들은 내용을 상상하고 확장하기	• 개인적 경험, 이야기, 연극 등을 잘 듣고 즐거워하기
	좋은 듣기 습관 가지기	• 주의 깊게 듣기 • 다른 사람의 말을 끝까지 듣기 • 다른 사람의 말에 반응 보이기

출처: 이차숙(2005).

(3) 교육방법

교사가 영유아 듣기를 지도할 때 고려해야 할 사항은 다음과 같다.

첫째, 일상적 소리에 주의를 기울이게 하며, 다양한 청지각 훈련을 한다. 일반적으로 소리를 듣는다는 것은 청각에 해당하지만 그 소리가 무슨 소리인지를 해석할 수 있는 능력은 청지각에 해당한다. 이를 훈련하기 위한 방법은 음악과 말소리를 변별하는 활동, 짧은 단어와 긴 단어들을 기억하기, 시간 순서, 배경 소리 알아맞히기 등의 활동을 통해 다양한 소리에 주의를 기울이게 하고, 소리를 듣고 종합하고 분석하도록 한다. 다양한 억양의 소리를 듣기, 주어와 동사가 일치하는지 불일치하는지 알아맞히는 게임, 수동태와 능동태 표현, 구문과 관련한 과제를 활용하여 제시해줄 수 있다. 이와 같은 훈련은 TV, 비디오, 녹음기, 컴퓨터 등 각종 장비들을 이용하는 것이 도움된다.

둘째, 듣는 태도를 가르친다. 영유아가 다른 사람의 말을 주의 깊게 듣고, 말의 내용이 끝날 때까지 기다리면서 듣고, 적절한 반응을 보이는 것이 얼마나 중요한지를 지도한다. 다른 사람의 의견을 나누는 과정을 통해서 서로 의견이 다르다는 것을 인정하고, 의견을 수렴하고 일치하는 과정을 지도해야 한다. 물론, 이러한 과정은 영유아의 연령과 발달 수준을 고려해서 접근하며, 다양한 활동을 통해서 접근할 수 있으며, 일상생활 맥락을 통해서도 지도할 수 있을 것이다. 좋은 듣기 태도를 가르치기 위해 가장 강조되어야 할 점은 교사가 영유아의 발화에 관심을 가지고 허용적인 교실분위기를 만들어주는 것임을 기억해야 한다.

셋째, 교사는 질문을 통해서 영유아의 듣기 사고 과정을 촉진해야 한다. 영유아는 교사가 제공해 주는 질문의 내용을 생각하고 반응하면서 듣기의 중요성을 인식하게 된다. 예를 들면 교사는 과학 활동을 하면서 유아에게 다음과 같은 질문을 할 수 있다. "~에 대해 말해 줄 수 있니?", "어떤 일이 일어났니?", "~을 보아라!"(들어 보아라, 냄새를 맡아 보아라), "~을 자세히 이야기해 보아라!" 등이다. 혹은 "만일 ~~라면 어떤 일이 생길까?", "네가 ~을 한다면 무슨 일이 일어날 거라고 생각하니?", "어떻게 하면 ~이 될까?" 등의 질문을 통해 결과 예측적 사고를 독려할 수 있다. 그리고 "~을 어떻게 했었지?", "왜 ~이 일어났을까?", "왜 이런 생각을 가지게 되었니?" 등의 인과설명 독려 질문도 있다. 행동 격려를 위한 질문으로는 "만약 ~ 크기(모양, 색깔)를 바꾼다면 어떻게 하겠니?", "여기에 ~을 보탠다면 어떻게 하겠니?", "각각 다른 재료가 쓰인다면 어떤 일이 생길까?" 등이다. 마지막으로 미래지향적 사고를 격려하기 위해서는 "우리 동네에 나무를 더 많이 심으면 어떻게 될까?", "이 나무가 자라면 어떻게 될까?", "생각나는 대로 이야기해 볼래?"라는 질문이 있다(박선희·박찬옥, 2014).

넷째, 어휘를 확장시키는 활동을 제공한다. 어휘의 의미를 이해하는 것은 듣기 기술에서 기본적인 과제이다. 따라서 영유아가 모르는 어휘를 접한 경우, 의미를 알 수 있도록 지도하는 것이 중요하다. 또한, 새로운 어휘를 발견했을 때 이를 알고자 하는 의지와 태도를 유아에게 알려주는 것이 중요하다. 그래서 일상생활에서 모르는 단어가 나오면 정확한 의미를 알려주고 전후 맥락을 이용해서 어휘의 의미를 이해하고 일상생활에서 활용할 수 있는 기회를 제공해주는 것이 필요하다. 교사는 영유아에게 말을 할 때 군더더기 말을 하지 않고 유아의 언어 수준을 고려하면서 꼭 필요한 말을 간결하게 쓰는 것이 필요하며, 애매모호한 지시나 질문은 피하는 것이 좋다.

다섯째, 영유아가 소리에 집중하고 그 의미를 비판적(조직, 기억, 비교, 추리)으로 들을 수 있게 하는 지도가 필요하다. 이를 위해 교사는 녹음된 동화 테이프를 들려주고 다양한 질문을 통해 비판적 사고를 가능하게 하거나 '듣고 책을 읽는(listen and read) 방법', 여러 가지 지시사항을 듣고 짧게 요약하는 활동, '듣고 생각하는(listen and think) 방법' 등을 사용한다.

여섯째, 영유아의 동기와 흥미, 그리고 발달 수준을 고려하여 다양하고 적절한 수준의 듣기 자료를 선정하고 개발한다. 우드(Wood, 1994)는 듣기 교수 자료를 선정할 때 다음과 같은 점을 제시한다.

① 의미: 영유아에게 의미 있는 자료인가?
② 합리적 근거: 자료가 영유아의 이론적, 발달적, 경험적 관련성이 있는가?
③ 정보 적절성: 영유아에게 어떤 도움이 될 것인가?
④ 효과 검증: 효과 검증이 가능한 자료인가?
⑤ 융통성과 실용성: 수정해서도 사용할 수 있는가?
⑥ 내용: 다양성, 도전성, 적절성에서 문제가 없는가?
⑦ 청각 기준: 분명한 소리를 들려주며 음색·음조 등의 변화가 적절한가?
⑧ 경제성: 구입하는 데에 어느 정도 예산이 소요되는 자료이며 직접 제작도 가능한가?

다음의 〈표 6-2〉 내용은 우드(Wood, 1994)가 제시한 영유아에게 의미 있으며 즐겁고 다양한 듣기 활동들이다.

〈표 6-2〉 유아에게 의미 있는 듣기 활동

반사적 듣기 (reactive listening)	• 교사가 들려준 말을 그대로 따라 말하는 지도방법 • 말소리 · 단어 그리고 세부 내용을 기억하는 능력을 신장시킴.
집중적 혹은 내포적 듣기(intensive listening)	• 교사가 단어나 문장 혹은 긴 담화를 반복하여 들려준 후 들려준 내용에서 특별한 요소(억양, 강세, 문법구조) 등을 찾아내게 하는 방법 • 상향식 처리 과정을 중시하는 듣기 지도 방법.
반응적 듣기 (responsive listening)	• 교사의 질문(간단하게 질문하기, 요구하기, 명료화하기, 이해 점검하기)을 듣고 즉시 적절하게 대답하도록 하는 방법.
선택적 듣기 (selective listening)	• 문장의 길이가 긴 내용을 들려 준 후 교사의 질문(이름, 날짜, 사건, 사실, 위치, 상황, 맥락, 주요 아이디어, 결론)에 답변하는 지도 방법. • 특정 정보를 선택적으로 처리할 수 있는 능력을 신장시킴.
상호작용적 (interactive listening) 듣기	• 유아들이 함께 협동(토의, 토론 대화, 역할놀이, 집단놀이 상황)하여 말하고 듣는 연습을 하는 지도 방법.

4) 듣기 지도를 위한 환경 구성

하루 일과 동안 교사는 영유아와 지속적으로 대화하고 간단한 지시 따르기를 요구하는 등의 다양한 듣기 활동을 제공해서 일상생활과 일과운영을 통해 자연스럽게 듣기 활동을 할 수 있도록 지도한다. 영유아는 교사의 설명을 잘 들어야만 자신에게 필요한 활동을 진행해 갈 수 있으므로 교사는 영유아가 교사의 말을 잘 들을 수 있도록 소음이 없고 조용하고 허용적인 분위기를 조성해준다. 또한, 녹음기나 TV, 동화책, CD 등 영유아가 듣기에 도움을 줄 수 있는 다양한 매체를 함께 구성해 주면 매우 효과적인 듣기 지도를 수행할 수 있다. 특히, 영유아들은 자신의 목소리가 직접 녹음된 매체에 즐거움을 느끼며 재미있는 듣기 활동을 유지할 수 있다.

| 그림 6-3 | 이야기 나누기 활동을 통한 듣기 지도의 예

5) 듣기 지도의 실제 (출처: 보건복지부(2013)에서 일부 내용을 수정함.)

0세 듣기 활동

누구 목소리일까?

활동목표

- 친숙한 가족의 목소리가 녹음된 소리에 주의를 기울인다.
  의사소통 〉 듣기와 말하기 〉 표정, 몸짓, 말과 주변의 소리에 관심을 갖고 듣는다.

활동자료

녹음기, 엄마·아빠 사진, 선생님 사진

활동방법

1. 사전에 녹음기에 엄마의 목소리를 녹음해 둔 후, 놀이 중에 틀어주며 교사가 상호작용한다. 이때 엄마는 영아와 거리를 두고 앉아 있는다.
   "(녹음된 목소리를 들려주며) ○○야, ○○야, 엄마야~"
   "(녹음된 목소리를 들려주며) ○○이 잘 놀고 있니? 엄마가 어디 있지? ○○이 사랑해."
2. 선생님과 함께 녹음해 둔 엄마의 목소리를 듣는다.
   "(영아가 관심을 보이는지 살피며) ○○야, 이게 무슨 소리야? 누구 목소리일까?"
   "우리 ○○ 엄마 목소리네."
   "어? 어디서 들리는 거지?"
3. 엄마가 술래잡기를 하듯이 영아를 부르도록 하고, 영아와 함께 엄마를 찾아본다.
   "○○야, 이 목소리는 누구 목소리일까?"
   "엄마 목소리지, ○○이 엄마."
   "(교실 안에 있는 엄마를 영아와 함께 찾아보며) 우리 ○○이 엄마가 어디 계시지?"
4. 엄마·아빠 사진을 함께 보며 녹음해 둔 목소리의 주인공을 가리켜 본다. 이때,

보호자는 교실 내에 없고 사진만 제시하여 본다.

"○○야, 엄마 목소리가 들리네."

"엄마는 어디 계시지? 찾아볼까?"

5. 녹음된 선생님의 목소리가 나오면 엄마와 영아가 사진 속의 선생님을 가리켜본다.

"어, 이건 누구 목소리지? 선생님 목소리네."

"선생님 어디 있어?"

참고사항

사전에 부모님의 협조를 구해 녹음한 목소리와 부모님의 사진을 영아에게 제시한다.

활동의 유의점

녹음된 음성은 실제 음성과 차이가 있으므로, 영아에게 익숙한 이야기나 특징적인 어조를 사용하여 녹음한다.

| 그림 6-4 | 친숙한 가족의 녹음된 소리를 듣는 활동의 예

1세 듣기 활동

소리 나는 그림책을 보아요

활동목표

- 그림책에서 나오는 소리에 관심을 가진다.

  의사소통 〉 듣기와 말하기 〉 표정, 몸짓, 말과 주변의 소리에 관심을 갖고 듣는다.

활동자료

소리가 나는 그림책 또는 동요가 나오는 그림책

활동방법

1. 소리 나는 그림책을 보며 탐색한다.

   "이것은 무슨 책일까요? 선생님과 함께 볼까요?"

   "(그림책 앞표지를 보며) 그림책 속에 어떤 그림이 그려져 있나요?"

   "그래요, OO 그림이 그려져 있구나!"

   "다음 장을 넘겨 그림책을 볼까요?"

2. 그림책을 보며 소리가 나는 부분을 눌러 소리를 들어본다.

   "어? 그런데 여기를 누르니 소리가 나는구나!"

   "어떤 소리가 나요?"

   "□□가 누르니 소리가 나네."

| 그림 6-5 | 선생님과 함께 책 탐색하기

| 그림 6-6 | 혼자서 소리가 나는 그림책을 탐색하기

3. 좋아하는 장면을 다시 보며 들리는 소리를 흉내 낼 수 있도록 한다.
   "다시 한 번 그림책을 볼까요?
   "△△야! 들리는 소리를 따라 해 볼까요?

참고사항

1. 소리 나는 그림책을 제공해 줄 때에는 영아의 흥미와 수준을 고려하여 여유 있게 제공해 주도록 한다.
2. 활동자료를 제공해 주기 전에 충전지 상태나 고장 유무를 점검한 후에 제공해 준다.

2세 듣기 활동

아기돼지 삼형제

활동목표

- 아기돼지 삼형제 동화를 즐겁게 듣는다.
  의사소통 〉 듣기와 말하기 〉 표정, 몸짓, 말과 주변의 소리에 관심을 갖고 듣는다.
  의사소통 〉 책과 이야기 즐기기〉 말놀이와 이야기에 재미를 느낀다.

활동자료

아기돼지 삼형제 동화

활동방법

1. 영아에게 아기돼지 삼형제 동화를 들려준다.
   "(표지를 보며) 이건 어떤 제목의 동화지?"
   "아기돼지 삼형제 동화구나!"
   "무슨 이야기인지 볼까요?"
   (아기돼지 삼형제 동화책을 읽어준다.)

2. 그림책의 앞부분부터 그림만 다시 읽어본다.

"첫째 돼지는 짚으로 집을 지었네요."

"둘째 돼지는 나무로 집을 지었네요."

"셋째 돼지는 튼튼한 벽돌로 집을 지었네요."

참고사항

1. 동화책을 읽어 줄 때 영아가 돼지 울음소리를 내보거나 움직임을 흉내 내면 자연스럽게 해보도록 격려한다.
2. 아기돼지 삼형제 동화를 테이블 동화나 융판 동화 등의 다른 형식으로 들려줄 수도 있다.

확장활동

아기돼지처럼 걸어보기, 아기돼지들이 도망치는 모습 흉내 내기, 늑대 흉내 내기, 아기돼지들이 집 짓는 모습 흉내 내기 등의 활동으로 확장할 수 있다.

4세 듣기 활동

봄 낱말 모으기

활동목표

- 봄과 관련된 단어 카드를 보고 읽어본다.
- 게임판에 적힌 단어와 같은 단어 카드를 찾아본다.
- 교사가 읽은 것을 듣고 따라 말할 수 있다.

의사소통 〉 듣기와 말하기 〉 상황에 적절한 단어를 사용하여 말한다.
의사소통〉 읽기와 쓰기에 관심 가지기〉 주변의 상징, 글자 등의 읽기에 관심을 가진다.

활동자료

봄 단어 카드(그림 글자 카드로 한 칸에 한 글자씩 적혀 있음), 단어 카드 모으기 판(한 글자, 두 글자, 세 글자로 된 단어 카드를 모을 수 있는 판), 게임판(봄과 관련된 그림과 글자가 칸에 적혀 있는 게임판), 주사위(1~5, ★로 이루어진 주사위), 말

〈게임판〉

〈단어 카드 모으기 판〉

〈봄 단어 카드〉

활동방법

1. 봄과 관련된 단어 카드를 살펴보고 이야기를 나눈다.

   "봄에 볼 수 있는 동물과 식물로는 무엇이 있니?"

   "'봄' 하면 떠오르는 말이 있니?"

2. 단어 카드 모으기 판을 하나씩 나누어 갖는다.

   "'나비'는 어느 칸에 붙여야 할까?"

3. 말을 게임판의 출발 칸에 놓은 후, 게임 순서를 정한다.

4. 자기 차례가 되면 주사위를 던져 나온 숫자만큼 말을 옮긴다.

5. 도착한 칸에 적힌 단어와 같은 카드를 찾아 단어 카드 모으기 판에 붙인다.

   "(도착한 칸에 적힌 단어를 가리키며) 이건 무엇일까?"

   "도착한 칸에 적힌 '나비' 카드를 그림이나 글자를 보고 찾아보자!"

6. 단어 카드 모으기 판에 한 글자, 두 글자, 세 글자로 된 봄과 관련된 단어 카드를 다 모으면 게임이 끝난다.
   "네가 모은 카드를 친구들에게 소개시켜 줄래?"
7. 게임 자료를 제자리에 정리한다.
   "한 글자(두 글자, 세 글자)로 된 말이 적혀 있는 카드만 모아보자!"

활동의 유의점

1. 글을 모르는 유아를 위해 단어 카드에는 그림과 글자를 모두 제시한다.
2. 유아가 음절 수를 인식할 수 있도록 글자는 한 칸에 한 글자씩 적혀 있는 형태로 제공한다. 단어 카드를 읽어줄 때에는 한 손으로 한 글자씩 손가락으로 짚으며 읽어주고, 다른 한 손으로는 음절의 수를 세는 모습을 보여준다.
3. 유아들이 친숙하게 알고 있는 어휘를 제공한다(예: 나비, 벌, 개구리 등).

활동평가

1. 봄과 관련된 단어 카드를 보고 읽어보는지 평가한다.
2. 게임판에 적힌 단어와 같은 단어가 적힌 카드를 찾는지 평가한다.
3. 교사가 읽은 것을 듣고 따라 말하는지 평가한다.

활동활동

1. 활동이 익숙해지면 유아가 새롭게 알게 된 봄에 관련된 단어 카드를 추가할 수 있다.

5세 듣기 활동

'나비의 일기장' 함께 들어보기

활동목표

- 친구의 이야기를 즐겁게 들어줄 수 있다.
  의사소통 〉 듣기와 말하기 〉 말이나 이야기를 관심있게 듣는다.
- 나비의 성장과정에 대해 함께 이야기를 나눌 수 있다.
  의사소통 〉 듣기와 말하기 〉 상대방이 하는 이야기를 듣고 관련해서 말한다.

활동자료

유아가 스스로 꾸민 '나비의 일기장'

활동방법

1. 스스로 꾸민 '나비의 일기장'을 친구들에게 소개해 주자고 제안한다.
   "친구들이 만든 '나비의 일기장' 이야기를 함께 들어보면 어떨까요?"
2. 발표를 원하는 유아가 나와서 자신의 일기장을 보여 주면서 이야기한다.
3. 이야기를 마치면 다른 유아들은 궁금한 내용을 질문하고 유아가 대답한 후 교사가 내용을 요약해 준다.
   "나비가 왜 아이스크림 가게에 갔는지 친구들이 궁금했는데 나비가 되고 난 뒤 너무 좋아서 아이스크림을 사먹었구나."
   "번데기 옆에 음표( )가 왜 있는지 궁금했는데 심심해서 노래를 불렀구나!"
4. 동일한 방법으로 차례대로 나와서 발표한다.
5. 활동을 마치고 교사는 친구의 이야기를 잘 경청해 준 것을 칭찬하고 마무리한다.
   "우리 친구들이 이야기를 아주 잘 들어주니까 선생님은 정말 기분이 좋아요."

참고사항

'나비의 일기장'을 준비하지 못한 친구들이 없도록 이전 자유선택활동 시간에 전체 유아가 유아의 개별 수준에 맞추어 활동할 수 있도록 배려한다.

확장활동

유아의 흥미도에 따라 '개구리의 일기장' 활동도 진행한다.

2 말하기 지도

1) 말하기의 개념 및 중요성

(1) 말하기 정의

말하기는 자신이 알고 있는 정보, 생각 그리고 감정을 음성적 상징을 사용하여 다른 사람들에게 체계적이며 효과적으로 표현하는 고도의 지적 활동이다(이차숙, 2005). 그리고 화자와 청자가 말을 주고받을 때 화자에게 요구되는 총체적인 언어능력을 말한다(전은주, 1999).

(2) 말하기 능력의 구성요소

케넬과 스웨인(Canale & Swain, 1980)은 말하기 능력의 구성요소로 문법적 언어능력, 사회언어학적 능력, 담화 구성능력, 전략적 언어사용능력으로 보았다. 문법적 언어능력은 어휘, 발음, 철자, 단어구성, 문장 구조를 포함한 언어를 구사하는 능력이다. 사회언어학적 능력은 상황에 맞게 적절하게 언어를 사용할 수 있는 능력으로써, 말을 할 때 상대의 태도, 교육 정도, 연령, 성별, 성격적 특성에 따라 다르게 말을 할 줄 아는 능력이다. 담화구성능력은 적절한 내용의 말을 논리정연하게 구성해내는 능력이다. 대화의 전체 맥락을 이해하고, 대화에 적절한 정보의 양을 제공하고, 적절한 순서로 말을 하며, 분명하고 간결하게 말하는 능력이다. 전략적 언어사용능력은 언어적, 비언어적 전략으로 듣는 사람에게 효과적으로 의사를 전달하는 능력이다.

(3) 말하기 능력에 영향을 주는 요인

말하기 능력은 특별한 지도 없이 자연적으로 습득된다고 보는 견해가 일반적이다. 그러나 영유아가 가진 개인 배경에 따라 말하기 능력에 차이를 보인다. 특히, 개인배경 안에는 영유아가 속한 사회 맥락이 매우 큰 영향을 미치는 데 영유아가 어떤 경험과 교육적 배경을 가지고 있는지에 따라 다르다. 영유아의 말하기 능력은 단순한 의사소통 기능으로부터 논리적으로 생각하는 능력, 비판적 사고 능력 그리고 창의적으로 문제를 해결하는 능력 등 고차원적인 정신적 기능까지를 포함한다. 그래서 말을 잘하는 영유아라는 표현은 단순히 의사소통을 유능하게 한다는 차원을 넘어서서 논리적이고 창의적이며 새로운 아이디어를 잘 표현하면서도 타인의 말을 정확히 이해하여 바른 반응을 보이는 것을 모두 의미한다. 그리고 질문에 적절한 대답과 정보 수집 및 수집된 자료를 여러 기준에 의해 평가하고 자신의 경험에 비추어서 판단할 수 있는 총체적 능력이 모두 말하기 능력에 영향을 미친다.

(4) 말하기 지도의 중요성

말하기는 인간이 세상을 살아가는 데 있어서 기본이 되는 필수 능력이며, 인간의 사고를 가장 잘 나타내주는 기술이다. 말하기를 통해서 다른 사람과 대화하고, 설득하고, 논쟁하고, 토의하며 학습해나간다. 말하기 능력이 부족하면 삶에서 여러 가지 불편한 점을 겪게 되며, 삶의 질을 결정하는 매우 중요한 요소라고 볼 수 있다. 말하기는 치유적 역할도 한다. 이것은 타인에게 나의 부정적인 감정을 이야기할 때 마음이 정화되는 것을 경험하는 것을 말한다. 그래서 심리 치료나 상담을 할 때에도 언어를 도구로 타인의 정신건강을 도와준다.

이와 같은 말하기의 중요한 기능에도 불구하고, 현행 보육과정 및 교육 활동에서는 문해 활동에 비해 말하기, 듣기 교육이 중요하게 여겨지지 않는 경향이 있다. 그래서 말하기의 목표가 구체적으로 어떠해야 하는지에 대한 이해도 부족하다. 일반적으로 말하기의 목표는 말을 많이 할 수 있는 아이로 생각한다. 그러나 말을 많이 하는 것보다 상황에 맞게 하는 것이 더 중요하다. 따라서 말하기 교수목표는 영유아가 상황에 적절한 화법을 구사할 수 있는 능력을 갖추도록 하는 데에 있다. 말하기 지도의 목표는 단순히 의사소통 능력만을 향상시키는 것이 아니라 유아에게 비판적이고 창의적인 사고를 키워주기 위한 것이어야 한다. 그래서 유아가 자신의 생각과 감정을 인식하여 문제를 언어적으로 정의할 수 있고 그 결과 여러 가지 사실을 분류, 결합, 평가, 종합하여 언어로 표현할 수 있는 총체적 과정이 되어야 한다. 말하기 능력을 성장시키기 위해서는 정보를 찾고 조직화하며 기억된 정보를 판단하고 적용하는 등 논리적이고 비판적인 사고 기술과 문제해결 능력에 중점을 두어야 한다.

2) 말하기 지도의 원리

첫째, 교사가 말하기의 좋은 모델이 되는 것이 매우 중요하다. 교사는 언어를 사용할 때 정확한 발음으로 적절한 어휘를 사용해서 말하는 습관을 갖고, 말하는 속도와 크기, 억양과 어조, 언어 표현과 태도 등의 모든 말하기 기술이 영유아의 모범이 되는지 스스로 점검해보아야 한다. 부드럽고 편안한 목소리와 어조는 영유아의 더 높은 수준의 문장과 언어 사용을 촉진한다.

둘째, 영유아에게 일상생활에서 말하는 경험을 충분히 제공해 준다. 영유아가 자신의 목소리를 내어 표현하는 즐거움을 갖게 하고, 자발적으로 자기를 표현할 수 있는 기회를 많이 주는 것이 필요하다. 영유아가 말하는 상황에 적절하게 자신의 목소리를 조절하고, 적절한 말의 내용과 태도로 표현할 수 있는 기회를 제공한다. 일상생활을 자유롭게 말하기, 손을 들고 자신의 자리에서 말하기, 앞에 나와서 친구들 앞에서 말하기, 차례대로 말하기, 정기적으로 이야기 나누기를 하면서 특별한 경험이나 사건을 이야기하기, 문제가 생겼을 때 함께 의논하기 등 다양한 말하기 형태를 경험하게 할 수 있다. 또한, 어른 앞에서 이야기하기, 친구와 어울려서 말하기, 동생들과 어울려 말하거나 형이나 오빠와 어울려 말하기 등 말하는 대상도 다양하게끔 활동을 제공할 수 있다.

셋째, 영유아의 개인능력과 흥미, 발달 수준을 고려하여 지도한다. 교사는 개별 영유아의 동기와 흥미, 발달 수준을 고려해서 영유아의 발화에 구체적으로 반응해 주거나 질문하면서 언어표현력을 신장시켜준다. 직접적인 교수나 반복 학습이 아니라 영유아의 인지발달 수준, 정서, 동기와 흥미를 고려해서 자연스러운 상황에서 점진적으로 지도하는 것이 효과적이다. 영유아의 개별적인 언어 표현 수준을 주의 깊게 평가하고, 적절한 목표를 세워서 일상생활과 다양한 활동을 통해서 지도를 해야 한다. 교사는 영유아의 수준에 따라 소리 내는 것의 즐거움을 갖게 하기, 단어 말하기, 문장으로 말하기 등 말하기 능력을 확장시켜주기 위해 자연스러운 상황에서 구체적인 도움을 주는 것이 바람직하다.

넷째, 말하기와 관련된 기본적 기술을 습득하도록 점검해주어야 한다. 효과적으로 목소리를 통제하는 능력, 정확한 발음, 적합한 어휘 사용 및 문장 구성능력, 바른 제스처, 청자를 배려한 화법 등 기본적인 언어사용력(speech register)을 촉진시켜주어야 한다. 이를 위해 영유아의 말하기 기본 기술의 현재 수준을 평가하고, 계획을 세워서 적절한 교육을 실시해야 한다. 만약 목소리가 지나치게 크거나 평서문을 의문문처럼 말하는 영유아가 있거나, 교사가 거친 목소리로 빠른 속도로 동화 구연을 한다면 유아에게 음성통제 이해를 갖게 하기 위해 다양한 감정이 포함된 음성을 녹음해 주고 어떤 감정을 표현한 것인지 맞추는 활동을 할 수 있다. 또한, 부정확한 발음으로 올바른 의사전달을 할 수 없는 유아의 경우에는 발음 오류 원인이 어디에 있는지를 확인하고 적절한 개입을 해야 한다. 부모님의 잘못된 언어습관이 모델링화된 경우인지, 음소를 변별하는 능력이 부족한지, 조음기관의 부정 조합 때문인지, 정서문제 및 신경학적인 문제인지를 살펴보고, 연령과 발달 수준을 고려한 개별지도를 통해 바른 발음을 할 수 있게 해 주어야 한다.

이때 주의할 점은 어른 수준의 정확한 문장과 발음을 영유아에게 강요하면 안 된다. 영유아의 각 연령에 적합한 말하기와 관련된 '기본적 기술'이 획득되도록 돕는 것이 중요하다. 또한, 영유아는 발달의 개인차가 있음을 분명히 기억하고 주의 깊게 평가하고 지도해야 한다.

다섯째, 자연스럽고 허용적이며 개방적인 분위기를 제공해주어야 한다. 영유아가 하는 말이 인정되고, 실수해도 괜찮다는 믿음이 전제된 허용되는 자발적 분위기를 조성해주는 것은 말하기 지도에서 중요한 부분이다. 영유아가 말을 할 때 교사의 반응이 이를 결정한다. 한편, 서로 말을 하느라 소란스럽고 시끄러운 분위기가 되지 않게 하기 위해서 서로의 말에 귀를 기울이는 질서가 있는 분위기여야 한다.

| 그림 6-7 | 서로의 말을 주고받는 아이들

3) 교육 목표 및 내용과 방법

(1) 교육 목표

인간이 일상에서 삶을 유지해 가기 위해서는 효과적으로 말하는 기술이 있어야 한다. 이는 자신의 욕구를 요구하는 기능을 포함해서 타인에게 자신의 의사를 전달하는 배려까지 모두 포함된다. 특히, 말하기는 단지 말을 하는 것을 넘어서 전반적인 언어 능력을 필요로 한다. 즉, 문제해결력, 사고력 증진 등 언어를 도구로 성장할 수 있는 모든 능력을 총 망라한다. 그렇기 때문에 말하기 목표는 전반적인 언어능력을 신장시키는 것이 된다. 즉, 말하기는 어떤 상황(대화, 토의, 타협, 보고, 논쟁, 설명, 놀이)과 목적에 따라 말하는지에 따라서 구별되므로 각각의 상태에 따라 적절한 발화를 보일 수 있는 것을 목표로 한다. 그러나 무엇보다 영유아를 대상으로 하는 말하기 교육의 가장 기본적인 목표는 영유아가 자신의 생각과 감정을 전달하는 과정 자체를 즐거워하고 흥미롭게 여기는 것이 중요하다. 그래서 이들이 말하는 것을 즐거워하는 동기를 신장시키는 것을 주된 목적으로 한다.

(2) 교육 내용

말하기 지도를 위한 내용은 다음과 같다.

첫째, 영유아가 자신의 생각과 감정을 구체적이면서도 창의적으로 표현할 수 있는 활동을 한다. 영유아를 위한 말하기 지도의 목표는 단순히 모방하거나 무의미한 말의 반복이 아니라 자신의 생각과 느낌을 창의적으로 표현하는 능력을 길러주는 것이다. 또한 자신이 말하고자 하는 내용이 무엇이며 어떻게 표현하는 것이 보다 효과적인지를 배워야 한다. 예를 들어, 주말을 지낸 이야기를 하거나 방학 동안 있었던 이야기를 하는 구조적인 활동이 있다. 또한 등·하원 시간이나 자유선택활동 시간과 같은 일과 운영 속에서 유아와 교사가 대화를 나누는 비구조적 활동이 있다.

둘째, 말하기의 기초 지식인 어휘력과 문장력이 향상시키는 활동을 한다. 자신의 생각을 전달하기 위해 적절한 어휘를 선택하고, 올바른 의사소통을 할 수 있는 문장연습을 한다. 극놀이는 유아에게 여러 가지 역할의 말을 할 수 있는 말하기가 극화된 활동이다. 등장인물의 대사와 행동을 하면서 어휘와 문장력이 향상되며, 말하는 즐거움을 제공하는 좋은 활동이다.

셋째, 말하기를 통해 영유아가 자신에게 주어진 문제를 정의하고 분석할 수 있는 활동을 한다. 그리고 문제를 스스로 평가해서 합리적인 해결안을 언어로 제시할 수 있도록 해야 한다. 이와 같은 과정에서 다른 사람에게 자신의 생각과 감정을 명료하게 전달할 수 있는 능력이 자라게 되고, 다른 사람의 마음을 읽는 능력과 자신의 말이 타인에게 잘 전달되고 있는지를 확인하고 이해하는 기술도 교육한다. 예를 들어 교실 내에서 갈등이 발생했을 때 교사가 직접 중재하거나 해결하지 않고 유아들과 함께 이야기를 나누며, 유아들은 자신들이 낸 의견 중 가장 적합한 것을 찾아내며 약속을 지켜나가게 지도할 수 있다.

넷째, 비언어적 표현(표정, 문장 중간에 의미전달을 위한 쉼표, 억양 등)을 적절하게 사용할 수 있는 활동을 한다. 이차숙(2005)이 제시한 말하기의 구체적인 교육내용은 다음과 같다.

① 적절한 단어 사용하기
② 청자 입장, 목적, 상황에 따라 적합한 목소리, 언어형태로 말하기
③ 효과적인 의사소통을 위해서 비언어적 장치(표정, 시선, 자세, 몸짓 등) 사용하기
④ 화제를 벗어나지 않으면서 대화와 토의에 참여하기
⑤ 내용을 적절하게 조직화하기
⑥ 사람, 장소, 사물, 크기, 색깔, 형태 그리고 행동에 대해 다른 사람이 알아들을 수 있도록 적절하게 기술하기
⑦ 정확한 발음으로 말하기
⑧ 이야기를 듣고 적절하게 반응하기
⑨ 자신의 생각, 느낌을 적절하고 자신 있게 표현하기
⑩ 말할 차례 지키기

(3) 교육 방법

말하기 지도 방법은 다음과 같다.

첫째, 일상생활에서 다양한 말하기 기능을 표현할 수 있는 기회를 제공한다. 구체적인 방법은 다음과 같다.

① 주말에 지낸 이야기나 하루 일과 평가 등 자신이 경험한 일을 정기적으로 발표할 기회 갖기
② 극 놀이 혹은 역할 놀이에 참여하기
③ 과학 영역이나 관찰 영역과 같이 주의 깊게 관찰을 요하는 분야 설명하기
④ 친구에게 자신의 필요를 요청하기
⑤ 갈등상황에서 타협하는 것과 상대방에게 자신의 의견을 설득시키는 기술 익히기
⑥ 낯선 사람에게 자신을 소개하기는 방법 익히기

둘째, 영유아가 자신의 생각을 표현할 때 그 반응을 격려한다.
① 유아가 자신의 의사를 표현할 때 이를 독려하고 칭찬하는 시간을 만든다.
② 자유 발표 시간에 창의적 반응이나 상상의 표현을 보이는 경우 격려한다.

셋째, 사회적 맥락 안에서 말하기 경험을 제공한다.
① 다양한 연령과 직업군을 가진 사람들과 대화할 수 있는 기회를 제공한다.
② 역할 놀이를 통해 다양한 역할과 상황을 경험하게 한다.
③ 언어 문제 해결을 소집단 토론 장소에서 경험하게 한다.
④ 교사와 영유아가 말하기 활동을 함께 계획하고 사람들마다 각각 다른 생각을 가지고 있음을 알고 이를 조율하는 표현기회를 제공한다.

(4) 말하기 지도를 위한 교사의 역할

영유아의 말하기 능력은 교사나 부모와의 다양한 의사소통 경험이 누적되면서 발달된다. 그렇다면 구체적인 교사역할은 무엇인가?

첫째, 말하기의 기본 원리가 일상생활에서 잘 발현되도록 돕는다. 그래서 말하기 상황에 맞게 자신의 목소리를 조절하고 정확한 발음을 사용하고 상황에 적합한 어휘를 선택하도록 한다. 이를 위해 교사가 좋은 모델이 되어 주며 영유아의 발화에 모니터링을 해 주는 과정을 진행한다. 또한 비언어적 표현방법이 필요한 경우 이를 사용하도록 권한다.

둘째, 말하기 지도 시 교사는 영유아의 개인능력 및 이들의 발달 수준을 고려하여 지도한다. 특히, 언어발달과 인지발달과의 관계를 고려하여 직접 교수 혹은 반복 방법보다는 자연스러운 상황에서 영유아 인지 수준을 고려한 교육방법이 효과적이다. 이와 같은 이유에서 영유아 개인별로 성취해야 할 목표와 수준을 정하고 계획하여 일상생활에서 영유아 언어를 지도할 때에도 언어 수준과 개인차를 고려한 지도가 필요하다.

셋째, 말하기 능력은 정서와 관련된다. 그러므로 교사는 영유아 말하기를 위해 스스로가 동기 유발된 상황에서 긴장감 없이 말할 수 있도록 해야 한다. 긴장감 없는 환경은 자연스럽고 허용적이며 개방적인 분위기이다. 이와 같은 분위기는 영유아로 하여금 잘못된 문장을 만들 것 같은 불안감 혹은 두려움을 낮추어 주며 즐거운 말하기 경험이 된다. 특히, 영유아는 자신과 관련된 이야기 주제는 보다 즐겁게 이야기한다. 그러므로 영유아 자신이 경험한 것에 대해 이야기할 수 있도록 보다 다양한 이야기 소재와 자료를 제공해주고 수용적인 분위기를 형성한다. 그리고 영유아의 말에 고개를 끄덕이거나 머리를 쓰다듬는 등의 구체적인 반응을 보여주어 말하기를 보다 독려한다.

넷째, 교사는 영유아의 발화에 구체적으로 반응해 주거나 질문하면서 언어 표현력을 신장시킨다. 특히, 폐쇄형 질문보다는 개방형 질문이 사고, 감정, 의견을 좀 더 명백하게 표현할 수 있게 한다. 그리고 영유아 언어 확장을 위해 교사의 민감한 반응이 요구되는데 방법으로 확장, 확대, 촉진 방법이 있다. 먼저, 확장(expansion)은 문법적으로 불완전한 유아의 문장을 완성된 문장으로 반응하는 것이다. 예를 들면, 영유아가 "배 부서졌어."라고 말하면 교사는 "배가 부서졌어."라고 덧붙여 준다. 확대(extension)는 의미적으로 문장을 넓혀 주는 것이다. 예를 들면, 영유아가 "곰이다."라고 말하면 교사가 "엄마 곰이네."라고 말해 준다. 촉진은 영유아의 말이 완전한 문장이 되기까지 질문을 하면서 언어 자극하는 방법이다. 예를 들어, "배가 왜 부서졌니?"라고 질문하면 영유아가 "파도 때문이에요."라고 말하고 "언제 배가 부서졌지?"라고 말하면 "아침에 파도 때문에 배가 부서졌어요."라고 말하는 등 점차 긴 문장으로 완성해 간다. 다음은 유아 언어발달을 성장시킬 수 있는 질문 유형이다.

① 회상(recall) 질문

정보, 이름, 단어 머릿속에 있는 내용을 요청하는 형태

예 파란 바지 입은 친구의 이름이 무엇이지?
빵을 만드는 데 무엇이 필요할까?

② 수렴적(convergent) 질문

유사점과 차이점을 비교 대조하여 관계성을 묻는 형태

예 수민이와 철민이의 옷 색깔이 같으니?
빵을 제일 많이 가지고 있는 친구는 누구니?

③ 발산적(divergent) 질문

예견 혹은 이론을 만들도록 요구하는 형태

예 다음에는 무슨 일이 벌어질까?
애벌레는 어떻게 될까?

④ 평가(evaluation) 질문

개인 의견, 판단, 느낌을 조사하도록 요구하는 형태

예 만약 엄마가 된다면 무엇을 하고 싶니?

⑤ 관찰(observation) 질문

영유아가 보고 들은 것을 묘사하고 볼 수 있게 하는 형태

예 이 책에는 무슨 내용이 나왔을까?
개미는 어떻게 움직이니?

⑥ 설명(explanation) 질문

결과, 이유, 원인이 되는 상태를 기술하도록 요청하는 형태

예 주인공이 왜 슬프다고 생각하니?

⑦ 행동하기(action) 질문

몸을 움직이거나 신체적 과제를 수행하도록 요구하는 형태

예 군인처럼 걷는 것은 어떤 모습일까?

4) 말하기 지도를 위한 환경 구성

'말하기' 활동은 교실의 특정 영역에서 발생하기보다는 교실 전체에서 일어난다. 특히, 대상을 고려할 때 교사와 유아 관계, 유아와 유아 관계가 존재하는 곳에는 어디서든지 대화 상황이 발생한다. 그러므로 교사는 일상 경험에서 다양한 교육 활동과 교재와 교구를 비치하여 동기를 유발한다. 대집단 활동에서는 생각을 말할 수 있는 인형극 무대와 다양한 소품들을 준비해서 등장인물 역할을 하는 등의 충분한 환경을 제공한다.

| 그림 6-8 | 말하기 활동을 촉진시키는 놀잇감의 예

5) 말하기 지도의 실제 (출처: 보건복지부(2013)에서 일부 내용을 수정함.)

0세 말하기 활동

선생님과 옹알이해요

활동목표

- 옹알이에 반응하는 말소리를 주고받는다.

  의사소통 〉 듣기와 말하기 〉 상대방의 이야기를 들으면서 말소리를 낸다.

활동자료

없음

활동방법

1. 영아가 옹알이로 의사표현을 시작할 때 교사가 반응하여 준다.

   "우리 ○○가 선생님에게 무슨 할 말이 있구나!"

   "어이구, 그랬어?"

   "응, 그래서 어떻게 됐어?"

   "아이쿠, 그랬구나!"

   "○○가 그래서 기분이 좋았구나!"

2. 교사가 손을 모아 입에 대고 이야기해 본다.

   "선생님이 이야기를 들려줄게(교사가 손을 모아 입에 대고 이야기하는 흉내를 내며). 어쩌고저쩌고 어쩌고저쩌고..."

   (교사가 손을 모아 교사의 귀에 대며) "○○도 선생님한테 이야기해줄래?

   "와, 그랬구나. 그렇게 재미있는 일이 있었구나!"

확장활동

1. 위의 활동과 연계하여 확장한다."

(영아가 유사한 발음으로 발성하였을 때 교사가 한 번 더 확인하여 발음해 준다.)

"OO가 '엄마~'라고 말한 것 같네."

"어머, 우리 OO가 아빠라고 말했네. 응, 아빠는 열심히 일하고 이따 OO이 데리러 오실 거지?

"OO가 '물'이라고 이야기한 것 같구나. 선생님이 물 줄까?"

참고사항

알아들을 수 없는 언어로 영아가 옹알이하더라도 교사는 마치 대화를 나누듯이 상호 작용해야 한다. 영아는 자신감을 가지고 옹알이를 활발하게 할 것이고 이러한 실험이 영아의 언어발달을 촉진하게 된다.

| 그림 6-9 | 영아의 옹알이에 반응하는 선생님

0세 말하기 활동

똑똑똑~

활동목표

- 문을 손으로 두드리는 것이 열어달라는 의미임을 안다.
  의사소통 〉 듣기와 말하기 〉 표정, 몸짓, 말소리로 의사를 표현한다.

활동자료

문이 달린 사진책(엄마, 아빠, 교사, 영아의 사진들)

활동방법

1. 사진책의 문을 똑똑 두드리는 소리를 내며 영아의 관심을 유도한다.
   "이게 무슨 그림이지? 문 그림책이네, 문 안에 누가 있을까?"
   "똑똑... 누구지? 똑똑..."
2. 문 그림을 열고 안에 사진을 보며 영아에게 이야기해 준다.
   (사진책의 문을 두드리며) "문을 똑똑~ 문을 열면... 까꿍! 엄마!
   (사진책의 문을 두드리며) "다른 문도 열어볼까? 똑득... 까꿍! 우리 OO!"활동방법

확장활동

1. 영아가 문 사진책에 관심을 가지고 탐색하거나 두드리면 교사가 다가가 상호작용한다.
   "똑똑... OO가 문 열어달라고 똑똑... 했구나!"
   (똑똑 소리를 내면서 문을 두드리는 몸짓을 한다.) "선생님도 똑똑... 해 봐야지."
   "안에 누가 있을까?"
   "OO이가 문을 열어줄래?"
2. 영아를 도와 문을 열고 사진을 함께 본다.
   "똑똑... OO이가 문을 열어주었네.

"엄마가 안에서 기다리고 있었네."

"엄마, 안녕~ 다시 닫아볼까?"

참고사항

1. 영아가 쉽게 열고 닫을 수 있도록 교구를 제작한다.
2. 가족 사진 외에도 영아가 흥미 있어 하는 동물 등의 사진으로 제시해 주어도 좋다.

| 그림 6-10 | 문을 두드리는 활동

1세 말하기 활동

손인형으로 말해요

활동목표

- 선생님이 들려주는 말소리를 따라서 소리 내어 본다.

  의사소통 〉 듣기와 말하기 〉 상대방의 이야기를 들으면서 말소리를 낸다.

활동자료

영아에게 친숙한 동물 모양(토끼, 곰, 개구리, 원숭이 등)이나 사람 모양의 손인형

활동방법

1. 교사가 손에 손인형을 끼워 움직이는 모습을 관찰할 수 있도록 한다.

   (손인형을 낀 손을 뒤로 감추며) "깡충깡충, 교실에 누가 찾아왔나 봐요..."

   "○○야... 무슨 소리가 들리나요?"

   (손인형을 앞으로 꺼내며) "깡충깡충... 안녕? 나는 토끼야!"

2. 손인형을 손에 끼고 영아와 함께 대화하듯 놀이한다.

   (토끼처럼 목소리를 변형하여) "○○야, 만나서 반가워!"

   "○○도 토끼에게 안녕하고 인사해 볼까요?"

   "안녕!"

3. 영아가 손인형을 손에 끼우고 손을 움직이며 놀이할 수 있도록 한다.

   "○○가 인형을 손에 끼고 움직여 볼까요?"

   "어떤 인형을 손에 끼워 볼까요?"

   "○○이는 손에 개구리 인형을 끼웠구나!"

   "○○가 손인형을 잘 움직일 수 있구나!"

4. 손인형을 손에 끼워 다른 영아와 함께 놀이하도록 격려한다.
   "○○가 인사를 하고 싶은 친구에게 가서 손인형으로 인사를 해 볼까요?"

| 그림 6-11 | 손인형으로 함께 놀이하는 활동

참고사항

1. 영아의 손에 너무 크지 않고 영아가 움직이기 쉬운 손인형을 준비한다.
2. 손인형이 움직이는 것을 무서워하는 영아가 있을 수 있으므로 놀이 전 손인형을 충분히 탐색해 볼 수 있도록 한다.
3. 적응프로그램을 하는 중에는 영아의 엄마, 아빠 얼굴로 손인형 또는 막대인형을 제작하여 제시해 줄 수 있다.

2세 말하기 활동

엄마 아빠에게 전화해요

활동목표

- 전화기를 통해 엄마, 아빠에게 하고 싶은 말을 표현해 본다.

의사소통 〉 듣기와 말하기 〉 자신의 요구와 느낌을 말한다.

활동자료

전화기 2~3대(실물 전화기, 모형 전화기, 핸드폰 등 다양한 형태의 전화기)

활동방법

1. 전화기를 자유롭게 탐색한다.

   "따르르릉... 전화기네."

   "전화기로 누구에게 전화해본 적 있니?"

2. 엄마, 아빠에게 전화하는 놀이를 한다.

   "누구하고 전화하고 싶어요?"

   "○○는 엄마랑 통화하고 싶구나!"

   "△△는 아빠랑 통화해 보겠니? 아빠한테 무슨 말을 하고 싶어요?"

3. 교사가 엄마, 아빠 역할을 대신하여 영아가 전화놀이를 지속할 수 있도록 한다.

   (교사) "여보세요~ ○○구나. 엄마야... 엄마가 일찍 데리러 갈게."

   (교사) "여보세요~ 아빠야. 지금 뭐 하고 있니?"

참고사항

1. 한부모 가족, 조손 가족 등 영아의 가족구조를 고려하여 융통성 있게 활동을 전개하도록 한다.
2. 전화기는 영아가 선호하는 놀잇감이므로 동일한 것으로 여러 개를 준비하여 영아 간 분쟁이 일어나지 않도록 한다.
3. 전화놀이를 통하여 영아들의 이야기를 귀 기울여 들어주어 영아가 자신의 생각을 많이 표현할 수 있도록 격려한다.
4. 간혹, 교사가 상대자 역할을 하길 원하지 않고 혼잣말로 전화하는 흉내를 내고 싶어 하는 영아도 있다. 이 경우, 서로 말을 주고받는 전화놀이가 되지 않더라도 영아 혼자서 자유롭게 전화놀이에 몰입할 수 있도록 한다.

| 그림 6-12 | 전화놀이 활동

4세 말하기 활동

바람이 불면...

활동목표

- 동화의 내용을 듣고 느낌을 말로 표현한다.
  의사소통 〉 듣고 말하기 〉 자신의 경험, 느낌, 생각을 말한다.

활동자료

'바람이 휭!'(산노미야 마유코 글/안미연 옮김, 여원 미디어) 동화 애니메이션

활동방법

1. 동화의 표지를 보며 내용을 상상해 본다.
   "어떤 그림이 있니?"
   "제목이 무엇이니?"
   "어떤 이야기가 들어 있을까?"
2. DVD를 이용하여 '바람이 휭' 동화를 들려준다.
3. 동화의 내용을 회상하며 이야기한다.
   "동화에서 어떤 바람 소리가 기억나니?"
   "어떤 바람 소리가 재미있었니?"
   "왜 그렇게 생각하니?"
4. 동화책 내용과 연결하여 유아가 경험한 바람을 다른 사람에게 소개하도록 한다.
   "바람이 부는 것을 어떻게 알 수 있을까?"
   "바람이 불 때 어떤 느낌이 들었니?"

5. 유아의 바람 관련 경험을 넣어 이야기 짓기를 해본다.

"바람이 불어 어떤 일이 일어났니?

"그때의 바람 소리를 어떻게 표현하면 좋을까?"

6. 함께 만든 이야기를 다 같이 들어본다.

활동의 유의점

1. 바람이 부는 날에 동화를 들려주면 더욱 효과적이다.
2. 동화의 내용을 재구성할 때 유아들의 다양한 생각을 자유롭게 발표하도록 격려한다.
3. 플래시 동화의 소리를 끄고 교사의 목소리로 직접 동화를 들려주면 유아의 반응에 따른 속도 조절이 가능하다.

활동평가

1. 바람이 불어서 생기는 변화에 관심을 갖는지 평가한다.
   - 바람이 불어 생기는 주변 생활의 변화를 이해하는가?
2. 동화를 즐겁게 감상하며 자신의 느낌, 생각을 표현하는지 평가한다.
   - 의성어, 의태어에 관심을 갖고 동화를 즐겁게 감상하는가?
   - 자기의 느낌, 생각을 적절하게 표현하는가?

확장활동

1. 유아가 경험한 '바람'을 그림으로 표현해 보도록 하고, 완성된 그림들을 책으로 묶어 언어 영역에서 유아들과 함께 보도록 한다. 이때 책의 제목을 유아들과 함께 지어본다.
2. 바람이 부는 모습을 창의적으로 신체로 표현해본다.
3. 유아들과 함께 바깥으로 나가 바람을 느껴보고 바람의 움직임을 찾아본다.

5세 말하기 활동

곰 사냥을 떠나자

활동목표

- 여러 가지 의성어를 정확하게 녹음할 수 있다.
  의사소통 〉 듣고 말하기 〉 상황에 적절한 단어를 사용하여 말한다.

활동자료

동화 『곰 사냥을 떠나자』(마이클 로젠 글, 헬린 옥슨버리 그림), 카세트 플레이어, 의성어 카드, 빈 테이프

활동방법

1. 언어 영역에서 친구와 함께 『곰 사냥을 떠나자』를 읽는다.
2. 사각사각, 서걱서걱, 텀범텀벙, 철벅철벅 같은 의성어 카드를 소개한다.
3. 의성어 카드를 친구와 함께 읽으면서 녹음하고 소리를 듣는다.
   "카드랑 똑같이 '사각사각'이라고 들려요. 녹음이 정확하게 되었어요."
4. 다음 친구를 위해 녹음테이프를 빼고 의성어 카드를 정리한다.

참고사항

책을 읽을 친구를 정하고 사이좋게 차례를 기다리도록 한다.

확장활동

1. 미술 영역에서 가장 기억에 남는 동화 장면을 그려 본다.
2. 대·소집단활동에서 곰 잡으러 가는 장면을 회상하며 신체활동을 한다.

3 읽기 지도

1) 읽기의 개념 및 중요성

(1) 읽기의 정의

읽기는 문자를 해독하고 의미를 추출해 내는 과정으로, 글에서 의미를 이해하는 매우 복잡한 정신과정을 요하는 지적 활동이다. 글자의 소리를 내는 것과 단어와 문장이 갖고 있는 의미와 의도를 이해하고 해독하는 과정을 일컫는다(박선희, 2014).

(2) 읽기의 과정

읽기의 과정은 크게 두 가지로 나뉜다. 첫 번째는 일정한 규칙에 따라 쓰여진 문자를 해독(decoding)하는 것이며, 두 번째는 저자가 제시하는 단어, 개념, 정보, 의도, 신념, 느낌을 의미 있게 독해(encoding)하는 과정이다. 따라서 해독은 글자를 정확하게 읽어내는 과정이며 독해는 글을 읽으면서 저자의 생각과 의도와 느낌을 해석하는 것이다.

(3) 읽기의 기초기능

읽기는 초기에 문자에 대해 흥미를 갖고 소리와 글자 체계의 규칙을 발견하고 적용한 창안적(invented) 문해에서 철자, 맞춤법, 문장부호, 띄어쓰기 등 관습적인 부분까지를 모두 이해할 수 있는 범위를 포함한다. 그러므로 진정한 읽기란 문자화된 단어를 정확하게 지각하고 발음할 수 있는 능력과 글자를 이해하고 해석함으로 정보를 얻는 과정을 모두 포함한다고 하겠다. 읽기는 특히, 학령기 아동의 학업과 관련이 깊다. 미국국립연구회(National Research Council)와 캘리포니아주 교육국(California Department of Education)에서는 학령기 아동은 다음과 같은 기초 기능이 갖추어져 있어야 함을 제시했다(조정숙 외, 2012, 재인용).

① 글자 요소와 구조 알기
② 책 형태에 친숙해져 있기
③ 낱자를 쓸 줄 알아야 하기
④ 음운 인식 가능하기
⑤ 읽기를 통해 무언가를 배울 수 있다는 기대와 태도를 갖기
⑥ 글자를 학습하려는 동기를 가지기
⑦ 자기 이름 및 친숙한 글자를 읽기

(4) 읽기의 중요성

읽기는 모든 학습의 기초이며, 읽기에 어려움을 겪을 경우 학교 학습에서 곤란을 겪게 된다. 특히, 초등학교 1, 2학년일 때 읽기에 어려움을 느끼면 성인이 되어서도 읽기 학습에 곤란을 겪을 확률이 높다는 연구 결과가 있다(Foorman, Fletcher & Francis, 1998). 때문에 많은 교육학자와 부모는 유아의 읽기 능력 향상에 지대한 관심을 갖고 효과적인 읽기 학습 전략을 연구한다. 읽기 교수법은 과거에 중점을 두었던 준비도와 다르게 유아의 전반적인 언어능력 향상을 위해 풍부한 문자 환경을 구성해주는 방법으로 초점이 변화되었다. 그러나 보다 최근에는 두 교수법을 절충하는 읽기지도 방식이 시도되고 있다.

2) 읽기 지도의 원리

첫째, 영유아가 일상에서 글자에 관심을 갖도록 해야 한다. 영유아 대상의 읽기 지도는 무엇보다 읽고자 하는 흥미 유발이 중요하다. 교실 내 문해 환경을 풍부하게 하여 영유아가 일상생활 속에서 자연스럽게 글자를 익힐 수 있도록 지도한다. 영유아의 물건에 이름을 써주거나 놀잇감의 이름을 모두 글자로 표기하여 붙여 놓아 글자에 친숙해질 수 있도록 한다. 또한, 유아가 함께 정한 약속을 글로 적어서 교실에 게시하고 붙여 놓는 것도 좋다. 또한, 과자 봉지나 주변 상점의 간판에 관심을 갖고 같은 글자를 찾아보는 활동을 하며 글자에 관심을 갖게 할 수

있다. 또한, 교사는 다양한 그림책을 읽어 주고 책 혹은 잡지를 통해 인쇄된 글자를 짚으며 말해주는 활동을 한다. 이것은 유아로 하여금 문해에 대한 흥미뿐만 아니라 인쇄 자료에 민감해지는 욕구를 갖게 한다. 그러나 영유아는 연령이 어리기 때문에 문해를 학습하기에 어려움을 보인다. 따라서 초기 단계에는 낱자를 정확하게 읽게 하는 것보다는 의미중심으로 접근하는 것이 좋다.

둘째, 읽기 활동이 영유아에게 의미 있는 학습 과정이 되게 한다. 읽기 활동을 통해 글이 전달하고자 하는 의미를 이해하고 글의 내용이 자신에게 어떤 관련성이 있는지를 생각하도록 지도한다. 그래서 교사는 유아와 그림책을 읽고 내용을 토의함으로써 의미를 부여한다. 읽기 과정을 의미 있게 만드는 또 다른 방법으로, 책을 읽을 때 제목을 읽고 그 내용을 미리 예측해 보며 줄거리와 얼마만큼 일치하는지 그리고 줄거리와 유아 자신과의 경험도는 어느 정도 일치하는지 등의 언어적 상호작용을 실시한다.

셋째, 읽기는 독립된 영역이 아니다. 의사소통의 네 기능이 서로 연관되어 있다. 따라서 듣기, 말하기, 쓰기 영역과 통합적인 접근을 하며 미술, 음률, 역할 영역, 수·과학, 문학 등과 같은 여러 형태의 활동을 함께 접근될 수 있다. 그리고 세부 활동 시에도 해독과 독해과정이 함께 균형적으로 적용되게 프로그램을 고안한다. 따라서 글자를 정확하게 읽어내는 것과 읽고 의미 파악하는 두 과정을 같이한다.

넷째, 읽기 능력 향상을 위한 기본적 활동 기회를 많이 제공한다. 특히, 읽기는 인쇄된 자극 안에서 글자 형태를 변별할 수 있는 시지각력과 문자와 소리와의 관계를 파악하는 청지각 변별력이 필요하다. 따라서 시지각력을 향상시키기 위해서는 여러 가지 도형이나 낱자의 유사점과 차이점을 구별하는 활동을 하고, 청각적인 변별력을 위해서는 다양한 소리를 듣고 변별하는 활동을 제공한다. 뿐만 아니라 글자를 읽으려면 공간 방향 개념이 있어야 한다. 예를 들어, 글자는 왼쪽에서 오른쪽으로 읽거나 텍스트 형식에 따라 위에서 아래로 읽어야 한다. 따라서 위치 개념을 익힐 수 있는 다양한 활동(예 가라사대 놀이) 등을 제시한다. 이외에도 유아가 특히 좋아하는 책을 반복적으로 읽어 줌으로써 유아가 책의 전개(발단·전개·절정·결말)를 이해할 수 있게 된다.

| 그림 6-13 | 책을 읽고 토의하는 아이들

3) 교육 목표, 내용 및 방법

(1) 교육 목표

읽기는 일정한 규칙에 따라 인쇄된 자료의 상징을 해독하고 의미를 추출해 내는 과정이다. 따라서 읽기지도의 목표는 읽는 방법을 가르치는 것과 읽은 내용을 이해하고 즐기는 것이다. 읽기 발달은 영아기로부터 아동기까지 지속적으로 이루어지지만 연령에 따라 중심적으로 다루어야 하는 내용이 다르다. 그래서 시기별 특성을 파악하고 알맞은 지도목표와 내용을 선택해야 한다.

(2) 교육 내용

현재 우리나라 표준보육과정 읽기 영역의 교육 내용으로 읽기를 즐기는 태도와 습관, 그리고 문학 감상 위주의 내용으로 구성되어 있다. 즉, 문해에 관련된 내용은 유아가 글자에 대한 관심을 향상시키고 글자와 친숙해지는 것에 그치고 있으며, 자모체계의 원리와 음운 인식의 원리는 포함되어 있지 않다. 그러나 실제 교육현장에서 부모와 교사는 유아의 성공적인 읽기 지도를 위해서 한글조기교육을 시키고 있는 추세이다. 본 장에서는 취학 전 유아에게 필요한 읽기 기초 기능을 이해하기 위해서 두 가지 내용을 포함시킨다. 〈표 6-3〉은 성공적인 읽기를 위해 사용할 수 있는 읽기 활동 교육 내용이다.

〈표 6-3〉 읽기 활동의 교육 내용

읽기 영역	읽기 내용	내용 설명
문식성의 기초	음운인식	낱말을 이루는 낱자의 소리를 식별하는 능력이다. 이는 소리가 결합되어 낱말이 된다는 사실을 알고 있는 유아가 말소리의 최소 단위인 음소(phonemes)를 합치고 분절하고 빼고 삽입하며 대체할 줄 아는 능력
	글과 글자 개념	문자 언어의 여러 가지 형태와 기능을 이해하는 능력
	글 경험과 반응	여러 가지 다양한 글을 읽은 후 적절하게 반응하는 능력
단어 확인	낱자 지식	자음과 모음의 이름을 알고 구별할 수 있는 능력
	의미 중심의 단어 재인 전략	친숙한 단어들은 글자 자체를 읽어낼 수는 없어도 익숙도로 인해 글자의미를 통으로 읽고 이해할 수 있는 능력
	자소-음소 대응관계를 이용한 단어 재인	자소와 음소의 대응 규칙을 적용하여 단어를 읽는 능력
	일견 단어	유아에게 익숙한 단어로서 자소와 음소의 대응 규칙을 적용 시키지 않아도 즉시 읽고 의미를 파악할 수 있는 단어
	단어 유창성	한글 읽기 원리에 입각해서 단어를 자연스럽고 적절하게 읽기
내용 이해와 독해	사전 지식	유아의 선지식이 읽기 이해에 영향을 주는 것
	내용 이해 전략 (독해 전략)	글 내용을 이해하기 위해서 적합한 전략(예 추리하기, 중요한 정보 찾아내기, 자신의 이해 정도를 점검하기, 요약하기, 질문 만들어내기)을 사용하는 능력
	어휘	단어의 의미를 알고 다양한 맥락에서 여러 가지 의미로 사용됨을 이해하는 능력
문학	문학 경험	글의 소재, 목적에 따라 다양한 글들을 경험하면서 다양한 관점과 이해 전략을 가질 수 있는 능력
	장르 인식	문학 작품의 다양한 형태, 목적, 양식을 이해하는 능력
습관과 태도	읽기를 즐거워하기	읽기를 즐거워하고 능동적으로 읽으려는 습관과 태도

출처: 조정숙 외(2012).

(3) 교육 방법

영유아를 위한 읽기 지도 방법은 다음과 같다.

첫째, 읽기를 즐거워하는 태도를 격려한다. 대집단에서 책을 읽어주고 후속 활동을 지속적으로 하는 것은 유아에게 읽기가 얼마나 즐거운 과정인지를 알게 하는 좋은 방법이다. 특히, 유아가 읽기 과정에서 즐거워하는 모습을 보일 때 교사는 이 동기를 유지하기 위해 다양한 장르를 제시하고 이해를 돕는 읽기 전략을 소개한다. 예를 들면, 정보 그림책은 내용을 읽으면서 주어진 정보를 어떻게 조합하고 구성하는지 등의 읽기 전략을 시범 보이고 적절한 질문을 통해 모델링을 한다. 그리고 책을 혼자 읽는 경험, 또래와 짝으로 읽는 경험, 소집단으로 읽고 토론하는 경험 등 다양한 읽기 집단 크기를 활용하면 읽기 동기를 부여하고 흥미를 지속시키는 데 도움이 된다.

둘째, 유아의 개별적 특성과 읽기 수준을 고려하여 어떤 것을 먼저 지도할지 결정한다. 같은 연령의 유아들이라도 자음, 모음 체계 및 이해와 해독을 위한 기초 음독기능 수준은 다르다. 또한 책이나 실제적인 읽기 자료들을 이해하고 의미 있게 다룰 수 있는 경험도 유아마다 다르다. 따라서 교육내용 선정과 어떤 방식으로 제공할지에 대한 계획이 유아마다 달라야 한다. 그리고 읽기 지도 시에 '교정적 방법'보다는 '발견적 방법'이 적합하다. 교정적 방법이란 유아가 읽기 활동에서 실수하거나 실패하면 즉각적인 수정을 하는 방법인 반면 발견적 방법은 교사가 바른 읽기 시범을 보이는 방법이다.

셋째, 바른 읽기가 되기 위해서는 말하기, 듣기, 쓰기와의 상호 보완적 역할을 강조한다. 예를 들면, 읽기 교육을 위해 말하기, 듣기 영역에서는 어휘나 개념 발달을 보완해 주고 쓰기 영역에서는 소리체계 이해에 도움을 준다.

4) 읽기 지도를 위한 환경 구성

읽기 발달을 위한 물리적 환경은 풍부한 책을 제공하는 것이다. 영유아가 좋아하는 다양한 책을 비치하고 집에서 자신이 좋아하는 책을 가져와서 친구들과 바꾸어 읽어 보는 과정은 읽기 촉진에 좋은 환경이다. 도서 영역은 조용한 실내에 주로 배치하며 밝고 자연스러운 조명과 카펫을 깔아서 동물 인형 베개나 푹신한 쿠션을 두어 따뜻하고 포근한 환경을 만들어준다. 책을 정리할 수 있는 책꽂이와 올려놓고 볼 수 있는 작은 책상을 배치하며 화분과 가리개 등을 이용할 수 있다. 날씨가 좋은 날은 실외에 도서 영역을 구성할 수도 있다. 나무 그늘 아래에 돗자리를 펴고 책을 전시해두어 야외에서 책을 읽는 경험을 주는 것이다. 또한 공간이 허락된다면 교실의 도서 영역 외에 도서실을 따로 마련해두어 다양한 도서 활동을 할 수 있다.

도서 영역 외에는 교실 전체를 활용할 수 있다. 교실 소품에 이름 카드를 붙여서 읽기 자극물이 되도록 하거나 영유아의 소지품에 사물명과 영유아 이름을 붙여서 글자를 읽고 문자를 사용하고자 하는 동기를 유발시킬 수 있다.

| 그림 6-14 | 유아교육기관의 도서실과 도서 영역(언어 영역)

출처: 이화유치원 홈페이지: http://www.ewha-kids.com.

5) 읽기 지도의 실제(출처: 보건복지부(2013)에서 일부 내용을 수정함.)

0세 읽기 활동

엄마랑, 선생님이랑 책을 보아요

활동목표

- 함께 앉아 읽어주는 그림책에 주의를 기울인다.

  의사소통 〉 읽기와 쓰기에 관심 가지기 〉 주변의 그림과 상징에 관심을 가진다.

  의사소통 〉 책과 이야기 즐기기 〉 책에 관심을 가진다.

활동자료

다양한 영아용 촉감책

활동방법

1. 엄마의 무릎에 앉아 그림책을 함께 본다.
   "○○야, 여기 그림책이 많이 있네."
   "엄마랑 선생님이랑 그림책 읽을까? 어떤 그림책을 읽어 볼까?"
   "(책꽂이에 있는 영아용 그림책을 꺼내며) 우와, 여기 꿀꿀 돼지 책이 있네."
2. 영아와 엄마가 그림책을 읽는 것을 옆에서 지켜보며 촉감 천이 나오면, 영아가 만져볼 수 있게 손을 대 준다.
   "(영아의 손으로 촉감 부분에 만져보도록 도우며) 돼지가 보들보들하네."
   "(영아가 만지는 부분을 표현해 주며) 물고기는 미끌미끌해. 미끌미끌..."
3. 교실 내에서 엄마와 그림책을 읽는 것이 익숙해지면, 차츰 교사와 영아가 함께 그림책을 읽어보도록 한다.

확장활동

1. 엄마가 영아를 무릎에 앉히고 그림책을 보여주면, 교사는 주변에서 참여한다.

"○○야! 엄마랑 선생님이랑 그림책 읽을까?"

"(셋이 모여 앉으며) **○○엄마! ○○이랑 선생님이랑 그림책 봐요."**

2. 그림책을 읽을 때 영아가 스스로 그림책을 만져보고 넘겨볼 수 있도록 격려한다.

   "이번에는 ○○가 선생님 그림책 보여줄래?"

   "책을 잘 넘기네. 다른 그림책도 볼까?"

3. 그림책을 다 읽고 나서는 책꽂이에 정리하는 것을 보여준다.

   "(도서 영역 책꽂이를 꽂는 것을 보여주며) **"여기에 책을 쏙 꽂자!"**

참고사항

1. 영아가 넘기기 용이하도록 책장이 두꺼운 그림책을 제공한다.
2. 이 활동은 굳이 특정 책을 지정하여 읽기보다 영아가 엄마 또는 교사와 함께 그림책을 읽으며 친숙해질 수 있도록 하는 것이 중요하다.

〈영아들이 좋아하는 아기 책 예〉

- 『동물들의 뽀뽀』(2008). 바니 칼츠버그. 보림
- 『아기 동물들의 뽀뽀 책』(2008). 바니 칼츠버그. 보림
- 『누구게?』(2005). 조윤정 기획 · 신현경 그림. 토피
- 『라마즈 헝겊책 시리즈』(리틀 피기/나의 퍼피/애벌레야 어디 있니?/무당벌레의 비행/까꿍놀이 당신을 사랑합니다/디스커버리 농장 등)
- 『강아지는 멍멍, 오리는 꽥꽥』(2009). 애플비
- 『자동차 백과 사운드 북』(2012). 삼성출판사
- 『미니 사운드북』(2012). 칙칙폭폭
- 『방글방글』(2011). 대한교과서주식회사. 아이즐
- 『찰칵찰칵』(2010). 애플비
- 『거울아 거울아』(2004). 깊은책속옹달샘

| 그림 6-15 | 함께 앉아서 그림책 읽기

1세 읽기 활동

선생님 무릎에 앉아 책을 보아요

활동목표

- 선생님이 들려주는 그림책에 관심을 가진다.

  의사소통 〉 읽기와 쓰기에 관심 가지기 〉 주변의 그림과 상징에 관심을 가진다.

  의사소통 〉 책과 이야기에 즐기기 〉 책에 관심을 가진다.

활동자료

간단한 이야기가 있는 그림책, 부드러운 헝겊책, 짧은 운율로 읽을 수 있는 그림책

활동방법

1. 다양한 책을 함께 보며 영아가 좋아하는 책을 고른다.

   "○○야~ 선생님과 함께 책을 읽어볼까요?"

   "여기 여러 가지 책이 있네? ○○는 어떤 책을 좋아해요?"

   "이 책을 좋아하는구나! 선생님 무릎에 앉아 함께 읽어볼까요?"

2. 영아를 무릎에 앉히거나 곁에 안고 그림책을 살펴본다.

   "이 책에는 어떤 그림이 있을까요?"

   "아, □□도 있구나!"

   "다음 장을 넘겨볼까요?"

3. 흥미 있어 하는 장면이나 그림책을 반복하여 읽어본다.

   "이번에는 어떤 책을 볼까요?"

   "○○가 선생님에게 △△ 그림이 나오는 그림책을 주었구나!"

   "선생님과 함께 볼까요?"

참고사항

1. 언어 영역에 쿠션 및 폭신한 매트를 깔아주어 안정적이고 편안하게 책을 볼 수

있도록 한다.

2. 책을 읽을 때 영아가 책장을 넘기도록 하고 중간에 영아가 중단하더라도 기다려준다.

2세 읽기 활동

그림책 '엄마랑 뽀뽀' 그림에 끼적이기

활동목표

- 『엄마랑 뽀뽀』 그림책을 읽어본다.

  의사소통 〉 읽기와 쓰기에 관심 가지기〉 주변의 그림과 상징, 글자에 관심을 가진다.
  의사소통 〉 책과 이야기 즐기기 〉 책에 관심을 가지고 상상한다.

활동자료

그림(그림책을 스캔하여 출력한 종이), 여러 가지 쓰기 도구(사인펜, 색연필, 크레파스 등)

활동방법

1. 『엄마랑 뽀뽀』 그림책을 읽은 후 엄마동물과 아기동물의 모습에 관심을 가지고 살펴본다.

   "모든 아기 동물들이 엄마와 함께 있네요."
   "엄마 코끼리와 아기 코끼리가 무엇을 하고 있나요?"
   "엄마 토끼가 아기 토끼를 꼭 안아주었네요. 아기 토끼의 표정이 어떤가요?"
   "○○이 엄마도 ○○이를 안아준 적이 있니? 언제 안아주셨니?"
   "○○이 엄마가 ○○이를 안아줬을 때 기분이 어땠니?"

2. 영아가 원하는 동물이 나온 그림을 선택하여 끼적여본다.

   "그림책에 나와 있는 동물들이 있네요. ○○는 어떤 동물을 꾸며주고 싶어요?"

"엄마 토끼의 몸을 어떻게 꾸며줄까요?"

3. 영아가 끼적인 그림을 보고 이야기해본다.

"○○는 어떤 동물 그림을 꾸며보았나요?"

"○○가 꾸민 그림에 대해 이야기해볼까요?"

"아기 오리는 엄마에게 무슨 말을 하고 있을까요?"

참고사항

그림 자료를 만들 때 스캔한 그림 컷을 연하게 출력하여 영아가 끼적인 것이 잘 나타나도록 한다.

확장활동

영아가 꾸민 그림 컷을 묶어 책으로 만든 후 언어 영역에 제시한다.

3세 읽기 활동

얼음 속 글자 찾기 자유선택

활동목표

- 글자에 관심을 갖는다.

의사소통 〉 읽기와 쓰기에 관심 가지기 〉 주변의 상징, 글자 등의 읽기에 관심을 가진다.

활동자료

물 얼릴 통(비누 만드는 틀이나 다양한 모양의 얼음과자 통), 압설자, 식용 색소, 글씨가 쓰인 코팅지

활동방법

1. 얼음 만드는 방법을 이야기한다.

"물을 얼음으로 만들려면 어떻게 해야 할까?"

"냉동실에서는 왜 물이 얼음으로 바뀌는 거지?"

2. 여러 모양 통에 색 물과 코팅 글자 종이를 넣고 얼린다.

"여기 모양 통에 색 물을 넣고, 글자를 코팅한 종이를 넣어보자."

"이 글자가 무슨 글자인지는 비밀이에요. 나중에 친구들이 알게 될 거야."

"이제 냉동고에 글자 넣은 이 통을 넣어볼까?"

3. 얼음을 녹이는 방법에 대해 이야기한다.

"친구들 생각처럼 오전에 넣어 두었던 얼음이 오후 간식을 먹고 나니 벌써 얼었구나!"

"이 통 안에 어떤 글자가 있을까?"

"어떻게 하면 얼음을 빨리 녹게 할 수 있겠니?

"손에 얼음을 놓고 주무르자는 생각도 있고, 물을 부어서 녹이자는 생각도 하는구나!"

4. 녹은 얼음 속에서 글자를 찾아본다.

"와! 얼음이 거의 녹아서 글자가 보이기 시작했네."

"무슨 글자가 얼음 속에 숨어 있었니?"

활동의 유의점

1. 아직 글자를 못 읽는 유아들이 있으므로, 교사가 글자 읽는 것을 도와준다.
2. 얼음 속 글자를 유아의 이름을 적어 활용하면, 쉽게 읽고 흥미를 높일 수 있다.
3. 글자가 어려우면 기호나 그림으로 대체할 수 있다.

활동평가

1. 물의 변화에 관심을 갖고 그 과정을 알고 있는지 살펴본다.
2. 글자에 관심을 보이는지 살펴본다.

확장활동

1. 얼음 속 글자에 약속이나 지시 내용을 넣어 몸이나 행동으로 표현해보게 한다.
2. 같은 크기의 투명 통에 같은 양의 물을 넣어 한 통만 얼려 비교 관찰함으로써 물의 변화에 따른 부피의 차이를 실험한다.
3. 얼음의 다양한 형태에 대해 알아본다.

(예 얼음, 아이스크림, 고드름, 언 호수나 강, 눈 결정체, 우박)

4세 읽기 활동

비밀 암호 글자

활동목표

- 빙고판에 나타나는 글자에 관심을 갖고 살펴본다.
- 겨울과 관련된 글자를 흥미를 가진다.

의사소통 〉 읽기와 쓰기에 관심 가지기 〉 주변의 상징, 글자 등의 읽기에 관심을 가진다.

활동자료

암호판에 쓰인 글씨와 그림

비밀 암호 글자 예시

활동방법

1. 암호판을 살펴보며 이야기를 나눈다.

   "우리 반에 비밀 글자가 왔어요. 비밀 그림을 풀면 재미있는 글자 카드가 나올 수 있대요."

2. 암호판의 글자를 살펴본다.

   "(☞¥ ○☞☆, 장갑) 여기 있는 그림과 이 글자가 같은 뜻을 가진대요. 이것을 이렇게 바꾸어서 비밀 글자로 만들 수 있답니다."

   "예) 기역(ㄱ)은 ○를 말한답니다. ☞은 아(ㅏ)를 말한대요."

   "그러면 다른 암호들도 풀어 볼까요?"

3. 암호를 이용해 글자를 만들어 본다.
   - 이번에는 우리만의 암호를 만들어서 친구에게 편지를 쓰거나 글자를 만들어 볼까요?"
   - 어떤 글자를 만들어 보고 싶은가요?"
   - 마스크를 비밀 글자로 만든다면 어떤 모양이 필요한가요?"
   - 여기에 있는 그림 외에 다른 모양을 넣고 싶다면 어떤 모양을 넣고 싶나요?"

활동의 유의점

1. 아직 글을 잘 모르는 만 4세이기 때문에 글자 카드에는 꼭 그림과 글이 함께 있어야 한다.
2. 처음에 유아가 어려워하더라도 스스로 자신만의 암호를 만들어 볼 수 있도록 시간을 가지고 기다리며 격려해 준다.

활동평가

1. 유아가 암호글자 만들기에 적극적으로 참여하는지 평가한다.
2. 유아가 자음과 모음의 특성을 인지하는지 평가한다.
3. 유아가 친숙한 글자를 새로운 암호글자로 만드는 과정을 즐기는지 평가한다.

5세 읽기 활동

봄의 식물 단어 맞추기

활동목표

- 바둑알에 있는 친숙한 글자를 읽는다.
  의사소통 〉 읽기와 쓰기에 관심 가지기 〉 말과 글의 관계에 관심을 가진다.

활동자료

글자 바둑판, 단어 맞춤판, 봄에 볼 수 있는 식물의 사진, 게임 규칙판, 바둑판

활동방법

1. 바둑알에 쓰여 있는 글자를 살펴본다.

"여기 있는 바둑알에 무엇이라고 쓰여 있는지 읽어 보아요."

2. 게임을 한다.

① 바둑알의 색으로 팀 이름을 정한다.

② 바둑판에 바둑알을 놓고 어떤 단어를 놓아 보았는지 말해 본다.

③ 순서를 정한다.

④ 자신의 바둑알을 손가락으로 튕겨서 상대방의 바둑알을 맞힌다.

"여기에서 어떤 말을 만들면 좋을까요?"

"그 단어를 만들기 위해 어떤 단어를 맞추면 좋을까요?"

⑤ 떨어진 바둑알로 단어를 맞춘다.

"봄에 볼 수 있는 식물 중 무엇을 만들어 볼 수 있을까요?"

"어떤 단어를 만들었어요?"

⑥ 바둑알 중 ♡ 모양을 갖게 되면 원하는 글자의 바둑알을 한 개 가져갈 수 있다.

⑦ 떨어진 바둑알로 먼저 다섯 개의 단어(봄에 볼 수 있는 식물)를 만들면 게임이 끝난다.

3. 게임을 하고 난 후의 느낌과 어떤 단어를 만들었는지 이야기해 본다.

확장활동

게임방법을 바꾸어서 해 보도록 한다.

| 그림 6-16 | 바둑알에 쓰여진 글자 읽기

4 쓰기 지도

1) 쓰기의 개념 및 중요성

(1) 쓰기 지도의 개념

쓰기 활동은 상징 도구를 사용하여 자신의 경험을 조직하여 타인에게 전달하는 활동이다. 영유아는 끼적거리는 낙서부터 문자 형태에 이르기까지 다양한 상징 사용 수준을 점차 발달시켜 간다. 그래서 쓰기는 좁은 범위로는 타인이 읽을 수 있고 알아볼 수 있는 문자 형태이며 넓은 범위는 그림을 그리거나 낙서를 하는 것도 포함한다. 따라서 유아의 알아보기 힘든 끼적거리기와 삐뚤삐뚤한 글씨도 쓰기의 범위에 포함된다. 쓰기 활동은 단지 글자를 바르고 정확하게 쓰는 것이 아니라 경험을 감정과 생각을 담아서 표상하는 복잡한 고등 정신과정이다. 따라서 유아 연령에게 완벽한 쓰기를 기대하는 것은 바람직하지 않다.

(2) 쓰기 발달 과정

영유아의 발달 단계에 따라 쓰기 능력은 다르게 나타난다. 초기 발달 단계의 영유아는 종이에 연필로 무엇인가를 그리고 끼적거리는 행동을 반복하며 즐거워한다. 이후 여러 가지 글자를 경험하는 기회가 생기고 이를 통해 낱글자를 읽어서 써보는 활동을 스스로 해 보게 된다. 물론 이때의 쓰기는 획순이 정확하지 않고 모양도 일정하지 않다. 이 시기의 영유아는 글자를 보고 모양이나 형태를 그려서 쓰거나 자기가 생각한 글자를 마음대로 만들면서 글자 안의 자음과 모음이 구성되는 원리를 터득해간다. 따라서 이 시기의 교사는 유아가 원하는 글자를 올바른 순서로 써주며 소리와 글자형태를 연결시켜주는 활동을 함으로써 관심과 동기를 향상시킨다. 이영자와 이종숙(1990)은 개인차가 있지만 평균적으로 우리나라 영유아들이 보이는 쓰기 단계를 다음과 같이 제시하였다.

- 1단계: 끼적거리는 단계
  - 하위 1단계: 글자의 형태가 나타나지 않으나, 세로선이 나타나는 단계
  - 하위 2단계: 글자의 형태가 나타나지 않으나, 가로선이 나타나는 단계
- 2단계: 자형이 우연히 한두 개 나타나는 단계
- 3단계: 자형이 의도적으로 한두 개 나타나는 단계
- 4단계: 글자의 형태가 나타나지만 가끔 자모의 방향에서 오류를 보이는 단계
- 5단계: 단어 쓰기 단계
  - 하위 1단계: 완전한 단어 형태가 나타나지만 가끔 자음과 모음의 방향에서 오류를 보이는 단계
  - 하위 2단계: 완전한 단어 형태가 나타나고 자음과 모음의 방향이 정확한 단계
- 6단계: 문장 쓰기 단계
  - 하위 1단계: 문장 형태가 나타나지만 부분적으로 오류도 나타나는 단계
  - 하위 2단계: 틀린 글자 없이 완전한 문장 형태가 나타나는 단계

(2) 쓰기 지도의 중요성

영유아기의 쓰기 활동은 학교에서의 형식적인 쓰기 교육에 준비단계이다. 만약 올바른 쓰기가 준비되어 있지 않다면 학업 성취를 이루는 데에 어려움이 있다. 그리고 학업에 어려움은 삶의 질에 문제를 만든다. 하지만, 현 영유아 교육 및 보육 기관에서는 쓰기 지도의 필요성을 인식하고 있으나 영유아가 의미 구성적 과정으로서 쓰기 경험을 할 수 있도록 구체적인 쓰기 지도의 목표, 내용 및 방법에 대한 연구는 아직 미미한 실정이다.

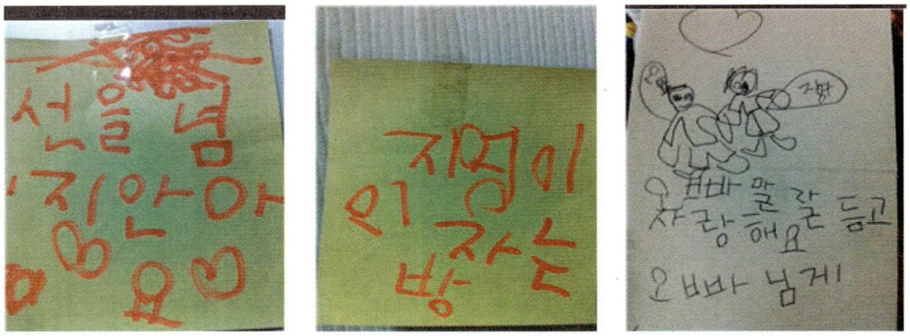

| 그림 6-17 | 유아기 쓰기 발달의 예(만 4세 여아)

2) 쓰기 지도의 원리

다음은 교사가 숙지해야 할 쓰기의 원리이다.

첫째, 영유아의 발달 특징 및 개인차를 이해하고 접근해야 한다. 영유아의 쓰기 발달 수준에 따라 끼적거리기, 그림, 창안적(invented) 철자, 실제 글자 등의 다양한 형태로 나타나는 특성에 맞게 지도해야 한다. 이때 영유아는 발달 수준에 따라 다양한 쓰기 오류를 보일 수 있으나 이러한 오류는 발달과정에서 나타나는 자연스러운 형태이다. 그러므로 교사는 오류를 교정하는 것에만 집중하는 것이 아니라 발달상 정상적으로 나타나는 오류인지를 확인하고, 영유아가 전달하고자 했던 의미가 무엇인지에 관심을 갖고 지도해주는 것이 바람직하다. 또한 교사가 틀린 글자를 직접 수정을 해주기보다는 유아가 스스로 발견하도록 지도한다. 유아의 이야기를 듣고 교사가 쓰기, 유아가 간단한 단어 쓰기, 유아가 문장 쓰기 등 유아의 쓰기 발달적 수준에 따라서 다양한 방법으로 활동할 수 있다.

둘째, 자발적인 쓰기가 이루어지도록 한다. 교사는 유아의 생각, 흥미, 능력을 고려하여 쓰기 주제를 제공해야 한다. 그래서 유아가 능동적으로 무언가를 쓰고 싶도록 하는 것이 중요하다. 따라서 교사는 유아가 어떤 욕구를 보이는지 주의 깊게 관찰하여 흥미를 유발할 수 있는 것을 선택한다. 만약 쓰기 활동을 유아가 강압적인 것으로 여기는 분위기가 된다면 부담감으로 인해서 쓰기 발달이 이루어지기 어려울 것이다. 특히, 교사가 주의해야 할 것은 유아라고 해서 쉽고 단순해야만 한다고 생각하는 것이다. 그러나 유아는 일반적인 생각과 다르게, 단순하고 쉬운 것만을 선호하는 것은 아니다. 그리고 유아들의 쓰기 활동 흥미를 주기 위한 방법 중 다양한 재료선택이 있다. 예를 들어, 사포지(sand paper)나 골판지 단어카드 위에 얇은 종이를 대고 크레파스나 색연필로 문질러 베껴내는 활동 등 주제의 다양성뿐만 아니라 재료의 다양성도 자발적 쓰기를 유도할 수 있다.

셋째, 정확한 철자를 쓰도록 요구하는 형식 지향적 쓰기보다는 의미 중심적 쓰기 활동을 장려해야 한다. 쓰기는 의미를 전달하는 것이 주목적이므로 의미전달에 초점을 두어야 한다. 특히, 의미전달을 위한 쓰기 지도를 위해서는 일상생활 속에서 사용되는 문자 언어를 보고 쓰는 과정이 자연스럽게 이루어지도록 접근한다.

넷째, 말하기, 듣기, 읽기와 통합적으로 연결하여 지도한다. 언어지도란 네 가지 기능이 모두 연결되어 있다. 그러므로 쓰기만을 교육한다는 것은 불가능하다. 따라서 쓰기를 목적으로 하되 말하기, 듣기, 읽기 등과 연계되어 교육하도록 한다. 그리고 쓰기 지도 시간에만 쓰기를 교육하는 것이 아니라 일과 중의 의미 있는 쓰기 활동이 가능하다. 예를 들면, 이름표, 옷걸이, 소지품, 유아 작품에 이름을 쓰는 활동 혹은 어버이날이나 스승의 날에 편지쓰기 활동을 하는 것도 매우 좋은 활동안이 된다.

3) 교육 목표 및 내용과 방법

(1) 교육 목표

전통적인 관점의 쓰기 지도는 필기하는 것(hand writing)과 철자법(spelling)을 강조하였다. 그러나 오늘날의 쓰기 지도방법은 영유아의 쓰기 능력 발달을 고려하여 개별 목표를 정해야 함을 주장하고 있다. 그래서 개별 아동의 각 시기별 문식성 행동을 적절하게 지도한다. 쓰기 발달 양상은 영유아마다 다르기에 영유아의 현재 수준을 가늠하고 개별 목표를 선정하여 지도한다.

(2) 교육 내용

영유아의 개별 쓰기 수준에 맞추어 영유아 자신의 생각과 감정을 창의적으로 써서 전달할 수 있는 쓰기 활동은 다음과 같다.

〈쓰기 준비 활동〉

- 글자에 대한 관심과 흥미를 가지게 하는 활동
  - 유아의 옷장이나 신발장, 작품 등에 이름 써주기, 교실의 교구나 장난감에 이름 써서 붙이기

- 눈과 손의 협응력을 발달시키는 활동
  - 놀이: 쌓기 놀이, 목공 놀이, 퍼즐 맞추기
  - 끼우기: 구슬 끼우기, 단추 끼우기, 바느질하기
  - 돌리기: 나사 돌리기, 병마개 열기
  - 그림 색칠하기

- 소근육 발달을 향상시키는 활동
  - 놀이: 젓가락으로 물건 옮기기, 점토 놀이, 퍼즐 맞추기
  - 다양한 재료와 기법으로 그림 그리기
  - 선 따라 가위로 오리기
  - 세 손가락 사용하기

- 글씨 바느질하기
  - 부직포나 두꺼운 천, 장판에 글자 모양에 따라 펀치로 구멍을 뚫고 긴 끈으로 바느질하기

- 도형 그리기
  - 여러 가지 모양의 도형을 그려보기

직선 긋기의 예(만 2세)

곡선 긋기의 예(만 2세)

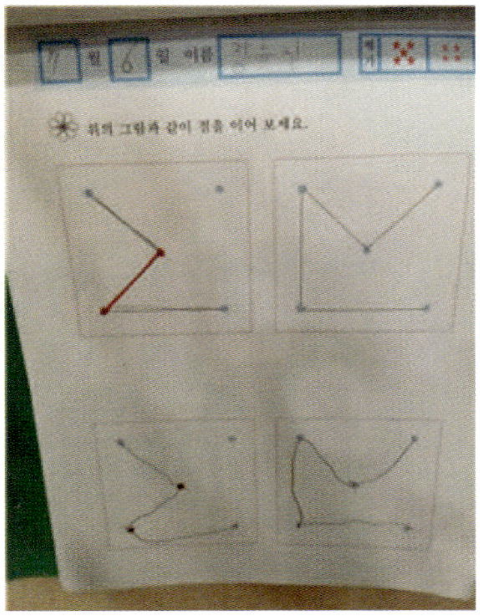

여러 가지 모양의 도형 그리기의 예 (만 3세)

도장 찍기의 예(만 3세)

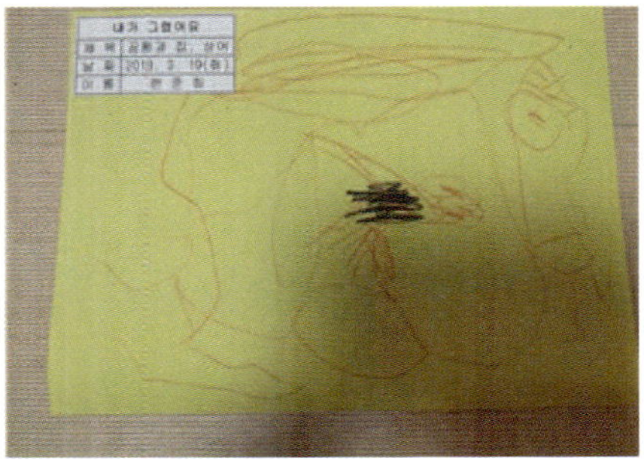

그림 그리기의 예(만 3세)

| 그림 6-18 | 쓰기준비 활동들

〈쓰기 활동〉

- 단어 쓰기
  - 점선 따라 쓰기
  - 보고 쓰기
  - 자신의 용품과 미술 작품에 이름 쓰기
  - 슈퍼마켓, 거리의 간판, 각종 상품의 명칭 적어보기
  - 글자 만들기 놀이
  - 사포, 작은 단추 조각, 골판지, 스티로폼, 얇은 나무판, 플라스틱 등으로 베껴 쓰기

- 편지 쓰기
  - 생일축하 카드 쓰기
  - 초대장 쓰기
  - 부모님께 감사 편지 쓰기
  - 책 주인공에게 편지 쓰기
  - 친구에게 편지 쓰기

- 동시 짓기
  - 동시를 적어서 감상하기

- 이야기 짓기
  - 이야기 다시 써보기
  - 이야기 만들어보기
  - 이야기 개작하기
  - 등장인물 및 작가에게 편지 쓰기
  - 주인공이나 등장인물에 대한 생각 모으기

하루 일과 계획하기의 예
(만 4세)

편지 쓰기의 예(만 5세)

이야기 만들어 그림으로
표현하기(만 5세)

초대장 쓰기의 예(만 4세)

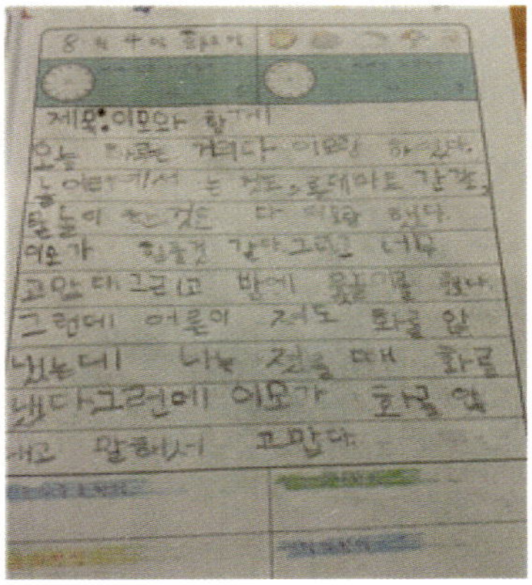

일기 쓰기의 예(만 5세)

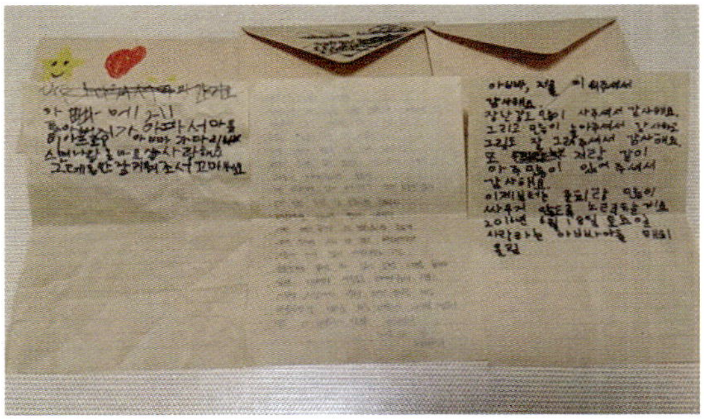

가족끼리 편지 주고받기의 예(만 4, 5세)

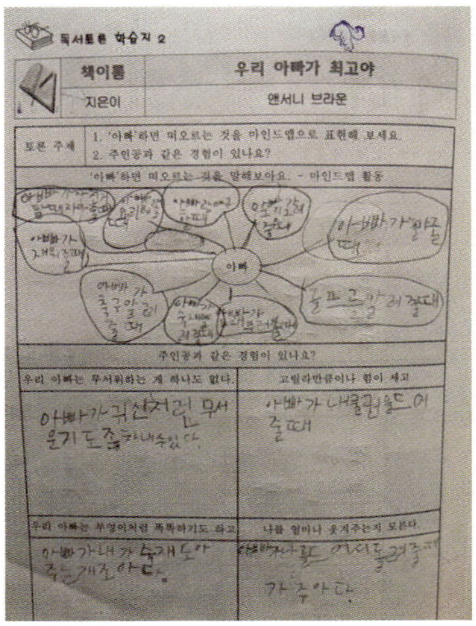

그림책 읽고 난 후의 활동
(만 5세)

| 그림 6-19 | 쓰기 활동의 다양한 예시

(3) 교육 방법

말하기, 듣기, 읽기, 쓰기의 네 가지 언어 기능 중에서 영유아에게 가장 어려운 것이 쓰기이다. 일반적으로 쓰기 활동은 초등학교 입학 전후의 아동들을 대상으로 교육하는 것을 바람직하게 생각한다. 그래서 유아기에는 쓰기 지도를 강조하지 않았다. 그래서 보다 연령이 높은 아동을 위한 쓰기 혹은 타인이 알아볼 수 있는 것만을 쓰기 지도로 보는 좁은 의미의 쓰기 지도로 제한하였다. 또한 과거의 쓰기 방법은 내용보다 형식을 강조했고 정확성을 강조하여 반복적인 훈련, 실생활과 관련이 없는 활동을 주로 하였다. 그래서 다른 언어 영역과의 연계도 이루어지지 않았으며 비판적 사고와 창의적 표현은 고려하지 않는 기계적 쓰기 지도가 성행하였다. 그러나 오늘날의 쓰기 방법은 철자법에서 벗어난 형태라 할지라도 의미를 담고 있다면 쓰기 영역으로 받아들인다. 그래서 나이가 어린 영유아의 쓰기 능력을 존중하며 이들을 대상으로 한 쓰기 교육방법에 관심을 가진다. 그래서 영유아들의 창의적이고 구성적인 경험을 강조하는 쓰기 지도를 제시하고 있다. 이차숙(2005)은 다음과 같은 쓰기 방법을 제안한다.

첫째, 영유아에게 자유롭게 표현하는 기회를 제공한다. 쓰기 활동이 즐겁고 흥미 있는 경험이 되어 실패할 것에 대한 두려움을 의식하지 않도록 한다. 이를 위해서는 정확한 철자와 문법에 집중하는 것이 아니라 영유아가 말하고 싶은 내용에 집중하여 자신의 의사를 자유롭게 표현하도록 한다. 또한, 쓰기 주제도 자율적으로 선택하여 자신의 경험과 관심을 반영한 쓰기 주제가 되도록 한다.

둘째, 영유아의 발달 수준과 개인차를 고려하여 개별화된 쓰기 지도를 한다. 영유아의 쓰기란 유아의 인지발달 수준에 적합한 목표를 제시한다. 그래서 영유아의 인지 수준과 교육 경험, 신체적 성숙 등에 기반을 둔 개별 프로그램이 효과적이다. 뿐만 아니라, 유아들마다 갖고 있는 독특한 개성도 개별화 범위에 포함한다. 이것은 사물과 현상을 바라보는 영유아 자기만의 독특한 안목을 인정해 주어서 개성적인 문장 구성이나 문체 사용이 표현되도록 한다.

셋째, 교사와 유아의 협동적 쓰기 방법을 권한다. 협동적 쓰기는 물리적 공간에서 함께 활동을 한다기보다는 교사와 유아가 서로 주고받는 교류에 집중한 표현이다. 그래서 교사가 글 쓰는 시범을 보이고 나서 유아에게 따라 쓰는 과정에서 유아의 머릿속에 떠오르는 생각을 교사가 적어주는 교류활동을 한다. 이와 같이 유아가 자신의 아이디어를 방해받지 않으면서 활동에 집중되기 때문에 추후 스스로 생각해서 자신만의 글을 쓸 수 있는 유능한 쓰기자가 된다.

넷째, 비지시적인 방법을 사용한다. 이영자와 이종숙(1990)은 영유아기의 쓰기 지도는 비지시적 활동이 효과적이라고 하였다. 왜냐하면 영유아가 총체적이고 기능적인 언어로서 쓰기를 배우는 것이 가장 효과적이기 때문이다. 그래서 자연스럽게 언어를 사용하고 쓰는 방법을 가르치기 위한 풍부한 문해 환경이 필요하다. 언어는 이해와 표현이 분리되어 있지 않은 것처럼 쓰기 활동도 그 하위 부분이 독립적으로 발달되지 않는다. 특히, 쓰기를 위해 정보 수집, 분석, 생성, 통합 그리고 평가하는 과정은 순차성을 가진다기보다는 통합적이다. 따라서 쓰기 과정적 활동이란 총체적 쓰기로 접근되는 것이 좋다. 그래서 쓰기 과정을 총체적으로 접근하며 타 영역(말하기, 듣기, 읽기, 쓰기/과학, 음률, 미술, 수, 역할놀이)과도 통합한다. 그리고 교실 내와 교실 밖의 생활도 통합하여 의미 있는 쓰기가 되도록 한다.

다섯째, 기능적 쓰기 지도를 한다. 기능적인 쓰기란, 유아에게 목적과 대상이 분명한 의미 있는 쓰기로서 다음과 같다.

① 교사가 이야기를 들려주고 유아의 반응을 적어서 또래 친구들과 내용을 비교하는 활동
② 유아의 실생활과 관련된 질문을 들려주고 유아들이 해답을 스스로 찾아 써보는 활동
③ 이웃 유치원 아이들에게 편지쓰기 활동
④ 부모 참관 수업의 초청장이나 감사 카드를 만드는 활동

여섯째, 사고의 과정을 경험할 수 있는 쓰기 지도를 한다. 쓰기 활동은 단순히 글자를 쓰는 활동이 아니라 자신의 사고(의미)를 창의적으로 표현하는 활동이다. 그래서 사고를 강조하는 쓰기 활동을 통해서 유아의 수렴적 사고와 발산적 사고를 증진시키는 것이 필요하다. 수렴적 사고란 기존의 정의나 개념을 수용하고 심층적으로 사고하는 인지양식인 반면에 발산적 사고는 주어진 문제에 대해서 기존의 관점과 해석이 아닌 새로운 견해로 탐구하는 유형이다. 교사는 이 두 가지의 사고 유형을 유발할 수 있는 질문을 기초로 유아가 창의적이고 논리적인 쓰기 활동을 할 수 있도록 지도해야 한다.

4) 쓰기 지도를 위한 환경 구성

교육기관에서의 쓰기 활동 환경은 독립적으로 영역을 두는 경우와 교실 전체가 쓰기 활동의 장이 되는 경우가 있다. 독립적인 경우는 연필, 크레파스, 파스텔, 색연필, 사인펜, 마커펜, 다양한 질감과 종이 등 다양한 쓰기 도구를 마련한다. 그리고 교실에 우편함을 두어서 유아들이 친구나 선생님에게 편지나 그림을 주고받을 수 있는 공간을 제공한다.

그러나 교실 전체에서 쓰기 활동이 이루어지는 경우는 ① 교구 정리장에 교구 명칭을 써서 붙이기 ② 개인 사물함에 이름을 적어주기 ③ 흥미 영역(과학 영역, 음률 영역, 미술 영역 등)과 보육실(예 개나리 반, 진달래 반, 원장실, 교사실, 화장실, 주방 등)에 이름 붙이기 ④ 요리 활동 시 요리 순서를 그림과 글자로 적어서 제시하기 ⑤ 하루 일과표와 출석표시판 적어보기 등이 될 수 있다. 그리고 과학 영역에서 관찰한 내용을 기록할 수 있도록 쓰기 도구비치, 역할놀이 영역에서는 역할놀이에 필요한 가격표나 메뉴판, 상점 이름, 승차권, 여행안내 책자, 진찰권 등을 만드는 쓰기 활동도구들을 제공한다. 도서 영역에서는 도서 대출이나 장난감 대출 활동을 통해 대출 카드 작성 놀이를 한다. 미술 영역에서는 자신의 이름 쓰기, 이젤에서 그림 그리기 등 쓰기 활동과 관련된 경험이 제공될 수 있다. 최근 컴퓨터 매체의 발달로 유아들의 컴퓨터에 대한 관심과 능력이 향상되고 있다. 따라서 컴퓨터를 제공해주어 화면을 통해 글자를 쓰고 프린트를 해서 보여주는 쓰기 환경도 가능하다.

다음 〈표 6-4〉는 말하기, 듣기, 읽기 그리고 쓰기 활동에 필요한 환경자료들을 제시한 내용이다.

〈표 6-4〉 언어 영역에 갖추어야 할 기본 설비 및 자료의 예

구분		내용
언어 영역 환경		책상과 의자, 바닥용 낮은 책상, 책꽂이(전시와 유아 키에 적합한 것), 편히 앉을 수 있는 의자(흔들의자, 푹신한 소파, 쿠션, 카펫), 칸막이와 자료 보관 선반, 융판, 자석판, 칠판, 게시판
언어 영역 자료	듣기 활동 자료	녹음하거나 들을 수 있는 자료들(녹음기, 카세트테이프, 헤드폰, 이어폰), 라디오, 오디오, 음반, 악기, 소리 나는 물건(전화기, 호루라기, 메트로놈, 시계), 소리를 실험해 볼 수 있는 물건(돌, 쇳 조각, 딱딱한 열매, 플라스틱 그릇, 골이 있는 나무판, 조롱박)
	말하기 활동 자료	손가락 인형과 극화 놀이 틀. 융판(자석판과 융판 자료, 디오라마, 마이크, 전화기, 녹음기, 공테0 프, 수수께끼 카드, 그림순서 카드, 설명을 요하는 각종 사진이나 그림, 융판 동화, 거울, 역할놀이 자료(모자, 가면)
	읽기 활동 자료	동화책(글 없는 그림책, 단어 위주의 동화책, 문장이 있는 동화책), 정보 그림책(과학 이야기, 자연 이야기, 어린이 백과사전), 유아용 잡지, 요리 순서 카드, 유아들이 직접 만든 이야기 책, 그림 글자 사전, 다양한 카탈로그, 신문, 잡지, 전화번호부, 동요 · 동시집, 교육자료[카드, 적목(블록)], 퍼즐, 주사위 놀이, 표지판, 약속 판, 순서 판)
	쓰기 활동 자료	종이(하드보드지, 마닐라지, 독서카드, 먹지, 벽지, 도화지, 봉투지, 비닐), 필기도구(굵기가 다양한 연필, 색연필, 사인펜, 크레파스, 매직 펜, 풀), 타자기, 워드프로세서, 화이트보드와 펜, 소형 칠판과 분필, 스테플러, 펀치, 스탬프와 그림 도장, 풀, 가위, 지우개, 스카치테이프, 원판, 자석판, 단어 카드, 책, 자모음 글자, 이름 카드, 쓰기 전용 게시판, 쓸 것을 담아둘 수 있는 통

5) 쓰기 지도의 실제(출처: 보건복지부(2013)에서 일부 내용을 수정함.)

1세 읽기 활동

큰 종이에 끼적여요

활동목표

- 쓰기 도구를 잡고 끼적이기를 시도한다.

  의사소통 〉 읽기와 쓰기에 관심 가지기 〉 끼적이기에 관심을 가진다.

활동자료

전지, 다양한 쓰기 도구

활동방법

1. 큰 종이를 살펴보고 만져보며 탐색한다.

   "여기 커다란 종이가 있네요."

   "종이를 만져 볼까요? 아이 부드러워."

   "종이 위에 그림을 그려볼까요? 무엇으로 그릴까요?"

2. 다양한 쓰기 도구를 탐색하며 영아가 하고 싶은 쓰기 도구를 골라 끼적이기를 해 본다.

   "OO가 사인펜을 골랐구나!"

   "△△는 색연필로 그려 보고 싶구나!"

   "종이 위에 여러 가지 선들이 생겼네."

| 그림 6-20 | 큰 종이에 끼적이기 활동

3. 팔 전체를 이용하여 마음껏 끼적이기를 한다.

"○○야, 이번엔 커다란 그림을 그려볼까요?"

"빙글빙글."

"○○는 팔을 위, 아래로 움직이며 그리네."

4. 영아가 끼적인 것을 함께 본다.

"○○는 빨간색으로 커다란 동그라미를 그렸네."

"□□는 옆으로 긴 선을 많이 그렸구나."

참고사항

1. 영아가 쓰기 도구를 입에 넣을 수 있으므로 무해하고 안전한 쓰기 도구를 제공한다.
2. 큰 종이를 여러 장 교실 바닥이나 벽면에 부착하여 영아의 움직임에 맞게 제공한다.

3세 읽기 활동

손가락 글씨

활동목표

- 손을 움직여 글자의 모양을 감각으로 경험한다.

  의사소통 〉 읽기와 쓰기에 관심 가지기 〉 자신의 생각을 글자와 비슷한 형태로 표현한다.

활동자료

여러 가지 음식(두부, 우유, 호박, 김치, 콩, 김 등)과 요리도구(숟가락, 젓가락, 국자, 도마, 칼, 냄비 등)의 그림과 글자가 부착된 카드(25×10cm)

〈그림 글자 카드 만드는 방법〉

① 25×10cm의 하드보드지를 준비한다.
② 7×7cm의 여러 가지 음식 그림과 요리 도구 그림을 준비하여 하드보드지의 왼쪽에 붙인다.
③ 여러 가지 음식과 요리 도구의 이름을 모래종이로 오려서 하드보드지 오른쪽에 붙인다.

예

 우유

 냄비

활동방법

1. 그림 글자 카드를 보며 어떤 그림인지 이야기 나눈다.

   "이 카드에는 어떤 물건들이 있니?"

   "어디에 쓰는 물건들일까?"

   "여기에 있는 음식들을 먹어 본 적이 있니?"

   "이런 음식을 먹으면 우리 몸은 어떻게 될까?"

   "여기에 있는 음식과 도구의 이름은 무엇일까?"

2. 모래 종이 글자를 만져보며 느낌이 어떤지 이야기 나눈다.

   "그림 옆에 검은색 글자가 무엇인지 만져볼까?"

   "글씨를 만져본 느낌이 어떠니?"

3. 모래 종이의 글씨를 만져보며 글자를 소리 내어 읽어볼 수 있도록 한다.
   "○○가 만지고 있는 검은 색 글자의 물건 이름은 무엇인지 말해볼까?"
   "이번에는 우리 몸을 건강하게 해 주는 음식의 이름을 손으로 따라서 만져보고 이름을 말해볼까?"
4. 모래 종이의 글씨를 획순대로 만져볼 수 있도록 하고 익숙해지면 눈을 감고 만져볼 수 있도록 한다.

활동의 유의점

1. 글자를 따라 쓰기에 집중함으로 지루한 활동이 되지 않도록 하며, 사물의 이름을 말하기 활동으로 진행할 수 있다.
2. 활동 자료에 제시된 음식과 요리도구 외에 다른 자료를 활용할 경우 유아가 직접 사용했던 경험이 있는 도구나 음식을 중심으로 글자의 수와 획순을 고려하여 제작하도록 한다.
3. 음식과 요리도구 이름에서 자음과 모음을 시각적으로 표시해 주어도 좋다.
   (예 우유에서 'ㅇ'을 초록색으로 제작)

활동평가

1. 우리 몸을 건강하게 해 주는 음식을 알고 있는지 평가한다.
   –우리 몸을 건강하게 해 주는 음식의 이름을 말하는가?
   –우리 몸을 건강하게 하기 위해 음식이 필요함을 말하는가?
2. 음식을 만드는 도구의 이름과 용도에 대해 알고 있는지 평가한다.
   –음식을 만드는 도구의 이름을 말하는가?
   –음식을 만드는 도구의 용도를 말하는가?
3. 글자 모양에 관심을 갖는지 평가한다.

확장활동

1. 모래 종이 글자 위에 종이를 대고 색연필로 문질러서 나오는 활동으로 확장할 수 있다.
2. 요리도구 사용에 대한 안전에 대해 이야기하며 생활안전과 연계하여 진행할 수 있다.

4세 읽기 활동

발바닥 이름카드

활동목표

- 나의 이름과 친구의 이름을 구별하고 써본다.

  의사소통 〉 읽기와 쓰기에 관심 가지기 〉 주변의 상징, 글자 등의 읽기에 관심을 가진다. 〉 자신의 생각을 글자와 비슷한 형태로 표현한다.

활동자료

두꺼운 도화지, 필기도구, 가위

활동방법

1. 나이가 한 살 많아지면서 성장한 신체에 대해 이야기 나눈다.

   "○○반에 처음 왔을 때보다 여러분의 몸이 어떻게 변했나요?"

   "발도 많이 컸나요?"

2. 친구와 발을 마주 대고 발의 크기를 비교해 본다.

3. 종이에 자신의 발을 대고 테두리를 그린다.

   "종이 위에 발을 올려 볼까요?"

   "자신의 발 모양을 그려볼 수 있나요?"

   "그려진 발 모양을 오려 볼까요?"

   "오른발과 왼발을 구별할 수 있나요?"

4. 친구들의 발 모양과 구별하기 위해 자신의 발 모양에 이름을 쓰고 가위로 오린다.

   "친구의 발 모양과 구별하려면 어떻게 해야 할까요?"

   "자신의 발 모양에 이름을 써볼까요?"

   "가위로 오린 발 모양이 어떤가요?"

5. 자신과 친구들의 이름이 적힌 발 모양 2개를 뒤집어 놓고 하나씩 뒤집어 가며 이름 찾기 게임을 한다.

6. 활동을 평가한다.

활동의 유의점

1. 활동에 흥미를 가질 수 있도록 여러 명의 친구들이 함께 참여하도록 한다.
2. 짝이 맞지 않는 이름은 다시 놓아 위치를 잘 기억한 뒤 다시 맞추어 보도록 한다.
3. 짝이 맞는 이름을 찾으면 발바닥 카드를 가져간다.
4. 내 이름을 찾은 경우 한 번의 기회를 더 준다.

활동평가

1. 나의 이름과 친구의 이름을 구별할 수 있는지 평가한다.
2. 각자의 발 크기가 다르다는 것을 알고 자기 발을 찾을 수 있는지 평가한다.

확장활동

모든 친구들의 이름을 보이도록 펼쳐 놓고 같은 글자가 들어간 친구의 발 모양 밟기 신체활동을 해본다.

5세 읽기 활동

이름표 꾸미기

활동목표

- 자신의 이름에 관심을 가지고 써본다.

 의사소통 〉 읽기와 쓰기에 관심 가지기 〉 자신의 생각을 글자와 비슷한 형태로 표현한다.

활동자료

이름표 카드 본, 다양한 그리기 도구(크레파스, 색연필, 네임펜, 사인펜 등)

활동방법

1. 자신의 이름에 대해 이야기 나눈다.

 "내 이름을 말해볼까요?"

 "종이에 내 이름을 써 볼까요?"

2. 자신의 이름을 이름표 카드 본에 써본다.

 "카드에 내 이름을 써 볼까요?"

3. 자신의 이름표 카드 본을 그리기 도구를 사용하여 꾸며본다.

 "나의 이름표를 여러 그리기 도구로 꾸며볼까요?"

4. 완성된 이름표를 읽어보고, 친구들의 이름표도 읽어본다.

 "내 이름을 읽어볼까요?"

 "친구들의 이름표도 읽어볼까요?"

참고사항

1. 이름표는 교실 환경에서 반드시 필요한 것이므로, 오전 자유선택 활동 시간에 참여하지 않은 유아는 당일 오후 자유선택 활동 시간이나 다음날 놀이계획을 통해 본 활동에 참여하도록 지도하는 것이 요구된다.
2. 이름표는 출석부 형식으로 활용되는 이름표나 개인 사물함에 붙이는 이름표 등 개별 어린이집과 반의 상황에 맞춰 다양하게 제작이 가능하다.
3. 혼합연령반의 경우 이름표 카드 본에 교사가 미리 유아의 이름을 적어 제시한 후, 꾸미기 활동으로 진행한다.
4. 이름표는 한 해 동안 계속 사용하는 교재이기 때문에 코팅 등이 추후 요망되므로, 다양한 재료를 이용한 입체적인 꾸미기보다는 그려서 꾸미기로 진행하는 것이 적절하다.

확장활동

이름표를 출석부 형식으로 이용하는 경우 출석판 꾸미기를 실시할 수 있다. 단, 출석판의 경우 전체 학급이 모두 사용하는 교재인 만큼, 3월 2주차에 계획된 '영역 표지판 꾸미기' 활동과 연계하거나, 날씨판 등 대집단에서 사용하는 교재 꾸미기를 대·소집단 활동 시간에 소집단 활동으로 진행 가능하다.

연구문제

1. 효율적인 읽기와 쓰기 지도 방법을 설명해 보세요.

2. 읽기를 위한 교실환경을 설명해 보세요.

3. 유아의 바른 듣기를 위한 교사의 역할을 설명해 보세요.

07
CHAPTER

그림책을 통한 언어교육

유아교육 및 보육현장, 그리고 가정에서 가장 빈번하고 유용하게 활용될 수 있는 것이 영유아를 위한 문학작품이다. 아동문학이란 아동뿐 아니라 동심의 세계를 그리워하는 어른을 위하여 쓴 특수문학으로서, 형식면에서는 문학적이고 예술적인 기준을 만족시켜 주어야 하고, 그 내용면에서 아동의 성장 발달에 유익한 것이어서 아동들이 즐겨 읽을 수 있는 책이라고 할 수 있다. 문학작품은 아동들이 전체적인 글을 감상해 가며 듣기와 말하기, 읽기와 쓰기를 동시에 경험할 수 있고 더 나아가 관련된 다양한 활동들과 교육을 함께 경험할 수 있는 총체적 언어학습의 훌륭한 매체이다. 문학 활동을 통해 언어교육을 넘어 정서와 인성교육까지 아우를 수 있다.

1 그림책과 언어교육

문학적 접근법에서 가장 많이 사용하는 것이 그림책을 활용한 접근법이다. 그림책은 글 또는 그림으로 이야기하거나 정보를 예술적으로 형상화한 책으로 영유아가 가장 좋아하는 문학 장르이다. 그림책은 글과 그림이라는 두 개의 의사소통 방식을 조화롭게 이끌어내는 독특한 예술양식이다. 따라서 그림책을 통한 심미적, 예술적 경험 및 글과 그림 속 풍부한 언어의 체험 과정은 영유아가 가신이 알고 있는 지식을 근거로 글과 그림을 통해 의미와 내용을 유추하고 해석하면서 새로운 지식을 구성해 나가도록 도움을 준다(김숙이·김연진·유준호·전정민·오승아·성숙향, 2015). 이 과정을 또래나 성인과 함께하며 상호작용 속에서 자연스러운 언어발달을 이루어나가게 된다. 즉, 가장 자연스럽고 즐거운 방법으로 영유아의 언어발달을 도와줄 수 있는 교육매체이며 통합적 언어교육의 교육적 기능과 가치를 가진다.

1) 그림책과 언어발달

그림책을 포함한 문학 작품 속에는 작가에 의해 신중하게 선택되고 예술가의 풍부한 감성과 이성으로 녹여진 언어가 담겨 있다. 영유아는 많은 그림책을 대하면서 음성 언어와 문자 언어의 총체적 발달을 경험할 수 있다. 즉, 언어발달과 관련하여 어휘력의 발달과 이야기 감각의 발달, 글짓기 발달, 모국어에 대한 이해력 발달과 관련하여 살펴볼 수 있다(강문희·이혜상, 1997).

(1) 어휘력의 발달

아동은 그림책을 듣거나 읽으면서 어휘력을 발달시킨다. 영아는 유아처럼 스토리가 포함된 문학 작품을 이해하고 감상하기는 어렵지만, 한 단어 수준에 있는 영아도 그 나름의 수준에서 그림책에 등장하는 '엄마', '아빠', '까까', '빵빵' 등을 짚어가며 이들 어휘를 발달시킬 수 있으며, 두 단어 수준에 있는 영아도 그 수준에서 그림책을 보며 '까까 먹어', '아가 놀아', '빵빵 타' 등의 어휘를 배울 수 있다. 그리고 유아는 이야기 속에 포함된 새로운 어휘를 배울 수 있다.

영유아는 그림책이라는 매체와 상호작용하면서 자연스럽게 언어를 발달시켜 나간다. 영유아에게 이야기를 들려주거나 읽어주는 것은 다양한 단어를 듣는 기회를 제공하며 현재 사용하고 있는 단어에 대해 생각하고 새로운 단어를 사용하도록 도전의 기회를 제공한다. 이야기 속에서 단어를 들으면서 점차 그 의미를 받아들이고 결국에는 자신의 언어로 표현하게 된다.

또한 영유아가 실제 사용하는 언어보다 더 많은 언어를 제공해 줌으로써 문맥 속에서 새로운 어휘를 배우게 된다. 언어발달에서는 일반적으로 말을 하는 것보다 말을 이해하는 것이 선행한다. 그림책은 영유아들이 직접 경험하지 못한 것을 제공해줌으로써 언어에 대한 기본적인 의미를 추론할 수 있게 한다. 문맥에서 새로운 단어를 접하면서 어휘를 확장시키도록 한다.

영유아가 성숙해지고 경험이 증가하면서 언어기술과 언어 지각능력이 늘어나기에 언어가 여러 가지 다른 목적으로도 사용될 수 있음을 알게 되며, 설득력 있는 언어와 비유적인 언어를 사용할 줄 알게 되면서 여러 문학작품에 대한 이해의 폭이 넓어지게 된다.

(2) 이야기 감각의 발달

영유아는 많은 이야기를 듣거나 읽으면서 그 이야기가 어떻게 펼쳐질까를 기대하게 된다. 예를 들어, 영유아 문학에서 이야기 구성(plot, 플롯)은 이야기 사건의 시간적 연대가 연속적으로 전개되어 있어서 이야기가 전개되면서 갈등이나 긴장을 포함하는 문제가 나타나고 절정에서 갈등이나 긴장은 극대화되다가 문제가 해결되는 시점에서 갈등과 긴장은 감소되거나 해결되고 동시에 빠른 결말에 이루게 되며 결말은 대부분 행복하게 끝나는 발단–전개–절정–결말의 궝 형식을 나타내는 경우가 많다(권미균 외, 2021). 이러한 과정이 반복되면 점차 이야기의 구성을 이해할 수 있고 앞으로 어떤 이야기가 전개될 것인지를 예상할 수 있게 된다. 또한 이러한 과정이 반복되면 점차 이야기의 구성을 이해할 수 있고 앞으로 어떤 이야기가 전개될 것인지를 예상할 수 있게 된다. 특히 반복적인 어구로 구성된 이야기들은 조금만 진행되어도 영유아는 직관적으로 그 이야기의 구성을 파악하고 앞으로 어떤 이야기가 펼쳐질지를 알 수 있다. 이것은 영유아가 이야기를 외운 것이 아니라 직관적으로 이야기가 어떻게 구성되었는지를 알았기 때문이다. 즉, 영유아가 많은 이야기를 듣고 그 이야기가 앞으로 어떻게 펼쳐질지 기대해 보는 것을 반복함으로써 이러한 직관을 획득하게 되는 것이다.

(3) 글짓기의 모델

영유아가 그림책을 경험하면서 이야기에 대한 지식이 축적된다. 영유아가 즐기는 이야기들은 대부분 매우 유능한 작가에 의해 쓰여진 것이다. 그러므로 잘 쓰여진 이야기들은 글짓기의 모델이 될 수 있다(Cullinan, 1989).

글짓기를 하는 아동은 다른 작가의 글 속에 있는 기술들을 자신의 전략의 일부로 삼는다. 그러므로 독서를 많이 하는 아동은 그렇지 않은 아동보다 글을 더 잘 쓴다(Calder, 1984). 좋은 이야기를 듣거나 읽는 것은 어휘를 발달시키고 언어에 대한 민감성과 글짓기 스타일의 감각을 가지게 한다. 영유아는 잘 다듬어진 이야기를 듣거나 읽을 때 직관적으로 서론, 본론, 결론에 대한 감각을 발달시킨다(강문희·이혜상, 1997).

> 하나의 이야기에서 영유아는 다음과 같은 것을 경험하게 된다.
>
> – 이야기의 시점은 누구이며 어떻게 변하는가?
> – 인물을 어떻게 소개하는가?
> – 인물의 마음과 생각이 어떻게 달라지는가?
> – 배경이 어떻게 사건에 영향을 미치는가?

교사는 여러 가지 방법으로 영유아가 책 속에서 이러한 것들을 깨닫도록 도울 수 있다.

(4) 모국어에 대한 이해 촉진

훌륭한 그림책은 작가가 출생하여 성장한 국가나 민족의 특성을 반영하는 언어로 구성되어 있다. 또한 훌륭한 그림책은 각각의 모국어의 소리, 리듬, 은유, 의성어, 의태어 등 모국어의 아름다움이나 특성을 최대한 살린 정선된 언어로 구성되어 있다. 따라서 영유아는 그림책 및 문학 작품을 통해 모국어의 특성과 아름다움을 맛보고 바르고 훌륭하고 아름다운 모국의 언어를 학습하게 된다. 교사는 아동들에게 훌륭한 문학 작품을 들려주거나 읽어주는 과정에서 아동에게 모국어의 아름다움을 충분히 느낄 수 있게 해주어야 한다.

그러나 우리 주변에는 외국 작품들도 많다. 외국 작품은 번역을 거쳐 소개된다. 번역된 작품은 대체로 본래의 모습이 훼손된 채 뜻만을 전하게 되는 경우가 많다(유종호, 1995). 그러므로 문학의 특성인 언어의 예술성을 제대로 선보이기 어렵다. 따라서 아동들에게 언어 예술성을 맛보게 하려면 외국 문학 작품보다는 우리말로 된 문학 작품부터 소개하는 것이 바람직하다.

특히 동요, 동시는 문학의 정수로서 언어 예술성을 풍요롭고 깊게 경험할 수 있기 때문에 아동들이 시와 친숙해지도록 도와야 한다. 그러나 동화보다도 동요나 동시는 번역 과정에서 대부분이 좀 더 훼손되기에 더욱 더 아동들이 우리 동요와 동시에 친숙해지도록 해야 한다.

그림책을 활용한 통합적 활동의 이점은 언어발달에 도움을 주는 것에 덧붙여 문학을 감상하고 이해하는 능력과 태도를 길러 주며 가치관을 심어주고 정서발달을 도와준다. 가장 자연스러우면서 즐거운 방법으로 영유아의 구어 및 문해발달을 도와줄 수 있는 교육매체로서 통합언어교육의 교육 기능과 가치를 갖는다.

2 그림책의 선정

책을 읽을 때마다 일련의 과정을 거치게 된다. 즉, 책을 읽기 전에 무슨 책을 읽을 것인지 선택하고, 선택한 책을 시간을 가지고 읽으며, 읽고 난 후 책 내용에 대하여 '재미있다', '감동적이다'라든지 '주인공이 멋지다' 등의 반응을 하게 된다. 이러한 반응은 다시 다음에 책을 고를 때 중요한 영향을 미치게 되고 이 과정은 순환한다고 볼 수 있다. 이러한 책 읽기활동은 어릴수록 부모나 교사에 의해 영향을 받게 된다(Chamber, 1993).

이러한 책 읽기 과정은 개별 영유아의 발달 특성과 관련을 가지게 된다. 책을 고를 때 영유아의 발달 특성과 책에 대한 흥미를 고려해야 한다. 영유아가 어떤 책을 좋아함에는 그림책 자체의 특성, 영유아의 발달적 특성 그리고 사회 문화적 환경 등이 영향을 미치게 된다.

책을 읽을 때나 들을 때 그리고 읽은 책에 대하여 반응할 때도 영유아의 발달 단계별로 특성이 나타나며 또 그런 특성이 영향을 미치게 된다. 따라서 아무리 책이 잘 쓰이고 그림책의 완성도가 뛰어날지라도 영유아의 발달 단계가 고려되지 않은 채 영유아에게 읽혀진 책은 많은 의미를 주지 못할 것이다.

1) 영유아의 발달특성과 그림책의 선정기준

(1) 영아기(출생~만 2세)

피아제에 의하면 이 시기는 감각기관과 운동기관을 통해서 이 세상에 대하여 알아가는 시기이다. 이 시기 감각과 운동의 협응을 반복해서 경험하는 것을 통해 이후 사고가 이루어진다. 따라서 시각, 청각, 촉각 및 미각, 후각 등의 감각기관들을 자극할 수 있는 환경을 만들어 주면 인지가 발달한다.

■ 신체 및 운동발달

① 2~3개월에는 안아 올리면 머리를 똑바로 세우고 가눌 수 있으며 눈에서 약 25cm의 거리 내의 물체를 명확히 구분한다.

② 4~6개월이 되면 원하는 물건을 손을 뻗어 잡을 수 있고 손에 쥔 것은 모두 입으로 가져간다. 혼자 앉을 수도 있게 된다.

③ 7~9개월이 되면 물체를 떨어뜨리고 던지기 시작하며 물건을 입에 넣고 깨문다. 기어다니기 시작하고 책장을 넘길 수 있다.

④ 9~12개월이 되면 걷기 시작하고 손을 다루는 기술이 발달한다. 따라서 빳빳하고 두꺼운 종이로 된 책이 넘기기 쉬우므로 권할 수 있다. 책을 깨물거나 입으로 빨기도 하므로 세탁할 수 있는 헝겊이나 부드러운 비닐로 된 책이 좋다.

⑤ 만 2세경이 되면 손가락을 민첩하게 움직이는 소근육 기술이 향상된다. 간단한 물체를 끼워 맞추고 6~8개의 블록으로 탑을 쌓을 수 있고 기차 모양으로 길게 배열할 수 있다. 약 21개월경에 책장을 한 번에 한 쪽씩 넘길 수 있게 되고 손가락이나 크레파스로 제멋대로 낙서하기를 즐기게 되며, 왼손잡이인지 오른손잡이인지가 구별된다. 23개월 정도엔 서툴지만 원을 그릴 수 있게 된다.

■ 인지와 언어발달

① 영아는 매우 일찍부터 색채를 구별할 수 있다고 한다. 생후 2~3개월이 되면 사람의 얼굴을 가장 오래 응시할 수 있으며 생후 3~4개월경에는 지각이 성숙하여 빨강, 초록, 노란색의 구별도 가능하다. 그리고 대조적인 색 패턴을 좋아한다. 그래서 파스텔 조(tone)의 그림보다 흰 바탕에 까만 글씨 같은 대조를 선호한다.

② 영아기 언어발달은 쿠잉(3개월), 옹알이(6개월), 단단어 수준(8~12개월), 두단어 조합단계(18~24개월)이며 12~18개월부터는 이야기된 사물을 손으로 짚을 수 있다. 이때 의성어를 흉내 내면서 반복하고 옹알이하는 것을 즐거워하기 때문에 운율이 있는 노래를 들려주면 집중해서 잘 들을 수 있다.

③ 12개월부터 영아의 일상생활이 담긴 친근한 내용의 사실적 이야기에 흥미를

가지며 단순한 줄거리가 있는 이야기책을 좋아한다. 예를 들어, 가족의 이야기나 일상생활 습관을 다룬 것, 신체 부위를 가리키는 책을 좋아한다.

〈하야시 아키코의 그림책〉

구두 구두 걸어라 (히야시 아키코 글 · 그림)

아장아장 걷는 아기의 서툰 발걸음을 의인화하였다. 이제 막 걸음을 내딛는 아기의 즐거운 나들이를 재미있고 아름답게 묘사하고 있다. 걸음을 시작하면서 겪을 많은 일들을 아이들에게 이해하기 쉽게 보여주고 있다.

손이 나왔네 (히야시 아키코 글 · 그림)

반복되는 리듬 속에서 아기들의 신체를 표현하여 생활의 리듬과 그림에 대한 즐거움을 느끼게 해준다.

달님 안녕 (히야시 아키코 글 · 그림)

아기들은 모든 움직이는 사물에 생명이 있다고 생각한다. 달님에게 이야기하는 식의 말로 자연스럽게, 그러면서도 생동감 넘치는 어휘들로 달의 생활을 이야기해준다.

■ 사회·정서 발달

① 부모와의 접촉과 따뜻한 관계를 통해서 기본적인 신뢰감을 형성하는 시기이다. 대략 생후 6개월 이후에 영아는 양육자와의 상호작용을 통해 처음 책을 접하게 된다. 양육자는 책을 읽어줄 때 영아와 접촉하는 자세로 함께 책을 잡고 넘기면서 눈을 마주치고 공동주의를 나누게 된다. 이러한 활동과 경험은 신뢰감 형성에 좋은 기회가 된다.

② 물건과 자기 신체를 구별하게 되면서 신체적 자아가 나타난다. 특히, 생후 15개월이 되면 자신의 신체를 지각하면서 15개월~24개월경에 자신의 이름을 통해 '나'라는 존재를 알게 되고 나의 것을 주장하기 시작한다. 따라서 위에서 소개한 하야시 아키코의 그림책처럼 영아가 주인공이 되어 일상을 다

룬 작품은 영아에게 자신의 신체와 모습에 대한 흥미를 부여하고 지각할 수 있도록 도와줄 것이다.

③ 생후 3개월이 되면 쾌와 불쾌가 분화되는데 불쾌가 약간 빨리 나타난다. 5~6개월에는 불쾌 정서가 분노, 혐오, 공포로 분화되고 10~12개월쯤에는 쾌 정서가 의기양양함과 애정으로 분화된다. 18개월이 되면 질투가 불쾌에서 분화되고 24개월경에는 기쁨이 분화된다. 따라서 영아에게 기쁨과 즐거움을 줄 수 있는 문학작품을 함께 나누어 긍정적인 정서를 맘껏 느낄 수 있도록 한다. 영아가 이야기가 전개됨에 따라 다음엔 무슨 일이 있어날지 호기심을 갖도록 하고 결과적으로 큰 즐거움을 맛볼 수 있도록 하면 좋다. 또한 문학 작품의 언어에서 재미있는 리듬, 운율, 소리를 반복하면서 기쁨을 제공해 줄 수 있다.

(2) 유아전기(만 3세 ~ 만 5세)

■ 신체 및 운동발달

① 영아기에 비해 키와 몸무게의 성장 속도는 느리나 꾸준히 성장하게 된다. 그리고 신체 부위별 성장 속도가 다르기에 외모도 변하게 된다. 즉 만 2세경 배가 나오고 살이 통통하고 다리도 짧았던 몸매가 만 6세가 되면 배가 들어가고 살이 빠지면서 근육이 발달한다.

② 영아기에 습득한 운동 기술이 정확하고 빠르게 통합되어 세련된 동작으로 발달한다. 매우 활동적이 된다. 대근육과 소근육이 발달하고 신경계통이 성숙하면서 운동 기술이 눈에 띄게 발달한다. 뛰고, 달리고, 자전거를 타고, 가위로 종이를 자르고, 옷을 입고 신발끈을 매는 등 다양한 활동을 할 수 있게 된다.

③ 만 3세경에는 눈과 손의 협응력이 좋아져서 옷의 단추를 풀 수 있고 신발을 스스로 신을 수 있다. 만 4세경에는 혼자서 손발을 씻고 이를 닦을 수 있으며 옷을 입고 벗을 수 있다. 신발끈도 매고 젓가락을 사용하며 가위로 윤곽을 자를 수 있다. 만 5세경에는 사각형과 삼각형을 그리고 자신의 이름을 쓰

고 1~5까지 숫자를 모방하여 그린다. 만 6세에는 글자를 쓰며 여러 가지 모양의 도형을 모방해서 그릴 수 있다.

■ 인지와 언어발달

① 지각 발달

이 시기에는 관계없는 부분은 무시하고 주의를 기울이고자 하는 곳에는 집중할 수 있는 선택적 주의집중 능력이 가능하다. 또한 연령이 높아지면서 단순한 자극보다는 복잡한 자극을 선호하게 되며 시각적 탐색 능력도 체계적으로 발달한다. 세부적으로는, 만 3~4세경에는 사람 얼굴에서 내부 요소를 탐색하고 만 4~5세경에는 외부 윤곽에 대한 탐색이 급격해지면서 만 6~7세경에는 내부 윤곽과 외부 윤곽을 동시에 탐색할 수 있게 된다(Zaporozphets, 1965).

② 피아제에 의하면 이 시기는 전조작기 중 전 개념기(만 3~4세)에 해당한다. 이 단계는 주변세계에 대하여 호기심이 증가하면서 주변 세계를 열심히 탐색한다. 따라서 "이게 뭐야?", "왜 그래?"라는 질문을 많이 한다. 이때 유아는 간단한 개념을 익히는 책이나 아동들의 호기심을 충족시킬 수 있는 정보 그림책(informational book)이 효과적이다.

배고픈 애벌레 (에릭 칼 글 · 그림)

애벌레가 '퐁' 하고 태어나 먹을 것을 찾아다닌다. 월요일에는 사과 하나, 화요일에는 배 두 개, 목요일에는 딸기 네 개를 먹어도 계속 배가 고프다. 토요일에는 아이스크림, 케이크, 바나나 등을 먹고 배탈이 난다. 그 다음날 싱싱한 나뭇잎을 먹고 나아진다. 애벌레가 먹고 지나간 자리가 구멍이 나 있어서 아이가 손가락을 넣어보며 재미있게 읽을 수 있다. 또 튼튼해진 애벌레가 번데기가 되고 나비로 변하는 과정이 아름다운 그림으로 나타나, 숫자와 요일, 과일 이름들과 나비의 생애를 함께 배울 수 있다.

③ 이 시기는 상징기능이 발달하면서 어휘력도 급증하게 된다. 이 시기의 유아는 주로 상상놀이를 통하여 주변 세계에 대하여 배우게 되는데, 이러한 상상

놀이는 언어와 함께 발달하여 역할놀이나 사회극 놀이로 발전하게 된다. 상상놀이 중에서 소꿉놀이가 가장 대표적인 형태인데, 이러한 상상놀이는 상상력과 창의력을 기르며 사회성과 인지능력도 촉진시켜준다.

④ 자기중심적인 사고를 한다. 이것은 유아가 다른 사람의 관점을 이해하지 못하고 모든 사람이 자기처럼 보고 생각한다고 여기는 것이다. 따라서 상대방의 입장을 고려할 수 없다. 만 4세 된 남자아이가 어머니 생일선물로 자신이 가장 아끼는 곰 인형을 주는 것이 그 좋은 예이다. 자신이 가장 좋아하는 것을 어머니도 가장 좋아할 것이라고 믿는 것이다.

⑤ 물활론적 사고를 한다. 이것은 무생물도 살아 있으며 자신처럼 감정과 의도를 가지고 생각할 수 있다고 여기는 것이다. 즉, 곰 인형이나 의자도 사람처럼 살아 있다고 본다. 피아제는 이러한 물활론적 사고도 발달단계가 있다고 하였다. 첫 단계는 사람에게 영향을 주는 것(해, 자전거, 전등, 나무 등)은 무엇이나 생명이 있다고 본다. 두 번째 단계는 만 4~6세 유아의 경우 움직이는 모든 것은 살아 있다고 생각하는 것이다. 예를 들어, 나무는 장소를 바꿔가며 움직일 수 없으므로 생명이 없으나 자동차는 움직이기 때문에 살아 있다고 생각한다. 세 번째 단계는 약 만 6~8세 나타나는데 스스로 움직이는 것만 살아 있다고 본다는 것이다, 예로 자전거와 자동차는 스스로 움직이지 못하므로 생명이 없으나, 해, 구름, 강물, 바람, 비는 스스로 움직이므로 살아 있다고 본다(최경숙, 2007).

또한 유아가 관찰할 기회가 없었던 대상은 살아 있다고 생각한다. 그러나 친숙한 대상인 로봇이나 동물인형은 만 3세 유아도 살아 있지 않다는 것을 확실히 안다고 한다. 사실 어른도 생명개념이 혼돈되고 친숙하지 않은 대상인 경우 즉 해, 구름, 바람 등에 대해 물활론적 사고를 할 수 있다. 따라서 이러한 이유로 유아는 동물이나 장난감이 의인화된 환상 그림책을 즐긴다.

세상에서 제일 힘센 수탉 (이호백 글 · 그림)

아주 힘센 수평아리 한 마리가 태어났다. 어느덧 수평아리는 늠름하게 자라서 세상에서 제일 힘센 수탉이 되었다. 세월이 흘러 어느 날, 수탉은 예전처럼 자신의 힘이 세지 않다는 것을 알고 슬픔에 빠진다. 그때, 수탉의 부인이 다가와 건강하게 자라는 손자, 손녀들, 힘이 센 아들들, 알을 많이 낳는 딸들을 보여주면서 여전히 그가 세상에서 제일 힘센 수탉임을 일깨워 준다. 수탉은 오늘날의 아버지 모습을 보여 주며 닭들의 의인화된 모습이 생생하게 묘사되어 있다.

⑥ 실재론적 사고를 한다. 실재론은 정신적 현상과 물리적 현상이 분리되고 분화되지 못한 전조작기 유아의 독특한 사고이다. 유아의 실재론적 사고가 가장 잘 나타나는 것이 꿈이다. 이 시기 유아는 꿈이 실제로 일어난다고 믿는다. 만 4세경의 유아는 자신의 꿈이 다른 사람에게도 보이며 하늘로부터 창문을 통해 들어오는 것이라고 생각한다(최경숙, 2007). 유아는 꿈과 현실을 명확히 구분하지 못한다. 따라서 상상한 것과 현실 상황도 엄격하게 구분할 수 없다. 유아가 거짓말을 하거나 엉뚱한 이야기를 하는 것도 가끔은 꿈과 현실 혹은 환상과 현실이 구별되지 않아서일 때가 있다. 만 5~6세 유아는 어느 정도는 꿈과 실제적 사건을 구별할 수는 있으나 아직도 꿈을 꾸는 동안에는 꿈이 자신의 몸 밖에 있다고 생각한다. 예를 들어, 윌리엄 스타이그의 '치과의사 드소토 선생님'을 읽어준 후 책 속의 환상을 얼마나 현실과 구분하는지 그 반응을 물어보았더니 만 6세 유아도 구분하지 못하는 경우가 있었다(김현희·박상희, 1999).

치과의사 드소토 선생님 (윌리엄 스타이그 글 · 그림)

치과의사 드소토는 이를 아프지 않게 치료한다고 소문난 의사이다. 그러나 드소토 선생은 작은 쥐라서 위험하고 사나운 동물을 치료하지 않는다. 어느 날 이가 몹시 아픈 여우는 드소토 선생님에게 찾아가 엉엉 울면서 치료를 해달라고 사정을 하고, 불쌍하게 생각한 드소토는 용감하게 치료를 해 주게 된다. 그러나 여우는 치료를 다 받은 다음 드소토 선생님 부부를 잡아먹으려고 한다. 하지만 드소토 선생 부부는 꾀를 써서 이 어려움을 벗어나게 된다.

⑦ 주변의 글자에 대해 많은 관심을 가진다. 어렸을 때부터 옛날이야기를 듣거나 그림책을 많이 본 유아는 인쇄된 글자에 대해 더 많은 관심을 가지게 된다. 그림책을 보다가 우연한 기회에 같은 글자를 찾기 시작하면서 글을 읽고 싶어 하게 된다. 또 글을 읽음과 동시에 자신의 이름을 쓰고 싶어 하며 자신의 생각을 마음대로 쓰려고 하여 자신만의 글씨를 만들어 쓰는 창안적 쓰기(invented writing)도 한다. 학교에 들어가기 전부터 자연스럽게 읽기와 쓰기를 배운 유아는 대체로 풍부한 이야기 읽기 경험을 한 유아임이 밝혀지고 있으며, 또 만 3~4세 시기의 책 다루기 경험이 만 5~6세를 거쳐 초등학교 시기의 성공적인 읽기, 쓰기 발달과 상호 관련이 있음이 보고되고 있다(Wells, 1981). 따라서 이 시기부터 좋은 그림책을 부모와 함께 보는 경험을 정서적 안정감뿐 아니라 언어발달에도 직접적으로 좋은 영향을 미칠 수 있다는 것을 알 수 있다.

■ 사회·정서발달

① 프로이드는 발달단계 중 남근기에 속하는 시기로서 성기의 차이에 관심을 가진다고 하였고 어떻게 아기가 생기는지에 대해서도 관심을 갖기 시작한다고 하였다. 사춘기 전에 자연스럽고도 건강한 성교육이 가능한 시기이다.

② 자아개념이 발달하면서 자립심이 발달한다. 혼자서 한 일에 대해 성취감을 느끼고 싶어 하기도 한다. 만 3세경부터 자율성에 대한 욕구가 강해지면서 "내가 할 거야."라는 이야기를 많이 하게 된다. 자립심을 다룬 책, 즉, 『이슬이의 첫 심부름』, 『혼자 집을 보았어요』 등을 권할 수 있다.

③ 자신의 물건에 대한 집착과 소유욕이 강해진다(만 4세경).

④ 자아상을 가지게 되는 데 부모의 영향이 절대적이다. 부모의 칭찬과 벌을 통해 도덕성 발달이 시작되며 도덕적 책임감의 기초를 형성하게 된다(만 5~6세). 따라서 도덕성과 초자아가 발달하기 시작함으로 권선징악을 다루는 전래동화가 유익하고 재미있기도 한 시기이다.

⑤ 이 시기 동생을 보게 되는 경우도 생긴다. 동생에 대한 질투심, 동생 때문에 오는 소외감을 해결하기 위해서는 동생이 태어나기 전부터 관련된 그림책을 보여 주며 이야기를 해주는 게 좋다. 그림책을 통해 정서적 준비가 가능하면 동생을 돌봐주는 것을 자연스럽게 생각할 수 있다. 권할 만한 도서로는 『만약 내가 갓난아기라면』, 『나는 언니예요』, 『피터의 의자』 등이 있다.

⑥ 만 2~3세 유아는 어려움에 있는 또래를 도와주거나 장난감을 나누어주기도 하고 위안을 주려고 노력한다. 그러나 자발적인 자기희생적 행동은 드물게 나타난다. 이타적 행동은 만 4~6세부터 증가하기 시작한다.

이슬이의 첫 심부름 (쓰쓰이 요리코 글 · 하야시 아키코 그림)

이제 다섯 살이 된 이슬이는 처음으로 혼자 우유를 사러 나가 이런 저런 어려움을 겪으면서도 마침내 심부름을 해낸다. 이야기 구성과 그림의 구도, 장면 전환, 어린이의 표정은 어린이가 느끼는 두려움과 문제를 해결하고 난 뒤의 기쁨을 잘 표현했다.

만약 내가 갓난아기라면 (이브카렛 글 · 그림)

동생을 보게 된 누나가 갓난아기 동생을 부러워하며 만일 갓난아이로 다시 돌아간다면 어떤 것이 좋고 나쁜지 생각해 볼 수 있게 한다.
유아가 복합적으로 느끼는 동생에 대한 마음을 위로받고 공감할 수 있다.

피터의 의자 (에즈라 잭 키츠 글 · 그림)

새로 태어난 동생 때문에 엄마, 아빠의 관심권 밖으로 밀려난 꼬마의 이야기이다. 제가 쓰던 의자를 동생에게 주지 않으려고 그 의자를 가지고 도망가는 등 아이의 어깃장이 충분히 설득력 있게 표현되어 있다. 결국 자기 엉덩이를 붙이고 앉기에는 너무 작은 의자로 인해 동생을 받아들이게 된다.

따라서 영아기부터 유아기까지 그림책을 읽음으로써 다음 것들을 배울 수 있다(Schickedanz, 1986).

① 책은 시작과 끝이 있고 위에서 아래로 앞장에서 뒷장으로 그리고 왼쪽에서 오른쪽으로 진행된다는 것을 안다.
② 인쇄된 글자는 의미를 가지고 있다.
③ 인쇄된 글자와 말은 서로 관련성이 있다.
④ 책의 언어(문어)와 말(구어)이 다르다는 것을 안다.
⑤ 책 읽기는 즐거움을 준다는 것을 안다.
⑥ 학교 상황에서 예상되는 행동들 즉, 학교 문화를 알게 된다.

유아(만 3~5세)의 책 읽기 발달 경향성은 다음과 같다(Schickedanz, 1986).
① 이야기 내용을 정확하게 다시 말할 수 있는 능력이 점점 증가한다.
② '책을 읽는 것은 그림을 읽는 것이다.'라는 생각에서 점차 그림을 참조하지 않아도 인쇄된 글자를 이해할 수 있게 된다.
③ 문자와 말의 관련성에 대해 더 정확하게 이해할 수 있다.
④ 그림과 이야기 의미에 대한 흥미가 글의 뜻에 대한 관심으로 바뀐다.

(3) 유아 후기(만 6세 ~ 만 7세)

■ 신체 및 운동발달

운동기술과 근육의 협응이 세련되고 정교화된다. 왜냐하면 만 5~7세 사이에 운동 기술을 뒷받침하는 중추신경계와 대뇌의 발달이 이루어졌기 때문이다. 이때의 운동발달은 자아개념과 자존심 형성에 큰 영향을 미친다. 또한 또래와 어울려 놀기 위해서도 운동 및 신체발달은 중요한 역할을 한다.

■ 인지와 언어발달

① 실제와 환상을 잘 구별할 수 있다.
② 유아 전기와 유사하게 자기중심적, 물활론적, 실재론적, 인공적 사고를 한다. 따라서 전래동화나 환상 그림책을 좋아한다.
③ 독립적으로 읽을 수 있으며 자신의 의사표현을 글로 쓸 수 있다.

④ 과학적인 활동과 실험에도 관심을 가진다.

⑤ 보존개념과 서열화를 포함하는 문제를 풀 수는 있지만 그 이유에 대해서 올바른 근거를 제시할 수 없다.

⑥ 시간 개념이 확실하지 않아서 역사 동화, 전기, 공상 과학동화에 대한 정확한 이해가 어렵다. 그러나 시간과 역사에 대한 이해가 성장되므로 잘 그려진 그림과 글자의 양이 적은 전기를 시작해도 괜찮다.

⑦ 자연현상과 타 문화권에 대한 관심을 가지면서 지식 정보를 주는 책을 좋아한다.

⑧ 수수께끼 혹은 스무고개 놀이를 할 수 있으며 유머를 이해하기 시작한다.

■ 사회·정서 발달

① 어른으로부터 독립하려 하고 주도성을 발달시킨다.

② 학교와 사회에 대한 관심이 증가하면서 친구관계가 점점 중요해지기 시작한다. 따라서 친구 간의 우애와 '까마귀 소년'과 같이 따돌림 당한 친구 얘기를 다룬 책을 권하면 좋다.

③ 부모뿐 아니라 형제간에 따뜻한 관계를 원하며, 사랑하고 사랑받고 싶은 욕구를 많이 표현한다.

④ 다른 사람에 대한 감정이입이 발달하며 이타적 행동이 가능해진다.

까마귀 소년 (야시마 타로 글 · 그림, 비룡소, 1996)

아이들과 어울리지 못해 늘 따돌림을 당하는 소년에 대한 이야기다. 아이들과 어울리지 못하고 늘 숨어지내는 작은 소년을 아이들은 '땅꼬마'라고 부르며 놀려댄다. 그런데 새로 부임한 이소베 선생님은 이 작은 소녀의 특별한 재능을 발견하고, 많은 대화를 나누며 소년을 인정해 준다. 나무, 꽃 등 자연에 대해서 많은 것을 알고 있는 소년에게 학예회 때 까마귀 소리 흉내 내기를 발표하게 한대. 선생님은 소년이 6년간 하루도 빠짐없이 산길을 걸어 다니며 까마귀 소리를 터득할 수 있었음을 이야기해 준다. 그러자 학급 아이들은 6년 동안 관심을 기울여주지 못한 채 땅꼬마라고 부르며 놀려 댄 일을 반성한다. 아이들은 이제 더 이상 땅꼬마라고 부르며 놀리지 않고 소년을 '까마귀 소년'이라고 부르게 된다.

3 그림책을 활용하는 언어교육의 지도법

그림책은 통합적인 교수활동을 전개할 수 있는 적절한 매체로서 그림책의 내용을 기초로 언어, 수학, 과학, 사회, 미술, 음률, 신체표현 등이 통합된 수업을 계획할 수 있다. 영유아에게 친숙하며 흥미로운 그림책을 중심으로 교육과정을 구성한다면, 그 안에서 자연스러운 듣기, 말하기, 읽기와 쓰기를 경험하게 된다.

이러한 언어의 4가지 영역인 듣기, 말하기, 읽기, 쓰기는 위계적으로 발달하는 것이 아니기에 단계적으로 지도하는 것보다는 한꺼번에 네 가지를 통합하여 지도해야 한다. 따라서 영유아에게 의미 있는 내용을 제시하여 활동하는 가운데 어휘력 향상, 올바른 문법의 사용, 다양한 문장형태의 습득, 관습적 글자 쓰기 등의 언어 발달이 이루어질 수 있다.

그림책을 통한 통합적인 접근은 그림책을 단순히 읽는 문학적 경험으로 그치는 것이 아니라, 내용에 따라 동화를 듣고 이야기하기, 동화 이어나가기, 등장인물 글자 카드 놀이, 동극, 동화 주인공에게 편지 쓰기 등과 같은 언어의 듣기, 말하기, 읽기, 쓰기의 언어활동으로 확장하고 통합하도록 하는 것이다. 이때 교사는 진행되고 있는 생활 주제와 연관된 그림책을 선정하여 그림책의 의미와 맥락을 함께 하고, 그 연장선상에서 언어교육 내용의 다양한 활동으로 확장하는 계획안을 구성하면 좋다.

그림책을 활용하여 문학적 접근에 따라 영유아의 듣기, 말하기, 읽기, 쓰기 활동을 제시해보면 다음과 같다(이지현·마송희·김수영·정정희, 2015).

(1) 듣기

- 그림책의 내용을 즐겨 듣고 이해한다.
- 그림책에 관하여 이야기를 나눌 때 바른 태도로 듣는다.
- 그림책의 내용에 대해 이야기를 나눌 때 다른 사람의 말을 주의 깊게 듣는다.

- 동극을 위해 이야기를 나눌 때 다른 사람의 말을 주의 깊게 듣는다.

(2) 말하기

- 말할 차례를 지키며 바른 태도로 이야기를 나눈다.
- 그림책의 이야기가 무슨 내용일지 내용을 추측해본다.
- 그림책의 내용을 듣고 자신의 생각과 느낌에 대해서 말한다.
- 그림책의 내용을 듣고 이전 이야기와 뒷이야기를 지어 말해 본다.
- 그림책을 여러 번 반복해서 읽은 후, 유아와 함께 읽어본다.
- 동극을 위해 서로 토의한다.

(3) 읽기

- 그림책의 표지를 보고 글자를 읽어본다.
- 단어의 운율이나 글자-소리관계에 관심을 가지도록 한다.
- 책에 나오는 친숙한 글자를 찾아서 읽어본다.
- 유아의 발달단계를 고려하여 손가락 짚어가며 읽기를 한다.
- 동극에 참여할 유아가 말한 대사를 확인하기 위해 그림책을 다시 읽어본다.

(4) 쓰기

- 재미있었던 장면을 그려본다.
- 그림책에 나오는 친숙한 글자를 찾아서 써 본다.
- 그림책을 읽은 후, 자신의 생각과 느낌을 그림으로 나타내거나 끼적거리기를 통해 써본다.
- 글자의 원리, 왼쪽에서 오른쪽으로 쓰기, 마침표, 띄어쓰기 등에 관심을 가지도록 한다.
- 작가에게 편지를 써본다.
- 삽화가에게 편지를 써본다.
- 이전-뒷이야기를 지어보고 써본다.
- 동극을 위해 필요한 자료를 만들면서 쓰기를 한다.

- 다른 이야기로 만들면서 써 본다.

문학적 접근에 기반하여 언어교육을 실시하고자 할 때 교사는 다음과 같은 원리에 의해 제시하여야 한다(김현희·박상희, 2020).

① 영유아에게 좋은 책을 선별하여 읽어 준다. 좋은 책이란 문학적 완성도가 뛰어나며 영유아의 발달과 흥미에 적합한 것을 말한다. 문학과 연관된 반응활동을 하는 경우에도 꼭 필요한 경우가 아니면 원본의 그림이나 내용은 수정하지 않는 것이 좋다. 특히, 언어활동에 적합한 문학작품은 '외우기 쉽게 되풀이되는 책'이다. 이와 같은 책은 사건의 전개와 문제해결의 과정이 외우기 쉬운 패턴으로 되어 있기 때문에 영유아에게 감상하기 쉽게 하는 역할을 한다.

② 충분한 시간을 할애하여 영유아가 이야기의 내용을 충분히 기억하고 이해하게 된 바탕 하에 문학적 접근을 시도한다. 반면 이야기를 들려주고 난 후 즉시 반응 활동을 유도하는 경우는 영유아가 문학 활동을 즐거워하는 것이 아니라 숙제처럼 느끼게 되어 문학이 주는 흥미를 잃어버릴 수 있다.

③ 문학작품 속에 나오는 단어나 글자들을 익히고 배우는 과정을 읽기습득을 위한 학습으로 제공되어서는 안 되며, 그림책의 의미를 이해하는 수단으로 사용되어야 한다.

④ 문학작품에 대한 반응 활동으로 쓰기를 하는 경우에 전통적 방식의 형식중심 쓰기 활동이 아니라 쓰기 내용에 초점을 두어 자연스럽고 풍성한 즐거움의 시간이 되도록 해야 한다(김현희·박상희, 2020). 그래서 이야기를 읽고 난 후 교사가 읽어준 대로 외우도록 한다거나 이야기 속 내용에 대해 알고 있는지 확인하는 등의 활동 등은 즐거움을 상쇄시키므로 바람직하지 않다.

문학을 매개로 하여 유아의 반응을 이끌어 내면서 언어교육이 잘 이루어지도록 하기 위한 언어활동 원리의 예를 제시하면 다음과 같다.

1) 이야기 지도 만들기

시각적 도안을 이용하여 이야기 지도(story map)는 유아들이 읽고 있는 이야기의 구조를 탐색할 수 있도록 하는 활동이다(김현희, 박상희, 2020).

예 이야기의 시작–중간– 끝에 대한 지도(map)

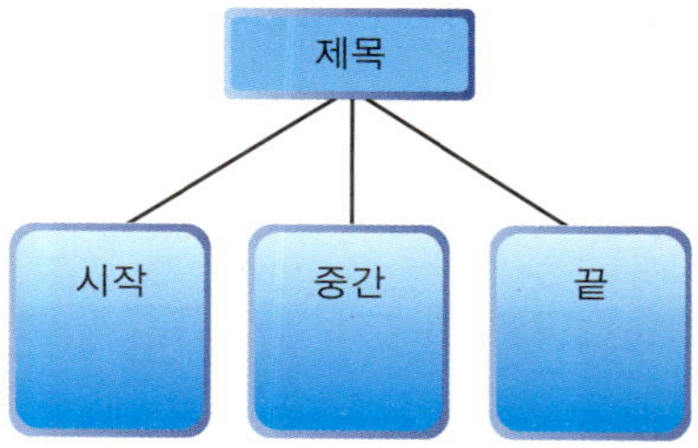

출처: 김현희·박상희(2020).

2) 함께 읽기

함께 읽기는 그림책 속의 언어를 즐기고 실험할 수 있는 활동이다. 그림책의 모든 본문은 함께 읽기가 가능하며 그림책이나 동시를 함께 읽을 때 영유아는 가장 편안하고 즐거움을 느끼게 되는데, 특히 동시의 리듬과 운율은 듣는 즐거움과 말할 때의 즐거움도 함께 맛보게 한다. 예를 들어 영유아가 동시의 리듬에 익숙해지면 음악의 리듬, 멜로디도 함께 즐기게 된다.

아래의 내용은 함께 읽기 과정에서 할 수 있는 구체적인 내용이다.

① 이야기 속에 나타난 분위기가 잘 전달되도록 반복하여 읽어주는 과정이 필요하다.
② 교사가 읽어주면서 핵심 단어나 되풀이되는 문장에 주목할 수 있도록 한다.
③ 소집단 별로 혹은 개인과 집단이 나누어 함께 읽기를 할 수 있다.
④ 함께 읽기는 노래하기의 과정과 비슷하므로 리듬과 호흡에 주의한다.

⑤ 함께 읽기 중 반복되는 구절은 손 유희 등으로 주의를 집중시키면 반복효과를 가질 수 있다.

3) 토의하기

책의 내용에 대해 토의(discussion)하는 것은 유아가 책의 내용을 더 깊이 이해하도록 도와준다. 즉, 토의하기는 유아가 이야기의 의미에 대해 더 생각할 수 있게 하며 이야기에 대한 자신의 느낌을 전달하도록 하며 교사는 유아의 생각에 대해 좀 더 깊이 알 수 있도록 해 준다.

(1) 토의를 위한 그림책 선정

토의를 위해서는 주제가 분명하게 잘 묘사되어 있어 유아들이 자신의 흥미나 경험을 이끌어 낼 수 있도록 하는 것이 좋다. 교사는 작품에 대한 충분한 지식을 갖고 있어야 한다. 주제와 줄거리, 구조, 등장인물, 작가의 기법 등의 이해가 완벽해야 깊이 있는 토의를 이끌 수 있다.

(2) 토의를 위한 질문 만들기

사전에 토의를 위한 질문 목록을 만들어 본다. 질문은 깊이 상호작용할 수 있도록 이끌어서 이야기를 해석하고 평가할 수 있도록 도와주는 것이어야 한다.

① 질문을 만들 때 교사가 생각해야 하는 것들

- 이 책의 가장 중요한 아이디어는 무엇인가?
- 이야기의 어느 부분이 토의거리가 될 수 있을까?
- 유아들이 가장 동일시하기 쉬운 등장인물은 누구인가?
- 등장인물의 동기를 이해하기 위해서는 어떤 도움을 주어야 할까?
- 이야기 속에 자세히 설명해 주어야 하는 요소가 있는가?
- 이야기가 아동의 경험, 흥미, 관심과 연결되어 있는가?

〈유아들과 나누는 질문 목록의 예〉

- 이야기 속에 나오는 등장인물 중 누가 제일 좋으니?
- 네가 이야기 속 등장인물이라면 이런 경우 어떻게 하였을까?
- 그 사람이 이렇게 행동하였는데 너는 어떻게 생각하니?
- 이렇게 한 것 말고 또 다른 방법이 있었을까?
- 이야기를 읽고 난 후 어떤 생각이 가장 중요하다고 생각되니?
- 이야기 중 가장 재미있는 부분이 어디이니?
- 이 이야기와 비슷한 다른 이야기가 있니?

(3) 토의하기

교사는 유아들의 의견을 적절하게 조정하고 반응을 종합하여 주는 진행 기술이 필요하며, 토의를 위한 충분한 준비를 하여야 한다.

- 이야기를 충분히 할 수 있도록, 그리고 그림책의 그림이 잘 보이기 위해서는 대집단보다는 소집단 토의가 바람직하다.
- 제시된 질문에 초점을 두면서 유아의 반응을 반영하며, 이야기에 대한 토의를 이끄는 교사는 유아의 모든 반응을 수용하여 정리해 준다.
- 과도한 칭찬이나 부정적 반응을 피하고 교사의 가치판단도 드러나지 않도록 중립적 태도를 갖는다.

4) 이야기 다시 해 보기

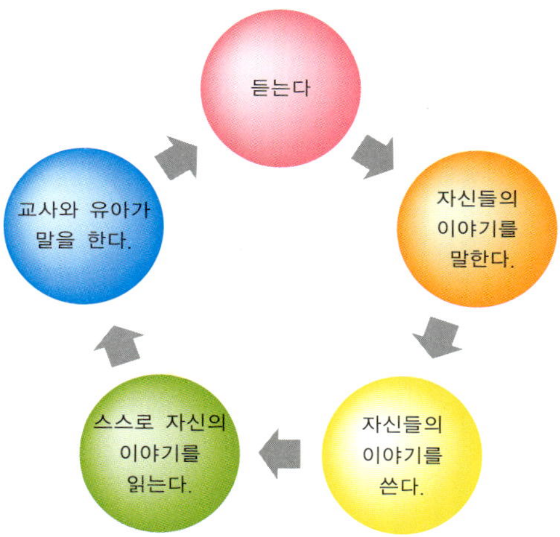

성인이 들려준 이야기를 듣고 난후, 영유아는 스스로 이야기를 만들어 보고 싶어 한다. 성인의 도움을 받아 이야기를 다시 해봄으로써, 영유아는 자신이 들었던 이야기에 대한 생각을 발달시킬 수 있다.

| 그림 7-2 | 이야기를 통한 유아의 변화과정
출처: 김현희·박상희(2020).

앞의 활동에서 교사는 다음과 같은 활동을 할 수 있다.

① 시각적 자료를 제작하여 유아가 다시 이야기할 때 활용하면 좋다.
② 그림책의 그림을 보여 주며 이야기의 흥미를 이끌어 준다.
③ 언어적으로 격려를 해주어 영유아가 막힘없이 이야기를 할 수 있도록 한다.
④ 영유아의 말에 반응하고, 확장해주며 자연스런 표현을 인정하여 준다.

5) 이야기 지어보기

유아가 생각한 것을 다음과 같은 활동으로로 다르게 표현할 수 있다.

(1) 이야기에 대한 느낌 적기

문학작품을 접한 후, 책에 있는 사실이나 정보 등을 유아가 이미 알고 있는 지식과 연관시켜보는 경험을 한다.

(2) 등장인물에게 편지쓰기

이야기 듣기 → 주인공에 대해 이야기 나누기 → 글과 그림으로 편지쓰기 → 쓴 글 발표하고 전시하기 순으로 진행한다.

(3) 작가와 화가에게 편지쓰기

작가와 화가에 대해 소개하기 → 그림책을 읽어준 후 작가와 화가에 대해 이야기하기 → 글과 그림으로 편지 써보기 → 글로 쓴 후 발표하고 전시하기 순으로 진행한다.

(4) 이야기 개작

다음과 같은 주제들로 이야기를 만들어 본다.

- 동일한 주인공으로 다른 이야기 만들어 보기
- 등장인물 중 다른 사람 입장되어보기
- 후속 이야기 지어보기
- 읽어주었던 이야기의 결말을 다르게 짓기
- 등장인물 중 관점 바꾸어 이야기 만들기
- 주인공 입장되어 이야기 만들기

(5) 글자 없는 책에 이야기 만들어보기

글 없는 그림책 소개 후 → 그림 살피기 후 → 표지 보고 이야기하기 → 주인공에게 어떤 일이 일어났는지 이야기하기 → 다시 천천히 그림 보기 → 주인공 이름 짓기 → 이야기 내용 짓기 순으로 진행한다.

다음은 글 없는 그림책들로서 유아들에게 적합한 책들의 예이다.

빨간 풍선의 모험 (엘라마리 그림, 1995, 시공사)
사과나무와 나미(엘라마리 그림, 1995, 비룡소)
나무 (엘라마리 그림, 1995, 시공사)
트럭 (도널드크루즈, 1995, 시공사)
노란 우산 (유재수, 2007, 보림)

(6) 동시 짓기

처음부터 동시를 창의적으로 짓도록 하기보다는 동시의 일부분을 개작하거나 함께 집단으로 지어보는 활동이 바람직하다.

- 동시 함께 쓰기
  함께 쓸 동시 제목 결정하기 → 정해진 제목 쓰기 → 제목에 대한 유아들의 생각 모으기 → 반응 적기 → 의성어와 의태어 사용하기 → 만들어진 동시 함께 읽기 → 전시하기
- 동시의 개작
  동시를 들려주거나 함께 낭송하기 → 동시의 특정 부분 바꾸기 → 바꾼 내용 적기 → 언어 영역에 게시하기

다음은 동시와 동화를 감상한 후 활용할 수 있는 활동 예시이다.

[활동 1]

<table>
<tr><th>활동명</th><td>비유적인 표현을 찾아보아요</td><th>생활주제</th><td>가을</td></tr>
<tr><th>활동유형</th><td>대 · 소집단 활동 – 동시감상</td><th>활동연령</th><td>만 5세</td></tr>
<tr><th>활동목표</th><td colspan="3">• 가을의 변화를 관찰하여 말로 표현할 수 있다.
• 동시에서 비유적인 표현을 찾아보고 그것을 뜻하는지를 이해한다.</td></tr>
<tr><th>활동자료</th><td colspan="3">동시자료 : '가을' 동시, 화이트보드, 보드 마커</td></tr>
<tr><th colspan="4">활동내용</th></tr>
<tr><td colspan="4">■ 동시를 듣는다.
– 동시를 들어보니까 어떤 느낌이 나니?
– 동시 내용 중 기억나는 말이 있니?
– 이 동시의 제목이 무엇일까?

■ 동시 자료를 보면서 비유적인 표현과 그 의미를 알아본다.
– 동시에서 'ㅇㅇㅇ'는 무엇을 말하는 것일까?
– '△△△' 하면 무엇이 떠오르니? (유아들이 말한 것들을 모두가 볼 수 있도록 써준다; 불가사리,
– 가을 동산을 산책할 때 'ㅇㅇㅇ'과 닮은 것은 본 적이 있니?
– 'ㅁㅁㅁ'은 무엇을 뜻하는 말인 것 같니?

■ 동시의 느낌을 살려 유아들과 함께 낭송한다.</td></tr>
<tr><th>활동의 유의점</th><td colspan="3">가을이 되어 자연이 변화된 모습을 충분히 관찰하고 새롭게 발견하고 알게 된 내용이 충분할 때 동시를 감상하도록 한다.</td></tr>
<tr><th>확장 활동</th><td colspan="3">1. 가을의 변화를 표현하는 내용을 구성하여 새로운 면을 추가해 본다.
2. 동시에 어울리는 그림을 그리고 동시를 적어 그림도 만든다.</td></tr>
</table>

출처: 박찬옥 외(2010).

[활동 2]

활동명	음식의 새 이름을 지어주세요	생활주제	음식(과일)
활동유형	대 · 소집단 활동–동화감상	활동연령	만 5세
활동목표	• 어떤 대상에 붙여진 이름의 의미를 이해한다. • 주어진 대상에 어울리는 새로운 이름을 짓고 그 이유를 말할 수 있다. • 우리 몸의 건강에 좋은 음식에 대해 긍정적인 태도를 갖는다.		
활동자료	동화자료 : 『난 토마토 절대 안 먹어』(로렌 차일드 글, 국민서관, 2000), 여러 가지 음식에 대한 그림(사진), 포스트 잇(넉넉한 크기)		
활동내용			
■ 동화의 제목을 보고 그렇게 말한 이유를 상상하며 말한다. – 제목을 보니까 이 동화는 어떤 이야기일 것 같니? – 주인공은 왜 토마토를 절대로 안 먹는다고 했을까? – 왜 그렇게 생각하니?			
■ 동화에서 나온 음식들의 새 이름에 대한 느낌을 나눈다. – 음식들의 새로운 이름들 중 가장 마음에 드는 것은 어떤 것이니? – '콩'에 '초록 방울'이라는 새 이름을 붙여준 것이 어떠니? – 콩의 또 다른 이름으로 잘 어울린다고 생각하니? – 콩의 어떤 점을 보고 '초록 방울'이라는 이름을 붙였을까? – 만약에 우리가 로라의 오빠라면 '콩'에 어울리는 또 다른 이름을 어떻게 지었을까? – 왜 그런 이름을 지어주었니? ■ 여러 가지 음식 그림(사진) 카드를 추가적으로 제시하여 각 음식에 어울리는 이름을 짓고 그 이유를 말해 본다. ■ 유아들이 새로 지은 음식의 이름들을 소리 내어 읽어 본다.			
활동의 유의점	교사는 유아들이 새로운 이름을 지을 때마다 유아들이 그 내용을 기록할 수 있도록 도와주거나 쓰기를 어려워하는 유아의 경우 교사가 기록하여 해당 음식 그림 주변에 배치하여 붙인다.		
확장 활동	1. 유아들이 새로 지은 음식 그림카드를 이용하여 음식점 놀이를 한다. 2. 유아들에게 급식으로 제공된 음식들 중 잘 안 먹는 음식이 있다면 유아들이 함께 음식의 특성에 어울리는 새롭고 재미있는 이름을 지어 본다. – 이 음식의 원래 이름은 무엇이니? – 로라의 오빠가 한 것처럼 배추김치에게도 꼭 어울리는 새 이름을 지어 주자! – 가장 어울리는 이름을 짓기 위해서 먼저 무엇을 하면 좋을까?		

출처: 박찬옥 외(2010).

연구문제

1. 그림책의 언어교육에 있어 가치를 설명해 보세요.

2. 그림책을 활용한 총체적 언어교육의 장점과 단점을 소개해 보세요.

3. 그림책 읽기 과정에서 영유아의 발달 수준을 고려해야 하는 이유에 대해 설명해 보세요.

08
CHAPTER

언어발달평가

평가는 언어지도의 기초가 되는 과정이다. 영유아 평가는 평가 대상자가 영유아라는 점에서 주의할 점이 있다. 평가방법은 공식, 비공식 검사, 관찰, 면접, 전사 등 다양한 방법이 있으며 검사도구 활용은 객관적일 수 있으나 사회적 타당도를 반영하지 못한다는 점과 학습 잠재력이 반영되지 못했다는 점에서 역동적 상호작용 평가와 같은 새로운 방법을 요구한다. 그러므로 유아 언어평가가 단일적 방법이 아닌 다차원적 방법으로 접근되어야 한다.

1 평가의 목적

평가목적은 다음과 같다.

첫째, 언어문제 판별을 위한 것이다. 임상현장에서는 대부분 본 목적을 중심으로 평가한다. 즉, 유아의 언어문제가 문제가 되는 수준인지 아니면 단순히 늦된 아이로서 개인차로 설명되는지를 구별하고자 한다. 평가결과가 「언어발달 장애」 혹은 「언어발달 지연」으로 진단된다면 조기치료를 권하여 유아언어발달 촉진을 도와야 한다. 특히, 우리나라는 조기 영어교육으로 두 가지 언어에 동시 노출된 유아들이 많아지고 있다. 노출과정이 교육적으로 문제가 없다면 무방하지만 문제가 되는 노출형태라면 중지해야 한다. 이 같은 과정에서 언어평가를 받는 경우가 종종 있다. 이때 언어평가는 두 가지 언어에 대한 이해 및 전문성을 가진 평가자가 검사해야 한다. 특히, 다문화 아동에 대한 언어평가는 소수언어와 한국어에 대한 이해가 있는 검사자가 진단하도록 권한다.

둘째, 유아 언어성격을 하고자 하는 목적이 있다. 언어는 어휘, 발음, 의미, 문법 등 다양한 요소로 이루어져 있으며 이들이 합산되어 의사소통을 한다. 따라서 어떤 영역은 정상범주에 있지만 어떤 영역은 문제가 되는지를 살펴보고 문제가 되는 영역은 얼마나 문제가 되는지 점검하는 것이다. 일반적으로 부모들은 유아의 언어문제 유무 자체에 집중한다. 그러나 어떤 진단명을 받는지보다 더 중요한 것은 유아 언어양상을 아는 즉, 문제 규명이다. 이는 언어치료 시 중요한 자료가 된다. 정상범주 혹은 개인차로 인정될 수 있는 영역은 치료에서 제외하여 시간낭비를 막아야 한다.

셋째, 언어교육 향상도를 알 수 있다. 교육 전 기초선을 측정하여 교육 후 유아의 호전도를 객관적으로 살펴본다. 만약 교육 후에도 큰 변화가 없다면 교육프로그램을 점검하거나 유아에게 다른 문제가 없는지 심층평가한다.

2 유아평가방법

유아 언어평가는 관찰, 검사도구, 말 자료를 전사하는 등 여러 가지 방법으로 실시할 수 있다. 이중 말 자료를 전사하는 방식은 검사도구의 단점인 사회적 타당도 문제를 해결할 수 있어서 시간과 전문성을 요하지만 좋은 방법이다. 공식검사의 사회적 타당도 문제란 검사도구 문항이 언어의 중요한 요소인 맥락을 고려하지 못한다는 의미이다. 즉, 유아의 언어는 측정할 수 있으나 어떤 상황에서 사용을 평가하기 어렵다. '사과'라는 단어를 말할 수 있다는 것과 과일가게에서 '사과'를 말할 수 있는지는 별개의 문제이다. 그런 의미에서 맥락이 포함된 유아의 말을 녹음하고 전사해서 분석하는 전사 방법은 진정한 의사소통 측정법이 된다. 그러나 전사는 몇 가지 주의점이 있다.

첫째, 말 자료의 대표성이다. 전사자료는 유아의 평상시 말을 대표할 수 있는 평균 수준이어야 한다. 대부분 평가 상황에 놓이면 유아의 엄마는 유아에게 최상의 발화를 이끌어 내려고 한다. 그러나 평가는 최상을 측정하는 것이 아니라 평소 말을 표집해야 한다.

둘째, 말 자료를 획득하는 장소의 친밀성 문제이다. 유아는 연령이 어리기 때문에 낯선 상황에 대한 적응도가 낮다. 따라서 낯선 상황 및 평가자와의 라포 형성이 말 자료에 영향을 미친다. 이를 보완하기 위해 검사 전, 검사실에 미리 입실하여 평가자와 간단한 놀이를 하거나 유아가 좋아하는 장난감을 집에서 가져와서 평가실 상황의 긴장을 낮춘다. 이와 같은 방법에도 불구하고 유아가 낯설어서 자신의 말을 평소와 같이 산출하지 못한다면 주양육자 혹은 또래와 평소에 상호작용하는 모습을 가정에서 찍어와서 평가자에게 제출하는 방법도 가능하다. 특히, 이 방법은 가정, 어린이집, 놀이터 등 다양한 장소에서 다양한 사람들과 상호작용하는 모습을 담은 것이 좋다.

셋째, 자극물(장난감) 종류이다. 유아는 성인과 다르게 평상시 발화를 이끌기 쉽지 않다. 따라서 유아가 어떤 상황에서 평가자와 상호작용하는지가 매우 중요한데 평소 발화를 이끌기 위해 유아에게 익숙한 장난감을 도구로 사용하는 것이 좋다. 그러나 장난감이 사물을 담은 카드 혹은 사진 정도라면 유아의 말은 단어 이상으로 확장될 가능성이 낮다. 따라서 평소 대화형태를 이끌 수 있는 소꿉놀이, 병원놀이 형태의 역할놀이 장난감이 좋다.

넷째, 표집할 말 자료의 양이다. 김영태(2014)에 따르면, 약 2세의 경우 30분 놀이상황을 말 자료로 전사하면 약 100~200발화 정도 수집된다. 반면 장애유아는 유아의 언어 수준에 따라 다를 수 있지만 약 100발화 정도로 일반아동에 비해 적게 표집된다. 그러나 표집된 발화를 모두 표본으로 사용할 수 없다. 어색한 부분을 제외해야 한다. 그러나 삭제문장을 연구자가 임의로 정할 수 없다. 따라서 일반적으로 녹화 시작 부분과 종료 부분 각자의 약 10~15발화 정도를 통으로 삭제한다. 이는 시작과 종료부분은 발화 상 평소 말 자료라기보다는 어색한 부분으로 보기 때문이다. 그래서 본 부분을 제외하면 약 70발화 정도가 분석표본이다.

특히, 분석표본은 성인에 의해 이끌어진 발화가 아니라 자발적으로 산출되어야 타당한 자료이다. 왜냐하면 성인에 의해 이끌어진 말 자료는 대체로 유아들이 '대답하기' 기능으로 산출될 가능성이 높기 때문이다. 그런 의미에서 자발적 발화 표집에 몇 가지 주의점이 있다.

첫째, 자발적 발화 유도는 유아 스스로 말을 하게 하는 것으로서 호기심 유발이 중요하다. 따라서 특정한 말을 유도하도록 하는 행동을 하지 말아야 한다. 그래서 유아가 침묵을 보이는 상황을 경험할 수 있다. 스티클러(Stickler, 1987)에 따르면, 이때 원칙은 8초 이상의 침묵이 지속되면 평가자가 혼잣말 혹은 아동행동을 기술하는 표현 정도는 가능하다고 설명한다. 예를 들어, 8초가 지난 다음에도 로봇을 만지고 있는 유아가 침묵한다면 "로봇을 만지고 있구나!"라고 검사자가 말을 시작할 수 있다. 스티클러의 지침은 유아 침묵에 지나치게 예민하지 않아도 된다는 의미이다. 또한 침묵 시 8초가 지났다면 둘째, 개방형 질문(예 왜, 어떻게)을 사용하여 아동 발화를 수집할 수 있다. 김영태(2014)에 따르면, 폐쇄형(예 뭐, 어디, 누구 등)이나 단답형(예예, 아니오) 질문은 자발적 말 자료를 표집하는 데에 적합하지 않다. 물론 연령이 어릴수록 자발화보다 단답형의 질문이 말을 이끌어내는 데에 유리하지만 연령이 높은 아동이라면 단답형 질문은 피한다. 셋째, 검사자가 유아 말 자료를 표집하면서 보이는 실수는 침묵에 대한 긴장으로 강압적인 유도를 이끄는 것이다. 그러나 강압적인 태도는 유아의 말 자료를 훼손한다. 따라서 하기와 같은 방법으로 자발적 발화를 표집한다(김영태, 2012).

〈검사자 주도 발화 예〉

유아: 친구랑 친구랑 운동장에 가서

검사자: 친구랑 운동장에 가서 뭐 했어?

〈유아 주도 발화 예〉

유아: 친구랑 친구랑 운동장에 가서

검사자: 친구랑 친구랑 운동장에 가서

상기 예와 같이 유아 주도 발화는 검사자가 유아 발화를 미리 예측하고 질문하는 것이 아니라 유아의 말을 그대로 모방하는 수준에 준한다. 이외에도 유아 언어를 자발적으로 이끌기 위해 검사자가 혼잣말을 하거나[예 (혼잣말하듯이 핸드폰을 만지면서) "어? 이게 뭐지?"] 유아 문장 길이 및 어휘 난이도에 맞추어 검사자가 자신의 말 수준을 조절하는 것이다. 또한 유아에게 흥미를 주어 말을 산출하게 하려고 검사자가 익살스런 흉내(예 아동의 작은 잠바를 검사자가 입으려고 시도하기, 지우개 사용법을 모르는 것처럼 행동하기 등)를 내면서 유아가 이 상황에 대한 해결법을 설명해주려는 상황을 유도할 수도 있다(김영태, 2014).

둘째, 검사도구를 활용한 평가방법이 있다. 검사도구는 선별검사와 진단검사로 나뉜다. 선별 검사(screening)는 언어문제 유무 자체를 판단하는 검사이다. 선별검사 결과, 유아의 언어에 문제가 있음이 확정되면 결함성격을 규명하는 진단검사를 통해 현재 유아의 언어 수준과 결함 정도를 파악한다. 이는 언어문제를 자세하게 제시해 주기 때문에 언어치료 시 기초선이 된다. 특히, 전통 평가와 다르게 오늘날은 평가를 일회성에서 그치는 것이 아니라 치료과정에 포함시켜 지속적으로 그 결과를 반영한다. 즉, 평가 후 교육을 시작하고 그 교육 과정 안에서도 지속적인 평가를 치료사가 진행하면서 교육함으로써 언어 진전도를 점검한다. 이를 검사-단기학습-검사 방법(김영태, 2014)이라 한다. 본 방법은 유아 언어특성을 교육 중에도 민감하게 관찰하기 때문에 추후 언어중재 목표를 세우는 데 중요한 기초자료가 된다.

검사도구는 표준화된 검사도구를 사용하는 것이 과학적이다. 표준화된 검사란 검사절차와 환경 그리고 평가방법이 매우 구조화되어 있다. 이는 어떤 검사자가 평가하여도 동일한 방법으로 검사를 수행한다는 의미이다. 예를 들어, 심리검사라면 실시되는 장소의 소음, 조명, 습도, 온도, 반응 요령 등 모든 사람에게 동일하게 적용해야 한다(탁진국, 2007). 이는 검사가 물리적 환경에 영향을 받기 때문이다. 수능검사의 듣기 평가에서 공항 주변 학교의 학생들이 시험 조건을 위해 모든 비행기 이착륙을 통제하는 것이 이와 같은 원리이다.

표준화 검사는 신뢰도와 타당도가 제시되어 있다. 신뢰도(reliability)는 일정한 시간이 지나도 다른 평가자가 동일한 검사로 동일 유아에게 시행한다면 그 결과가 항상 일관성 있는 것을 말한다. 예를 들어, 평가자 1이 ○○의 지능을 측정한 결과가 100인데 2주 후에 평가자 2가 ○○을 검사한 결과가 130이라면 신뢰도에 문제가 있는 검사이다. 즉, 어떤 검사자이든 동일검사로 동일한 유아에게 측정했다면 시간이 지나도 같은 결과(안정성)가 나와야 한다.

물론 모든 평가도구가 100% 신뢰도를 갖는다고 표현하기 어렵다. 그러나 곽금주(2002)에 따르면, 평가가 사실적이고 기술적일수록 높은 신뢰도를 갖고 해석이 난해할수록 낮은 신뢰도를 갖는다. 사실 신뢰도에 포함되는 요소는 매우 많다. 검사자 간 신뢰, 시행일자 및 검사자 자체의 유능성, 측정 주제, 유아의 컨디션(감기, 이사) 등이다.

타당도(validity)는 잴 것을 재고 있는지에 대한 정확성 문제이다. 즉, 본 검사도구에서 측정하고자 하는 언어의 영역이 본 문항들에서 정확히 측정되고 있는지를 의미한다. 예를 들어, 유아의 발음을 측정하는 검사도구인데 화용을 측정한다면 타당도가 떨어지는 검사도구이다. 일반적으로 신뢰도가 높으면 타당도도 높을 것으로 생각하는 경향이 있다. 그러나 이것은 그렇지 않다. 만약 유아의 성격을 측정하는 검사를 실시할 경우, 어떤 평가자가 검사해도 유아에게 동일한 점수가 나타날 수 있다. 그러나 그 검사도구가 성격을 순수하게 측정하는 문항들로 구성되어 있는지 아니면 인지능력을 측정하는 문항들이 섞여 있는지는 별개 문제이다.

이와 같이 표준화된 검사도구는 신뢰도와 타당도가 구축된 과학적인 방법이다. 그러나 본 검사도구는 문항에서 제시하는 것 외에는 유아의 의사소통 능력을 알 수 없다는 제한점으로 인해 전사를 비롯한 다양한 방법들이 함께 보완되어 유아의 의사소통 능력을 평가해야 하며 다양한 장소, 사람 및 상황을 포함한 총체적 방법이 필요하다. 그리고 병인-유형적 정보를 고려해서 유아의 배경정보가 예후 추정에 도움이 되도록 해야 한다.

그렇다면 우리나라 현장에서 사용하고 있는 공식적인 표준화된 검사도구는 무엇인지 살펴보자.

〈표 8-1〉 언어평가 검사도구

평가도구	평가 영역	평가연령
수용표현 어휘력 검사(REVT)	수용언어 표현언어	2~16세 이상
영유아 언어발달 선별검사(SELSI)	수용언어 표현언어	4개월~35개월
취학 전 아동의 수용언어 및 표현언어 척도(PRES)	수용언어 표현언어	2~6세

평가도구	평가 영역	평가연령
M-B CDI-K	수용언어 표현언어	8~30개월 (영아용 8~17개월/유아용 18~30개월)
언어문제해결력 검사	인지	5~12세
파라다이스-유창성검사 (P-FA)	말더듬	취학 전 – 성인기
우리말 조음음운 평가/학습(U-TAP)	발음	취학 전 – 성인기

본 검사도구는 현재 우리나라 임상현장에서 사용되고 있는 검사도구들로서 본 검사도구 결과를 통해 언어발달지체 혹은 언어발달장애로 영유아에게 진단내리고 있다. 그러나 검사도구는 모두 아동의 언어에 관련된 결과중심 즉, 잠재성을 배제한 검사도구이다. 그래서 유아발달 과정에서 자연스럽게 일어날 수 있는 오류 및 잠재능력을 언어문제로 규정하기 쉽다. 또한 유아의 측정된 결과가 실제 삶에서도 잘 반영되는지에 대한 사회적 타당도가 낮다. 그래서 베일리(Bailey, 1989)는 사회적 타당도를 높이기 위해 평가 상황에 양육자, 가정의 사회경제적 지위 그리고 가정 신념 등이 모두 포함된 평가를 주장했다. 그는 일상생활에서 필요한 능력을 최대한 반영할 수 있어야 진정한 의미의 언어평가라고 주장했다.

에반스(Evans, 1996)는 의사소통 자체가 역동적인 과정이고 음운, 형태, 구문, 의미 그리고 화용 영역 모두가 총체적으로 상호작용하면서 발달하는 것이 언어발달이기 때문에 언어평가는 다양함과 역동성이 반영되어야 한다고 주장했다. 이와 같은 주장으로 인해 새롭게 등장한 언어평가 방법이 '역동적-상호작용 평가모델'이다. 본 방법은 유아의 언어평가 환경을 중요시하고 언어의 전체적인 능력에 초점을 맞추면서 영역별 상호작용을 강조한 평가방식이다. 그래서 유아의 현재 능력만 측정하는 것이 아니라 잠재력까지 동시 측정 가능하다.

역동평가는 유아의 정반응, 오반응 자체보다 오반응을 정반응으로 이끄는 다양한 방법 즉, 잠재력에 관심을 둔다. 그래서 어떤 방식이 유아 언어를 정반응으로 만들었는지를 찾아낸다. 또한 본 검사는 검사 후 정반응으로 만든 요소를 치료현장에 적용하고 치료현장에서 재검을 실시하는 '검사–단기학습–검사' 과정을 거친다. '검사–단기학습–검사' 과정은 유아가 오반응을 보인 문항을 다양한 단서, 촉진, 지시 그리고 피드백을 제공하여 재평가하고 어떤 방법(단서, 촉진, 지시, 피드백)에서 정반응을 보이는지 파악하여 그 방법을 치료에 적용한다. 그리고 그 방법의 정도에 따라 잠재성 정도를 가늠한다. 예를 들면, 최소 지시만으로도 유아가 오반응이었던 문제를 정반응으로 수정할 수 있었다면 교육을 통해 좋은 언어능력을 산출할 가능성이 높은 유아인 반면 여러 가지 단서 혹은 촉진으로도 정반응에 도달하지 못한 유아는 교육기간이 길어질 것을 예상할 수 있다.

따라서 역동적 상호작용 평가가 아닌 일반 언어평가 도구에서는 두 명의 유아가 검사를 받은 후 유아 1이 높은 점수를 받고 유아 2가 낮은 점수를 받았다면 유아 1이 언어습득이 빠른 아이로 평가하지만 역동적 상호작용 평가에서는 낮은 점수를 받은 유아 2가 간단한 문항제시 방법을 바꿈으로써 정반응에 도달했다면 유아 1, 2의 차이가 크지 않은 것으로 즉, 유아 2가 잠재성을 가진 것으로 평가한다.

역동적 상호작용 평가모델에 근거한 언어평가 도구는 「취학 전 아동을 위한 기능적 의사소통행동 목록(preschool functional communication inventory)(Olswang, 1996)」, 「의사소통 및 상징행동 척도(communication and symbolic behavior scales, CSBS)(Wetherby & Prizant, 1990)」, 「유아 및 아동을 위한 평가 진단 훈련체계(The assessment, evaluation, and programming, system for infants and children, AEPS)(Bricker 1993)」이다(김영태, 2011).

'취학 전 아동을 위한 기능적 의사소통 행동 목록'은 아동의 의사소통 환경에서 기능적인 평가를 고안한 것으로 사회적 의사소통, 기본 욕구 의사소통, 인지적 놀이–기본 개념의 수행을 일상에서 평가한다. 각 영역은 7점 척도로서(7점–도움 없이 수행한다, 4점–어느 정도의 도움을 받아 수행한다, 1점–수행하지 못한다) 아동의 의사소통 능력이 '메시지 전달을 위해서 충분하였는가', '상황에 적절하게 전달하였는가', '적절한 시간 내에 메시지를 전달하였는가' 그리고 '사회적 상호작용 시에 반응을 보였는가' 등 수행능력을 질적으로도 평가한다(김영태, 2014).

'의사소통 및 상징행동 척도'는 생후 2년 동안 아동이 사용하는 일상 의사소통 내용을 언어적, 비언어적으로 평가하는 검사이다. 그래서 부모와 아동 간의 상호작용 상황에서 양육자가 아동을 관찰하고 평가하는 것이다. 평가 내용은 의사소통 행동, 사회적 행동, 놀이 행동이다. 평가 방법은 일상에서 어떻게 의사소통하는지 질문지를 통해 평가하고 덜 구조화된 놀이에서 평가한다.

〈표 8-2〉 2낱말 조합 발화를 위한 역동평가(김영태, 2012, 재인용)

촉진	설명	예제
일반적인 표현	성인은 아동의 주위를 상황적 문맥과 관련된 사물이나 활동으로 유도하기 위해 일상적인 표현을 한다. 즉, 아동의 주위를 끌어서 자발적으로 의미조합을 할 기회를 제공한다.	"어! 이거 보세요."
유도질문	성인은 사물이나 활동과 관련된 WH-질문을 한다.	"무슨 일이 일어나고 있어요?" "얘는 뭐 하고 있어요?"
결어 보충하기 (cloze)나 문장완성하기 요구	성인은 문맥과 관련된 사물을 제시하면서 의미조합을 강조하여 말을 한다. 성인의 말이 부분적인 단서가 되게 한다. 그리고는 WH-질문을 하거나 문장 앞만 말해주고 뒤는 남겨놓아 아동이 문장을 끝내도록 한다.	"여기 보세요. 강아지가 앉아 있네."(강아지를 앉히면서), "여기 강아지가_______.", "이건 더러운 숟가락이에요."(더러운 숟가락을 제시한다), "이건 _______." (깨끗한 숟가락을 제시한다.)
간접시범	성인은 목표 어휘들을 조합시키는 발화를 하면서 확대되거나 지연된 시범을 보인다. 그리고 이러한 시범 후에는 유도질문이나 서술과 같은 발화를 한다.	"저 강아지를 보세요. 강아지가 걷고 있네요.", "강아지가 상 위에서 걷는 것 좀 보세요", "무슨 일이 일어나고 있지요?", "저거 보세요ㅃ."
직접시범 및 유도질문	성인이 목표의미조합을 직접 시범 보인 후, 아동의 자발적인 즉각 모방을 잠시 기다린다. 반응이 없으면 다시 말해주며 따라 해 보라고 요구한다.	"강아지가 걷네."(쉼) "강아지가 걷는다고 말해봐!" 혹은 "강아지가 걸어요...말해봐!"
단계적 형성 (shaping)	성인이 의미조합을 직접 시범 보인 후 유도질문을 했을 때 아동이 그 중 한 낱말을 말하면, 의미조합에서 다른 부분을 시범 보이고 따라 하게 한다. 그리고 나서 전체 의미조합을 시범 보인다.	"그래, 강아지네. "강아지"라고 해봐요. (쉼) "걸어간다."라고 해봐요. "강아지가 걸어간다."라고 해봐요.

마지막으로 유아 언어평가에서 언어 자체가 아닌 유아 주변의 언어적 환경을 평가하는 방법이 있다. 이는 평가란 학습자만이 아니라 물리적 환경을 포함한 프로

그램 자체가 평가대상이 될 수 있다는 것을 뜻한다. 우수한 유아가 언어교육을 받았다 하더라도 프로그램 자체가 유능하지 못하면 유아의 좋은 능력이 발휘되기 어렵다. 그러므로 물리적 환경과 프로그램이 모두 평가 대상이 된다. 주변환경 평가는 물리 영역, 정의 영역, 언어교육 프로그램, 가족이다.

물리적 평가는 하기 질문들과 관련 있다(유효순·최경숙, 2011).

① 원(어린이집, 유치원) 도서 코너에 충분한 책이 있는가?
② 언어 영역 활동에 제공된 시간이 유아에게 적절한가?
③ 말하기뿐만 아니라 읽기, 듣기, 쓰기 등 의사소통 전 영역이 잘 갖추어져 있는가?
④ 교사가 유아에게 지속적인 언어자극을 제공하는가?

정의적 영역은 언어교육 프로그램을 통해 의사소통가로서 유아가 자기 효능감(self-efficacy)을 성취했는지를 평가하는 것이다. 자기 효능감이란 후기 학습이론가인 반두라(Bandura)가 제시한 개념으로서 여러 가지 과제를 성공적으로 수행할 수 있으리라는 개인 자신의 신념(최경숙, 2006)에 해당한다. 반두라(Bandura, 1991)에 따르면, 유아는 주변 모델들을 관찰하면서 발달을 이루되 모든 모델에 대해서 관심을 갖고 따르는 것이 아니라 선택적으로 모방할 수 있는 자기 평가적 인지 능력이 발달한다고 하였다. 그리고 유아에게 중요한 인물(유의한 타자)(예 부모님, 할머니, 할아버지, 선생님 등)들의 행동을 보면서 자신의 행동을 평가하는 자기 통제(self-control) 모습을 가지며 이를 통해 유능성을 획득하게 된다. 이때 스스로 해석한 자기 유능성이 본인 평가 요인이 되고 반두라는 이를 '자기 효능감'이라 했다. 따라서 정의적 영역의 평가란 언어교육을 통해 보다 나은 의사소통가가 되었을 때 자신이 그 이전보다 나은 의사소통가임을 인식하게 되었는지 평가한다. 프로그램 평가는 유아에게 제시된 언어교육 프로그램이 목표, 내용선정, 내용조직 그리고 학습자 평가라는 원리가 자연스럽게 연결되어 있는지를 평가한다. 특히, 프로그램 평가는 평가를 분석할 도구 및 기준도 중요하지만 프로그램 개발자들이 토론을 통해서 보다 나은 프로그램을 의논하는 과정도 포함된다.

가족평가는 자녀를 맡긴 기관에서의 언어교육을 부모가 얼마나 신뢰하는지에 대한 부모지각 평가이다. 유아가 처음 낯선 곳에 엄마와 떨어질 때 유아의 마음은 엄마의 표정, 헤어질 때 엄마의 태도와 깊은 관련이 있다. 이를 사회인지론에서 '사회적 참조(social referent)'라고 한다. 사회적 참조란 유아가 자신의 감정과 행동 및 태도를 결정할 때 본인에게 중요한 인물(예 주양육자)의 표정, 태도 등을 보고 자신의 태도를 결정한다는 원리이다. 만약 가족이 유아 언어교육 기관에 대해 신뢰하지 못한다면 직·간접적으로 유아의 언어발달에 영향을 미친다. 따라서 가족이 유아 언어교육 프로그램 혹은 기관을 얼마나 신뢰하는지에 대한 믿음 정도는 유아 언어 발달에 중요한 평가 요소이다.

유아 언어평가 방법 중 관찰은 유아가 평가받는 상황이라는 인식 없이 이루어져서 방어가 낮으므로 신뢰롭다. 관찰법은 자연관찰, 유사관찰이 있다. 자연 관찰법(naturalistic observation)은 아동의 일상에서 검사자가 어떤 개입 없이 평가하는 것이므로 생태적으로 완전한 환경에서 평소 모습을 그대로 반영하는 기법이다. 따라서 자연스러운 평소의 모습을 확인한다는 측면에서는 장점이나 검사자가 보고자 하는 언어행동이 산출될 때까지 기다려야 하기 때문에 시간과 경제적 손실이 발생될 수 있다.

유사 관찰법(analogue observation)은 자연 관찰법의 단점을 보완한 방법이다. 검사자가 보고자 하는 언어가 산출될 수 있도록 환경적 구조화를 한다. 예를 들면, 언어의 화용 기능 중 '발전된 표현'으로 농담을 평가한다면 자연관찰법에서는 농담할 때까지 기다려야 하지만 유사 관찰법은 농담할 수 있는 상황을 만들어서 유아의 농담 기능을 분석한다. 유사 관찰법은 검사자가 보고자 하는 언어행동을 즉시 볼 수 있기 때문에 시간과 경제적 손실을 막을 수 있다. 그러나 환경의 구조화라는 인위성을 갖고 있으므로 산출된 언어자료가 평소 유아의 모습인지 아닌지에 대한 판단이 어렵다.

관찰법은 평가목적에 적합한 방식을 선택해서 실시할 수 있다. 그러나 관찰이라는 것 자체가 관찰자의 주관적 해석이 개입되므로 과소, 과대 측정될 수 있다. 따라서 관찰자 간 신뢰도를 측정해서 이를 보완해야 한다. 관찰자 간 신뢰도는 관찰자들의 평가 결과를 비교해서 일치도를 계산하는 방식이다. 높은 일치도를 보인 결과라면 결과를 신뢰할 수 있으나 일치도가 낮다면 그 결과는 사용하지 않는다. 관찰된 언어자료는 기록형태로 보존되는데 기록법은 방식에 따라 이야기식 기록법, 간격 기록법, 사건 기록법, 평정 기록법이 있다.

'이야기식 기록법(narrative recording)'은 유아의 자연스러운 상황을 기록하는 방법으로 누가 말했는지 주체를 분명히 명시해야 한다. 그러나 인간의 기록이 명확하지 않기 때문에 녹음을 해야 하며 기록 시 성인 시각이 아니라 유아 시각에서 이루어져야 한다. 다음 내용은 이야기식 기록법에서 의사소통 장애 아동을 판별하는 데 도움이 되는 지침(곽금주, 2002)을 본서에 맞게 수정한 내용이다.

① 성인, 또래 등 사람들과의 언어적 상호작용이 많지 않다.
② 또래들에게 먼저 언어적 시도를 수행하지 않는다.
③ 의사소통을 위해 체어(gesture) 사용이 많다.
④ 관찰 대상 유아의 언어로 또래가 부정적 반응을 한다.
⑤ 음성이 단조로워서 의문문과 평서문의 차이가 없다.
⑥ 주변 사람들의 말을 앵무새처럼 따라 한다.
⑦ 대화 시 눈을 마주치지 않는다.

다음은 말더듬 아동의 관찰이다.
① 말을 시작할 때 숨이 막히는 것 같은 막힘 현상이 있다.
② 말을 할 때 '음… 어…' 등의 간투사가 많다.
③ 말을 단어, 문장차원(예 엄마, 엄마, 엄마가 그랬어요)에서 더듬기보다 음소 차원(예 ㅅ ㅅ ㅅ 쓰레기통에 버렸어요)에서 더듬는다.
④ 연장(예 기~~~억 나요)을 보이는 경우가 많다.
⑤ 말하는 것이 힘들어서 인상을 찡그리거나 힘든 표정을 보인다.

'간격 기록법(interval recording)'은 평가자가 미리 정한 시간 안에서 목표행동이 관찰되는지 그렇지 않은지를 살펴보는 방법으로 시간표집법(time sampling)이라고도 한다. 예를 들면, 의사소통장애 유아는 일정 시간 동안 타인과의 주고받기 대화 패턴이 얼마나 관찰되는지 체크한다.

■ 시간표집법 기록 양식지

실내 흥미 영역에 참여하는 아동 행동 관찰

관찰 아동 1: 이름　　　　성별:　　　　생년월일(만　　연령)
관찰 아동 2: 이름　　　　성별:　　　　생년월일(만　　연령)

관찰 장면:　　　　관찰 상황:
관찰 날짜:　　　　관찰 시간:
관찰자 이름:

아동명	횟수	소	언	수	과	조	미	음	적	컴	요	대	간	화	비	비고
아동 1	1															
	2															
	3															
	4															
	5															
	6															
	7															
	8															
	9															
	10															
	계															
아동 2	1															
	2															
	3															
	4															
	5															
	6															
	7															
	8															
	9															
	10															
	계															

소: 소꿉 영역　　언: 언어 및 독서 영역　　수: 수 영역　　과: 과학 영역
조: 조작 영역　　미: 미술 영역　　음: 음률 영역　　적: 적목 영역
컴: 컴퓨터 영역　　요: 요리 영역　　대: 대근육 영역　　간: 간식 영역
화: 화장실 가기　　비: 놀이하지 않음

출처: 조성연 외(2008).

'사건 기록법(event recording)'은 평가자가 관찰하고자 하는 사건을 기록하는 것이다. 예를 들면, 한 학기 동안 말더듬 유아의 부수행동(얼굴 찡그리기, 혀 내밀기, 눈 감기 등)을 기록하는 것이다. 본 방법은 사건(부수행동)이 일어나기 전에 어떤 상황과 동기 그리고 행동이 있었는지를 동시에 기록함으로써 사건에 대한 정보 자체뿐만 아니라 행동발생 동기를 함께 알 수 있다. 사건 기록법은 발생 빈도율이 낮은 행동도 사건이 관찰되면 기록할 수 있다는 장점이 있지만 그 사건이 발생될 때까지 장기간 집중해서 관찰해야 한다는 단점이 있다.

■ 사건표집법 기록 양식지

관찰 대상 이름:	성별:	생년월일(만 연령): 년 월 일(만 세)
관찰 일자		관찰 시간:
관찰 장면:		관찰 상황:
관찰 행동		관찰자 이름:

시간	사건 전 (Antecedent Event: A)	사건 (Behavior: B)	사건 후 (Consequence: C)

출처: 조성연 외(2008).

'평정 기록'은 유아의 언어를 정량화하는 방법이다. 정량화한다는 것은 평정척도(rating scales)를 사용하는 것으로 특별한 도구나 기술 및 훈련이 필요 없어서 사용하는 데 용이하다. 그러나 평가자의 주관적 견해가 개입되는 것으로 편견개입 가능성을 주의해야 한다.

■ 평가 기록지

	전혀 그렇지 않다	거의 그렇지 않다	때때로 그렇다	자주 그렇다	항상 그렇다
1. 자신의 감정을 말로 표현할 수 있다.					
2. 잘 웃고 다닌다.					
3. 친구가 다쳤거나 울고 있으면 관심을 갖고 반응한다.					
4. 사소한 일에는 거의 울지 않는다.					
5. 겁이 많은 편이다.					
6. 성격이 쾌활하고 명랑하다.					

마지막으로 포트폴리오 방식이 있다. 이는 유아교육 기관에서 자주 사용되는 방법으로 유아 개개인의 발달과정을 종합적이고 지속적이며 다양한 측면에서 분석한다. 예를 들면, 유아 그림, 작품, 자신의 목소리로 녹음한 내용이 모두 포함될 수 있으며 본 자료에 대한 교사의견, 관찰결과 등이 들어간다. 이는 일회성 자료가 아니라 종단적인 상황에서 수집된 자료이므로 발달과정을 볼 수 있고 유아교육 현장에서 부모를 상담할 때 설명자료로 용이하다(조성연 외, 2008). 그러나 작품을 근거로 평가하는 경우 분석기준이 모호하므로 구체적 기준이 필요하다.

3 영역별 평가

의사소통은 음운, 구문, 화용, 의미 등 다양한 요소로 구성되어 있다. 따라서 본 영역에 준한 각각의 평가가 필요하다. 하기 내용은 언어치료사들이 현장에서 사용하는 전문적인 방법이다. 그러나 일반 유아를 대하는 보육교사도 본 방법을 숙지하여 현장에서 언어문제 유무의 가늠 기준으로 사용할 수 있고 임상현장에서 어떻게 유아를 평가하는지 공유하는 것이 좋을 것으로 생각되어 본 내용을 싣는다.

첫째, 음성, 음운 영역이다. 음성, 음운은 이비인후과 혹은 음성 클리닉에서 다루는 목소리 질(quality), 발음에 해당한다. 발음과 음성이 정상이라면 여러 요소가 정상범주에 있어야 한다. 일차적으로 자신이 들은 말소리에 주의집중할 수 있는 능력 및 청지각 능력, 지각된 소리를 이해하고 저장해서 다시 인출시킬 수 있는 인지능력, 음소 간의 소리 구별능력 그리고 혀가 상하 좌우로 민활하게 움직여서 정확한 발음을 할 수 있는 신경학적 요소까지 모두 중요하다. 그러므로 본 영역이 정상범주에 있는지 살펴보는 것이 음성음운 영역 평가이다.

음성 질 평가는 과 비음, 쉰 소리, 거친 소리 그리고 변성기 이후에 성별에 맞지 않는 음성 등이 산출되는지를 분석하는 과정이다. 이는 기계를 사용해서 정확한 조사를 통해 유아의 음성 질을 확인한다.

둘째, 발음 오류는 위치 오류(place of articulation)와 발음하는 방법(manner of articulation) 오류로 나뉘는데 생략, 첨가, 대치 및 왜곡 등이다. 위치오류는 발음 위치가 잘못되어 발음에 문제를 보이는 경우이다. 예를 들면, ㅇㅇ이가 '바지'를 '가지'라는 단어로 잘못 발음하면 'ㅂ'에서 'ㄱ'으로 대치되었다고 분석하는데 'ㅂ'은 두 입술을 붙이는 양순음으로서 입술 앞에서 산출되는 소리인데 'ㄱ'은 입천장 맨 뒤의 연구개에서 산출되는 소리이므로 바지를 가지로 산출한 것은 후설음화 오류현상으로 분석된다. 일반적으로 유아의 발음오류는 패턴이 있다. 즉, 산발적으로 한 유아가 여러 가지 오류를 보인다기보다는 대체로 패턴이 정해진다.

후설음화(back)시키는 유아, 전설음화(front)시키는 유아 등 그 유형이 정해져 있다 보니 그 분석에 의해 치료사가 유아의 발음을 지도한다. 대치 외에 ○○가 '사탕'을 '아탕'이라고 발음한다면 'ㅅ' 산출자리에 'ㅅ'을 생략한 형태로 나타났으므로 초성 '생략'이라 하며 '오이'를 '고기'라고 한다면 'ㄱ' 첨가라고 한다..

방법 오류는 '모자'를 '모다'로 산출한 ○○는 'ㅈ'을 'ㄷ'으로 대치했으나 그 방법이 혀의 위치가 잘못된 것이 아니라 공기 즉, 발음하는 방식(파찰음 → 파열음)에 문제이기 때문에 방법 오류로 분석한다.

셋째, 구문평가이다. 구문평가는 문법, 통사(문장)구조 등을 의미한다. 따라서 문법표지(예 형태소, 낱말, 어절 등)가 평균 어느 정도 길이로 사용되는지를 측정한다. 평가 방식은 형태소에 의한 발화 길이, 낱말에 의한 발화 길이, 어절에 의한 발화 길이가 있다. 평균 발화 길이의 측정방법은 전체 발화 길이를 형태소, 혹은 낱말, 혹은 어절의 개수로 나누면 된다. 예를 들어 ○○는 다음과 같이 5개의 문장을 산출하였다고 가정했을 때 평균 어절 길이를 측정한다면 어절은 띄어쓰기로 구별되기 때문에 '평균 발화 길이-어절'은 전체 발화 문장을 어절로 나누어 계산한다.

① 예, 집에 가요.
② 김지영 선생님
③ 이모가 오셨어요.
④ 나는 언제 먹어?
⑤ 인형

전체 발화 개수(5개)
어절(① 3개, ② 2개, ③ 2개, ④ 3개, ⑤ 1개, 총 11개)
평균 발화 길이-어절 11/5(2.2)

위의 예문에서 '평균 발화 길이-어절'은 2.2이므로 그 결과를 한국 평균 어절 길이와 비교하여 ○○의 수준을 평가한다. 우리나라 평균 발화 길이의 어절에서 2.2

는 약 36개월에 해당(김영태, 2011, p. 263 참고)한다. 따라서 ○○이가 36개월이라면 평균에 속하는 일반아동으로 진단하지만 만약 50개월이라면 구문지연, 30개월 영아라면 구문 발달이 빠른 유아로 평가한다.

넷째, 의미능력은 단어와 문장의 '이해'가 어떠한지로 나뉜다. 특히, 단어의 경우 어휘 이해를 단순히 평가하여 총 몇 개의 단어를 이해하고 사용하는지도 평가할 수 있지만 총 개수보다 얼마나 다양하게 사용할 수 있는지를 측정하는 어휘 다양도(type-token ration, TTR)도 좋은 평가도구이다. 어휘다양도는 유아가 얼마나 다양한 어휘를 사용하는가를 측정하는 것으로 '다양한 낱말 수'를 '전체 낱말 수'로 나눈 것이다. 그러므로 어휘 다양도는 1을 넘을 수 없다. 만약 어휘다양도가 1이라면 사용하는 단어마다 다른 단어를 사용했다는 의미이기 때문이다.

어휘다양도 계산법

$$\frac{\text{다양한 낱말 수}}{\text{전체 낱말 수}}$$

민영(가명)이와 지선(가명)이는 어휘검사에서 동일한 점수를 받았다. 그래서 교사는 두 유아의 어휘능력이 동일하다고 평가했다. 그러나 민영(가명)이 어휘 다양도를 검사하기 위해 말 자료를 수집한 결과 '엄마, 아빠, 엄마, 집, 의자, 의자, 친구, 인형, 로봇, 딸기'라는 단어들을 산출하였다. 반면 지선이(가명)는 같은 열 단어를 산출하였지만 '엄마, 엄마, 엄마, 아빠, 아빠, 의자, 의자, 인형, 인형, 딸기'라고 하였다. 표집된 자료들로 어휘 다양도를 계산하면, 민영이(가명)는 전체 단어 수 10개에 다양한 낱말 수 [엄마 2, 아빠 1, 집 1, 의자 2, 친구 1, 인형 1, 로봇 1, 딸기 1]로 8개이며 .80(8/10)이다. 반면 지선(가명)이는 전체 단어 수 10개에 다양하게 산출된 낱말 수 [엄마 3, 아빠 2, 의자 2, 인형 2, 딸기 1]로 .50(5/10)이다. 따라서 두 명의 유아가 비록 어휘력 검사에서 동일한 점수를 받았지만 다양도 측면에서 살펴보면 민영이가 보다 발달된 (어휘)의미발달을 이룬 것을 알 수 있다.

문장 차원에서의 의미평가는 문장을 이룬 단어들이 어떤 의미로 조합되었는가를 분석해서 의미능력을 분석한다. 예를 들면, 유아가 산출한 발화 중 '엄마 양말'이라는 문장이 있다면 '엄마'는 '소유자'이며 '양말'은 '소유'라고 분석될 수 있다([소유자+소유]). 이렇게 분석된 문장 의미 분석은 연령에 따라 다양한 조합(예 [행위자+행위], [행위자+대상] 등)이 가능하고 우리나라 유아의 다양한 조합이 연령에 따라 어떤 형태로 이루어지는지 기준에 따라 의미 수준을 평가할 수 있다.

주형(가명)이와 기택(가명)이는 한 문장 내에 단어가 네 단어 이상씩 구성할 수 있다. 이들의 문장을 분석한 결과 주형(가명)이는 "내가 비누로 동생 씻겨줬어."라는 문장을 산출하여 [행위자+배경+대상+행위]로 분석되었다. 반면 기택(가명)이는 "원숭이가 바나나를 꿀꺽 먹었대."라는 문장을 산출하여 [행위자+대상+용언수식+행위]로 분석되었다. 주형(가명)이 의미기능은 2세 아동이 20% 이상 사용하는 네 낱말 의미관계이며, 기택(가명)이는 3세 아동의 20%가 사용하는 네 낱말 의미기능에 해당한다(김영태, 2011). 그러므로 모두 네 단어 조합 문장을 산출한 유아들이지만 단어조합 의미 분석결과를 보면 기택(가명)이가 주형(가명)이보다 빠른 의미발달이 이루어진 유아이다.

화용이란 의사소통 의도를 지칭한다. 그러므로 유아의 화용평가는 어떤 의도로 발화했는지 그 기능을 분석하여 평가할 수 있다. 우리나라에서 화용을 분석할 수 있는 도구로는 도어(Dore, 1974)의 초기 화행(speech act)과 도어(Dore, 1978)의 대화기능(conversation acts)을 홍경훈과 김영태(2001)가 번안한 도구가 있다. 초기 화행은 명명(사과를 보며 "사과"라고 말한 경우), 반복(선생님이 파란 하늘이라고 말했을 때 아동이 "하늘"이라고 말한 경우), 대답(엄마가 뭐 줄까?라고 물을 때 아동이 "빵"이라고 말한 경우), 행동요구("우유 주세요."), 대답요구(로봇 장난감을 보며 아동이 "로봇?"이라고 상대방에게 묻는 경우), 부르기(아동이 선반 위의 사탕을 보고 "아빠" 하고 부름으로써 아빠를 자기에게 오도록 하는 경우), 인사("안녕", "빠이빠이"), 저항(고개를 저으며 "싫어, 안 할 거야."), 연습(집에 삼촌이 없는데 "삼촌"이라는 단어를 여러 번 이야기하면서 단어를 익히는 경우)이다. 대화 기능은 요구, 반응, 객관적 언급, 주관적 진술, 대화내용 수신표현, 대화내용 구성요소, 발전된 표현이다. 본 7가지 대화기능 내에 다음과 같은 하위기능들로 분석할 수 있다(김영태, 2014).

하위기능

요구(정보요구, 행위요구, 사물요구, 허락)

예 아동: "기차야?"
엄마: "응"

반응(질문에 대한 반응, 요구반응, 반복, 의례적 반응)

예 엄마: "친구, 집에 갔어?"
아동: "응"

객관적 언급(사물 주의집중, 이름 대기, 사건 상태, 고유 특성, 기능, 위치, 시간)

예 아동: (고양이 인형을 보며) "야옹"

주관적 진술(규칙, 평가, 내적 보고, 속성, 주장, 설명)

예 아동: "잘못했어."

대화내용 수신표현(수용, 승인/동의, 부인/반대)

예 엄마: "우유 없어."
아동: "없네."

대화내용 구성요소(의례적 인사, 부르기, 화자 선택, 동반, 감탄)

예 아동: "엄마."

발전된 표현(농담, 경고, 놀림)

예 아동: (딸인 것 알면서 장난치려고) "나 엄마 아니고 딸이지."

4 유아평가 주의점

유아언어 평가는 수혜자가 유아라는 점에서 몇 가지 주의를 요한다.

첫째, 익숙하지 않은 평가 상황에 낯설음이다. 유아는 평가 장소와 검사자가 낯선 곳이자 대상이다. 따라서 평소 본인의 언어능력을 보일 가능성이 낮다. 이는 실시 초기에 정반응이 적다가 검사장면에 익숙해지면 활발한 언어능력을 보이는 유아의 모습에서 관찰된다. 따라서 평가 장소와 검사자에 대해 익숙해지도록 가정에서 장난감을 가지고 와서 검사실에 입실하거나 검사자와의 얼굴을 미리 익히는 등 최적의 평가가 되도록 해야 한다.

둘째, 낮은 과제의식과 주의 집중력 부족이다. 유아는 평가가 얼마나 중요한지 인식하지 못한다. 또한 과대 의식도 평가 상황에는 바람직하지 않다. 따라서 유아는 본인의 정서상태가 평가 상황에 성인보다 더 많은 부분 영향을 미치므로 적합한 과제 의식과 집중해서 검사에 임하도록 하는 검사자의 기술이 요구된다.

셋째, 무반응 해석의 문제이다. 유아는 평가상황에서 무반응을 보일 수 있다. 무반응은 유아가 반응하지 않았으므로 영점이다. 그러나 무반응은 다양한 해석이 가능하다. 왜냐하면 무반응이 유아가 답을 모르기 때문에 보인 반응일 수도 있으나 유아의 특성상 반응을 하지 않은 것일 수도 있기 때문이다. 즉, 낯선 상황에 대한 긴장, 질문 혹은 평가방법 자체에 대한 이해 부족 등도 원인일 수 있다. 특히, 다문화 아동과 장애아동의 경우 인지 수준에 비해 (평가 상황)경험부족 및 질문 자체 이해가 부족해서 이들의 고유한 능력이 반영되지 못하기도 한다. 상황에 대한 적응도가 높아지고 검사라는 것이 무엇인지에 대한 파악이 가능하면 정반응이 될 수도 있다. 그러므로 무반응은 이유 서술이 중요하다. 그리고 이유에 따라 잠재성 유무 기술이 가능하므로 이를 잘 파악하여 유아를 평가해야 한다.

넷째, 문화적 편견이다. 유아언어는 유아가 속한 문화를 반영한다. 일본에서 살고 있는 한국인 유아는 한국어에 일본문화가 담긴다. 대표적으로 발음이 일본

언어 형태를 취할 가능성이 높다. 그러나 언어검사는 모든 문화를 반영하지 못한다. 일본에서 살고 있는 한국인 유아의 한국어 발음은 한국어 발음 검사에서는 문제가 되는 수준으로 측정될 것이다. 그러나 그것이 정말 문제인가? 옳은 발음이라는 것이 항상 표준화된 발음만을 의미하는 것은 아니다. 외국인들의 한국어 발음은 문제가 되지만 우리는 그들의 발음을 발음장애라고 명하지 않는다. 왜냐하면 그들의 발음으로 의사소통 하는 데에 문제가 없기 때문이다.

사회경제적 지표도 동일한 맥락에서 설명된다. 낮은 사회경제적 수준의 가정 유아의 경우 중상류층과 비교할 때 문화적 혜택과 경험이 부족하다. 이로 인해 사용하는 어휘에서 제한을 받는다. 예를 들면, 검사도구에서 최신 전자기기를 묻는 문항이 있다면 이들은 언어능력의 문제가 아니라 경험문제로 낮은 점수를 받는다. 즉, 과소 추정되는 것이다. 아파트 경험이 없는 유아에게 '아파트'에 대해 설명하는 문항은 '설명하기' 기능의 문제가 아니라 '아파트 경험 부재'라는 사회문화적 측면이 반영된 것이다.

그러나 문화 다양성에 대한 상기 해석은 학자마다 다르다. 검사가 평균 문화/언어를 문항에 반영해서 언어문제로 진단하는 도구이므로 평균 이하의 문화를 경험했다면, 그래서 낮은 점수라면 언어문제로 평가되는 것이 옳다는 견해이다. 이는 언어와 문화 관련성에 대한 두 가지 견해가 충돌한 것이다. 첫 번째 견해는 우리나라 문화와 중상류층 문화를 주류(mainstream) 문화로 생각하고 이외의 문화는 모두 비주류로 보는 것이다. 그래서 중상류 층 문화와 우리나라 언어가 평균이기 때문에 이를 기준으로 본다. 그래서 본 기준에서 벗어난다면 언어교육/치료를 받아야 한다는 입장이다. 그러나 또 다른 견해에서는 문화는 다름의 견지에서 이해되어야 하므로 중상류층은 중상류층의 문화로 인정하고 저소득층은 저소득층 문화로 인정하는 입장이다. 그래서 중상류층의 우리나라 언어를 배우는 아이들을 기준으로 만들어진 검사도구에서 다문화 가정 아동 혹은 저소득층 아동이 낮은 점수를 획득했다 하더라도 언어지연으로 설명하는 것이 아니라 다른 것이기 때문에 언어문제로 진단하지 않는 견해다.

연구문제

1. 유아를 대상으로 언어평가를 하기 때문에 주의해야 할 점을 설명하세요.

2. 전통적인 평가방법과 역동적 평가 방법의 차이점을 설명하세요.

3. 저소득층 가정 유아의 낮은 언어 점수에 대한 다양한 견해를 설명해 보세요.

09
CHAPTER

의사소통(말, 언어) 장애

의사소통장애는 말장애(음성, 조음, 유창성)와 언어장애(의미/화용, 구문, 음운)로 나뉜다. 무엇보다 심각성에 따라 장애 유무가 결정되므로 그 기준을 명확히 알아야 한다. 또한 의사소통 장애는 자폐, 지적장애 등 동반 장애가 무엇인지에 따라 산출된 언어형태가 다르기 때문에 치료방법도 다양하다.

장애란 무엇인가? 이소현과 박은혜(2006)에 따르면 신체 혹은 내장의 특정부위가 상실되거나 기능이 감소된 '손상(impairment)'을 지칭한다. 예를 들면, 팔이 없는 경우 기능을 할 수 없는 손상을 입었기 때문에 장애에 해당한다. 또한 특정 과제를 수행할 때 완성이 불가능한 '무능력(disability)'을 장애로 정의한다. 그리고 손상이나 무능력으로 일상에서 '불이익(handicap)'을 겪는 것도 장애이다. 예를 들면, 팔이 없어서 의수를 끼우면 일상에서 불편한 불이익을 경험할 가능성이 높다.

1 의사소통장애 개념

언어장애란 무엇인가? 어떤 기준에서 보는지에 따라 다양하다. 예를 들어, 말더듬 혹은 발음 문제를 가진 유아의 부모가 전문가 소견에서 문제가 없지만 주관적 견해에 따라 치료를 받고자 한다면 언어문제로 설명된다. 그래서 전문적 기준이 필요하다.

1) 통계기준

통계란 흩어진 데이터를 정량화하고 체계화하는 과학적인 방법을 말한다. 통계기준에서 정상과 이상은 유아를 동일연령과 비교할 때 현저하게 차이가 있는지를 살펴본다. 그 결과 현저한 차이가 난다면 이상으로 보는 것이다. 그러나 본 기준은 현저한 차이에서 우수한 차이도 이상으로 본다는 단점이 있다.

2) 사회문화기준

사회문화 기준은 유기체의 사회적응 정도를 의미한다. 피아제는 적응 정도를 지능으로 보았다. 그래서 유기체가 사회에 잘 적응한다면 정상이며 사회규범과 관습에서 벗어난다면 이상으로 설명한다. 그러나 사회문화 기준은 국가, 민족 등에 따라 다양한 기준을 갖고 있기 때문에 이상과 정상을 명확히 구분하기 어렵다. 예를 들면, 옷을 입지 않는 민족은 입지 않는 것을 정상으로 보지만 옷을 입는 민족은 동일 행동을 이상으로 본다.

3) 행동적응 기준

행동적응 기준은 유기체 행동이 사회와 가정에 피해를 준다면 이상으로 보는 견해다. 예를 들면, 아버지의 술 마시는 행동이 자녀들에게 피해를 준다면 이상행동, 그렇지 않다면 정상행동으로 해석된다. 그러나 사회와 가정에 피해를 준다는 기준 또한 국가와 가정마다 다르기 때문에 과학적이지 못하다는 비난을 받는다.

4) 개인 준거

개인 준거는 개인이 이상과 정상의 판단 기준이다. 이는 매우 주관적이기 때문에 위험이 따른다. 왜냐하면 전문가가 건강에 이상이 있다는 것을 진단했지만 환자 스스로가 문제없다고 주장하면 개인 준거에서는 문제가 없는 것으로 설명되기 때문이다. 본 준거는 개인의 판단을 존중한다는 점에서는 긍정적인 기준이 되지만 개인 판단이 항상 옳을 수 없기 때문에 위험하다. 또한 이상행동을 하는 대부분의 사람들은 정신적으로 옳은 판단을 하기 어렵다. 따라서 이상행동자들이 문제가 있음에도 불구하고 본 기준에 따라 치료가 늦어지는 경우가 발생한다. 본 기준 적용은 정신적으로 건강한 사람들에게 적용되어야 한다.

5) 전문가 기준

전문가 기준은 전문의 혹은 치료사 등 그 행동에 대해 전문적 판단이 가능한 공신력 있는 사람을 기준으로 한다. 이들은 검사 도구로 평가를 실시하거나 심층 면

접을 통해 전문지식을 활용한 진단을 내린다. 그러나 본 기준이 신뢰롭기 위해서는 전문가의 많은 수련과 훈련이 요구된다.

이소현과 박은혜(2006)에 따르면, 의사소통은 생각, 감정, 정보 등의 메시지를 청자와 화자가 교류하는 것을 말한다. 그러나 메시지는 항상 언어로만 전달되지 않는다. 비언어적 요소도 의사소통에 중요한 역할을 한다. 비언어적 요소란 체어, 자세, 눈 맞춤, 얼굴 표정, 머리의 움직임 등이다. 따라서 의사소통 장애란 언어와 비언어의 이상형태라고 볼 수 있다. 일반적으로 사람들은 의사소통을 쉽게 생각한다. 그 이유는 출생해서 누구나 언어발달을 이루며 살아가기 때문이다. 그러나 문제 없는 의사소통가가 되는 과정은 쉽지 않다. 즉, 호흡, 발성, 뇌신경 등 생리적, 신경학적 기능에 문제가 없어야 하며 구강구조 및 혀의 민활도 등 다양한 언어산출 요소들이 상호작용을 통해 언어이해와 산출을 한다. 그러나 의사소통에 문제가 생겼다고 해서 모두 언어이상으로 보는 견해도 옳지 않다. 예를 들면, 사투리, 조기 영어교육 수혜자 혹은 다문화 가정환경 등에서 성장한 정상범위의 언어 이형태들이 있기 때문이다. 이들의 언어사용은 언어이상 차원에서의 문제(disorder)가 아니라 언어의 다름으로 인한 차이(difference)이다.

2 의사소통장애의 분류

1) 말장애

(1) 조음음운장애

조음장애는 유아 혹은 학령기 아동의 약 10%에 해당하며 보편적 말장애에 속한다(ASHA, 2002). 특징은 발음오류로 첨가(아버지 → 바버지), 생략(사탕 → 아탕), 왜곡(미끄럼틀 → 미꼬뤔틀) 그리고 대치(즐거운 → 슬거운)가 있다. 원인은 발음에 영향을 미치는 근육, 신경, 뼈 등과 같은 해부학적 문제에서부터 뇌성마비,

청각장애 등 동반장애에 의한 오조음까지 다양하다. 그러나 발음 문제는 일반인에게도 종종 나타난다. 따라서 조음장애 진단은 검사 도구에 의한 평가결과 및 연령, 발달 수준, 명료도 및 일관된 오류 등 다양한 면들이 고려되어야 한다. 뿐만 아니라, 가정, 문화, 국가, 지역에 따라 이형태도 참고해야 한다. 그러나 정상범주의 이형태지만 타인과의 의사소통에 문제가 생길 만큼 어려움을 보인다면 전문가에게 의뢰해야 한다. 조음장애는 각각의 음소산출 문제인 반면 음운장애는 산출될 음소의 주변 환경 음에 영향을 받아서 오조음을 산출하는 경우이다. 예를 들면, '사'자는 정확하게 산출하지만 '사'자가 들어간 문장(예 그 '사'자가 쥐를 잡아먹었어) 에서는 오류를 보이는 것이다. 조음음운 장애의 치료목표는 낱자를 정확하게 산출하는 명료도 자체가 아니라 대화 상황에서 소통이 가능한가를 보는 것이다. 낱자를 아무리 정확하게 산출해도 대화에서 무슨 말을 하는지 알 수 없다면 의사소통이 되었다고 보기 어렵기 때문이다.

(2) 유창성 장애

유창성이란 말의 흐름과 속도를 말한다. 따라서 유창성 장애는 말 흐름에 막힘이 있거나 단어를 불필요하게 반복하거나 부적절한 속도로 산출하는 것이다. 일차 행동 즉, 핵심특징은 반복(repetition, 쓰 쓰 쓰레기통에 버렸어요), 막힘(block, 김… ㅇㅇ입니다.), 연장(prolongation, 아 ---- 버지)이다. 이차 행동은 부수행동(secondary behavior)이라고 하는데 덜 중요하다가 아니라 핵심 특징으로 인해서 발생한다는 뜻이다. 부수행동은 눈 감기, 긴장하기 및 '아니요', '몰라요' 등 대화를 회피하는 행동 및 말더듬이라는 누적된 부정 경험으로 인해서 사람에 대한 공포, 대인관계 기피 등 습관화된 반응들이다.

그러나 말더듬은 만 2~5세에 해당하는 일반적인 언어 폭발기에 70~80% 유아에게 나타난다. 언어 폭발기는 유아의 언어가 급진적으로 성장하는 시기이고 사고확장이 일어나는 시기이기 때문에 사고확장에 비해 언어표현력이 균형 있게 성장되지 못하는 유아라면 말더듬이 쉽게 관찰될 수 있다. 또한 과도하게 흥분하거나 스트레스에 놓이면 긴장돼서 말을 더듬을 수 있다. 그러나 자연스러운 발달기에 생길 수 있는 말더듬은 주변 사람들의 반응이 중요하다. 무엇보다 유아가 자신의 말에 대해서 스트레스를 받지 않는 것이 중요하다. 그러므로 교사와 부모는 유아가 말할 때 더듬는지 그렇지 않은지 등의 형식에 초점을 두는 것이 아니라 유아가 말하고자 하는 내용이 무엇인지에 관심을 두어야 한다.

아래 질문은 말더듬는 유아에 대해 관심이 있는 부모 혹은 교사들이 빈번하게 묻는 질문이다.

- 말더듬이 생기는 이유는 무엇입니까?
- 말더듬과 사회 정서발달 간에 관계가 있습니까? 있다면 어떤 관련이 있습니까?
- 자녀가 말을 더듬으면 어떻게 해야 합니까?

첫째, 질문의 답은 매우 다양한 원인이 있으며 이 원인이 상호 복합적인 작용을 한다로 제시된다. 발성기관 근육들의 협응 문제, 언어발달 속도 특히, 수용언어에 비해 표현언어가 지연된 경우 나타난다. 또한 스트레스, 부모 양육태도 등에 따라서도 나타난다. 무엇보다 유아의 언어 폭발기는 피아제의 전조작기와 맞물려 있는데 본 시기는 인지발달의 급성장 시기로 인지체계가 불안정하여 많은 수정과 전이를 통해 비유창성을 보일 가능성이 높다(이승환, 2006).

둘째, 질문의 답변은 매우 긴밀한 관계가 있다고 답을 할 수 있다. 언어는 관계매개체이다. 언어에 문제가 생기면 관계 즉, 사회정서에 문제가 발생한다. 무엇보다 언어는 일상에서 계속 사용되고 있으므로 언어문제는 유아의 일상에 문제를 일으키고 발달에 어려움을 준다. 특히, 심리사회 발달이론가인 에릭슨에 따르면 유아기는 자율성이라는 중요한 과업을 획득해야 한다. 자율성은 나와 남은 다른 개체임을 자각하는 것이다. 최경숙(2006)에 따르면, 18~24개월 유아는 자신 코에 묻은 빨강 립스틱을 거울에서 보고 거울을 만지는 것이 아니라 자신의 코를 만진다. 즉, 자신이라는 존재가 있다는 것을 자각하는 것이다. 그래서 이때 부모로부터의 독립을 원하면서 자신의 의견과 생각을 주장한다. 그러나 독립을 원하면서도 부모와의 분리가 불안하여 정서적으로 다양한 불안이 표출된다. 이 같은 발달상의 불안 외에 동생 출생, 가정 내 불화는 보다 불안한 마음을 가중시킨다. 이 같은 모든 자연스러운 성장통이 말더듬을 유발시킨다.

셋째, 질문의 답변은 유아가 말더듬을 처음 시작할 때 자신이 말을 더듬는다는 것을 모르는 경우가 대부분이다. 단지 말이 잘 나오지 않는다고 말하거나 친구들과 자신의 말이 다르다고 말하는 정도이다. 그리고 말더듬은 심리적 문제를 동반하기 때문에 말더듬에 스트레스를 받기 시작하면 보다 심화된다. 따라서 유아가 자신의 말을 자각하지 않도록 주변에서 주의해야 한다. "다시 말해봐!", "말하기 전에 생각을 좀 해봐!", "천천히 말해라!", "고양이가 네 혀를 깨물었니?"(이소현·박은혜, 2006) 등의 표현을 산출해서는 안 된다. 말더듬이 심화된다면 전문가에게 의뢰하여 평가 및 치료를 받아야 하며 전문가가 제공하는 '부모교육 프로그램'을 받아야 한다.

(3) 음성장애

음성장애는 목소리 크기, 높낮이, 음성 질에 있어서 결함을 보이는 것이다. 원인은 후두 결함, 음성을 관장하는 신경손상, 음성남용 및 오용 그리고 심리적인 문제[무성증(aphonia), 심각한 음성변형)] 등이다(이소현·박은혜, 2006). 특징은 과비음, 거친 소리, 쉰 소리이다. 또한 장애아동에게 나타나는 단조로운 억양 및 청력문제로 소리 크기 조절이 되지 않는 것도 음성장애에 속한다. 무엇보다 이차 성징이 나타나는 변성기를 기준으로 성별과 연령에 따라 적합한 음색이 산출되는지도 음성장애 범주에 속한다. 음성은 대인관계 및 개인 정서에 영향을 주기 때문에 문제가 있다고 판단되면 전문가의 도움을 받아야 한다.

출처: 이승환(2005).

| 그림 9-1 | 말더듬 발달 경로

2) 언어장애

(1) 의미이상발달

의미론이란 내용 영역이다. 내용이란 어휘의 개념뿐만 아니라 어휘 수 및 어휘 다양도, 문장 안에서의 어휘들의 의미적 관계까지 포함한다. 그래서 의미장애는 수용, 표현 어휘 수가 생활연령과 비교하여 현저하게 낮은 것이며 어휘다양도는 전체 낱말 수에서 다양하게 산출된 낱말 수를 측정하여 진단내린다. 어휘다양도는 유아가 산출한 어휘가 [엄마, 아빠, 엄마, 아빠, 언니, 집, 집, 언니, 인형, 곰]이면 전체 낱말 수가 총 10개이다. 그러나 이중 다양하게 사용된 단어는 4개로 4/10(0.4)가 어휘다양도이다. 의미관계란, 유아의 연령이 높아지면서 한 문장 내에 다양한 의미관계들이 산출되게 된다. 연령이 어릴 때는 단순한 의미관계 예를 들면, '아빠 인형'(소유자+소유) 정도의 문장이 산출되지만 연령이 높아지면서 '○○이가 집에서 놀고'(행위자+장소+행위)와 같이 다양한 문장이 산출되는 것이다. 연령이 높아지면 문장의 길이도 다양해지지만 문장 안의 어휘 내용관계들도 복잡하고 여러 의미가 산출된다. 이 모든 내용이 또래 아동과 비교할 때 현저하게 차이가 나거나 단순한 의미관계만을 지속적으로 산출한다면 의미이상발달 유아로 볼 수 있다. 의미이상발달은 인지문제를 동반하는 경우가 대부분이다. 인지와 언어가 관련 있기 때문이다. 따라서 의미이상발달을 보이는 유아의 경우 인지치료를 동시에 받는 경우가 많다. 다음 예들은 의미이상발달 유아의 특징이다(김영태, 2015).

- "내 얼굴에 먹칠하지 말아라."라는 말을 들은 아동이 "닦으면 되지요."라고 반응하는 경우
- 상대적 지시 낱말(여기–저기, 이것–저것)의 부족으로 이해 혹은 표현에 어려움을 보이는 경우
- 신어(neologism) 만들기
  - 구조적 신어(목표 낱말에 음절을 섞기)
  - 의미적 신어(유사한 뜻을 가진 다른 낱말 사용)

– 음운적 신어(유사한 소리가 나는 낱말 사용)

- 고유명이 없는 사물에 가상 이름을 붙이거나 그 반대를 하지 못하는 경우. "이것을 의자라고 하고 여기에 앉아!"라고 말했을 때 "이건 돌이지 의자가 아니야."라고 반응하는 경우
- 과일, 채소, 동물 등 범주어 이해 표현에 어려움이 있는 경우
- 만지거나 조작할 수 있는 사물 낱말에 비해 동작이나 과정/상태를 나타내는 낱말 사용이 제한된 경우
- 2~3세 유아에게 나타나는 과대 혹은 과소 일반화 현상을 장기간 보이는 경우
- 어휘 인출이 어려워서 기능으로 말하는 경우 예) '가위 주세요' → '자르는 것 주세요.'
- 접속문 의미 이해가 어려움 예 '철이와 영은이가 학교에 갔다'
  '철이'가 학교 간 것은 이해하지만 '영은이가' 학교 간 것은 이해하지 못하는 경우

(2) 구문이상발달

구문이란 문장 구조 및 문법들과 관련된 영역으로 형태소, 낱말들이 구, 절 그리고 문장을 이루는 방법에 관한 것이다. 그러므로 문법에 적합한 어휘, 문장을 산출하는지 그리고 문법형태소, 접속사 사용 등이 적합한지 등이 구문장애를 평가하는 주요요소이다(김영태, 2015).

- 격조사(이, 가, 을, 를 등) 이해 부족
  예 '토끼를 사자가 잡아먹었다.'에서 어순에 의해 토끼가 사자를 잡아먹은 것으로 이해한 것.
- 한국어 어순에 맞지 않는 문장 산출
- 짧은 평균 발화 길이(전보문 형태)
- 복문이해 부족
  예 "놀러 가도 된다고 엄마가 허락하셨어."라는 문장을 듣고도 "엄마가 싫어

하기 때문에 놀러 갈 수 없다."라고 말함.

(3) 화용이상발달

화용은 언어 사용을 말한다. 대화 상황에서 청자가 화자와 어떤 관계인지에 따라 자신의 언어를 바꿀 수 있는 능력(언어사용역, speech register), 화자의 의도를 파악하여 바르게 반응할 수 있는 능력, 주제 유지, 주제 전환 및 대화 순서 지키기 등 대화를 매끄럽게 이끌 수 있는 일체능력을 말한다. 언어발달에서 생후 10~12개월 영아는 '공동 주의하기(joint attention)'와 같은 화용전제 인지기능을 습득한다. '공동 주의'는 공통된 사물에 동시에 집중하는 능력으로서 이후 청, 화자가 동일한 주제로 대화할 수 있는 능력의 전조이다. 화용결여는 불손하거나 대화가 자연스럽지 못하다는 인상을 준다(김영태, 2015).

- 언어표현에서 직설적이며 융통성이 없음
- 사전정보를 반영하여 반응하는 것이 아니라 현재 대화에만 집중하여 대화의 흐름을 어색하게 하는 것
- 간접, 우회적 이해/표현 및 농담/속담 이해/표현불가
- 요구하기 기능 등 일차적 기능은 산출되나 자발적 정보 요청 및 되묻기 등의 고차원적 기능은 제한적 산출
- 비언어적 의사소통 의도 파악 불가능
- 반향어(echolalia) 혹은 기계적 상투어 산출

3) 동반장애에 따른 의사소통장애 특징

(1) 자폐증 유아의 의사소통장애

자폐증(autism)은 눈 맞춤, 의사소통 결여 및 상동행동 등을 특징으로 한 발달장애다. 특히, 타인 관심 부족으로 의사소통 시 제한된 언어기능과 주고받는 기술이 부족하다. 자폐증 유아는 집착 및 정확성을 요구하는 특성이 있기 때문에 형식에

해당하는 구문 및 발음은 비교적 장애 폭이 좁다. 자폐유아의 경우 지능지수가 70~75 등 지적장애 수준에 속한 경우가 많아서 비장애 아동과 비교할 때 옹알이 양이 적고 시작 시기가 늦는 등 매우 단조로운 소리로 출발한다. 자폐증의 대표적인 언어특징은 함묵증과 반향어이다.

첫째, 함묵증은 소리를 내지 않는 경우이다. 슐러(Schuler, 1979)는 소리를 전혀 산출하지 않는 자폐 유아에게 '완전 함묵증', 자기 자극이나 음성놀이 수준 정도의 '기능적 함묵증' 그리고 의사소통 의지는 있으나 표현할 어휘 부족으로 관찰되는 '준 함묵증'으로 구분하였다. 자폐유아의 함묵증은 유지 기간, 지능 수준, 사회 반응 정도, 음소 산출능력, 구어 모방능력 특성 등이 예후 요인에 해당한다(김영태, 2014).

함묵은 5~6세까지 함묵 정도를 보고 판단한다. 5~6세 정도까지 언어산출이 이루어지지 않았다면 추후 언어발달을 기대하기 어려우며 최소 지능지수가 50~70 범위에 속해야 언어발달이 가능하다(Gillberg & Steffenburg, 1987). 러터와 락키어(Rutter & Lockyer, 1976)는 지능지수 70을 기준으로 고지능과 저지능 집단으로 나누어 함묵증이 소멸되는 시기를 살펴보았다. 그 결과, 고지능 집단은 2세 6개월에 함묵이 소멸되었고 저지능 집단은 4세 7개월에 소멸되었다. 이는 함묵증이 지능지수와 관련 있음을 시사한다. 그러나 함묵 후 산출된 문장이 창의적 발화가 아니라 지연 반향어 형태였다. 지연 반향어는 자폐 유아의 진정한 언어라기보다는 들었던 내용에 대한 재인기억이다. 그러나 기억에 의한 언어산출이라도 무발화 아동보다는 발전된 언어산출을 보였으므로 언어 발달과정 중의 유아로 설명된다. 사회 반응도(Bagley & McGeein, 1989)가 높은 유아가 그렇지 않은 유아보다 함묵증이 일찍 소거되었다. 즉, 함묵은 타인 혹은 사물에 대한 관심도와 관련이 있다. 마지막으로, 구어모방 능력은 모방력이 좋은 유아가 그렇지 않은 유아보다 어휘력에서 좋은 점수를 보였다. 이와 같은 결과는 자폐 유아의 언어능력을 설명하는 요소들이 상호 복합적임을 시사한다.

둘째, 반향어는 앵무새와 같이 들은 말을 그대로 따라 하는 언어형태이다.

이것은 자폐유아의 통합적 사고와 관련 있다. 이들은 분석 혹은 창의적/융통성 있는 사고를 형성하는 것이 아니라, 문장 전체를 암기하는 통합적 사고를 하기 때문에 반향어가 산출된다. 그러므로 반향어는 인지적 결함과 통합적 사고방식 조합에 의한다. 반향어는 말을 그대로 따라 하는 것이므로 과거에는 소거해야 한다고 주장했다. 그러나 오늘날에는 긍정적인 해석을 한다. 비록 일반 유아가 보이는 창조적 언어는 아니지만 타인에 대해 관심이 없는 자폐유아가 말을 따라 하는 반향어라도 산출하는 것은 그 자체로도 의사소통 의도가 있으니 소거할 이유는 없다는 것이다. 다만, 의사소통 의도가 있는 반향어의 경우 경미한 변화가 있는 '변조된 반향어' 형태로 전환할 것을 권한다. 변조된 반향어는 반향어 유형이지만 약간의 변형을 꾀한다. 예를 들면, "너 밥 먹었어?"라는 성인의 질문에 아동이 "나 밥 먹었어?"라고 변화시켜 반복하는 형태이다. 이런 형태는 "너 밥 먹었니?"라는 반향어보다는 발전된 형태라고 볼 수 있다.

자폐유아의 음성/운율 특징은 비장애아동과 다르다. 비장애유아는 문장의 끝을 올리거나 내림으로써 의문문과 서술문을 구별하고 종속절은 빠르게 읽는 반면 주절은 천천히 읽어감으로써 문장 전체의 뜻을 잘 파악할 수 있게 발화한다. 또한 핵심어는 보다 큰 소리로 읽어줌으로써 청자로 하여금 내용 이해가 용이하도록 조정한다. 그러나 자폐유아는 이 같은 초분절(억양, 강세, 리듬 등) 요소를 자유롭게 활용하지 못하며 의사소통에 알맞게 변형하기 어렵다. 이들은 매우 단조롭고 음도도 높은 정도로 표현하며 감정표현은 비장대유아들이 음도 변화로 정서를 표현하는 반면 자폐아동은 강도변화 즉, 소리 크기로 나타낸다.

릭스(Ricks, 1975)는 비장애유아, 자폐유아 그리고 지적 유아 아동의 부모들을 대상으로 음성 구별 실험을 하였다. 세 집단 도두에게 유아의 여러 가지 감정에 해당하는 소리를 들려주었다는데 그 결과 세 집단 부모 모두 비장애유아와 지적장애유아의 화난 소리, 즐거운 소리, 고집부릴 때 내는 소리를 잘 구별하였다. 특히, 자녀 소리에 대해서는 보다 더 정확하게 구별하였다. 그러나 자폐유아의 소리는 부모조차 정확하게 구분하지 못하였다. 이는 자폐유아가 비장애유아와 지적장애유아와 비교할 때 예측하기 어려운 혹은 비정상적인 소리패턴을 산출하는 것이다. 그러나 자폐유아의 발음은 매우 정확하여 우수한 능력에 해당한다. 이는 이들이 지나치게 정확성을 유지하려는 융통성 부족과 환경의 조그만 변화에도 견디기 힘들어하는 특성이 반영된 것으로 보인다.

그래서 자폐유아는 정확성을 요구하는 형식 측면(구문, 형태)이 의미론이나 화용론과 같은 유연한 내용을 요구하는 영역과 비교할 때 비교적 큰 어려움은 없는 것이다. 그러나 의미 오류는 자폐유아에게 매우 빈번하다. 구문발달이 비장애유아에 비해 단지 지연되고 제한된 정도라면 의미는 독특한 형태이다. 특히, 범주어, 관계어에서 어려움을 보인다.

비장애유아는 기억이 나지 않거나 모르는 어휘를 산출할 때 기능으로 산출한다. 예를 들면, '빗자루'를 '청소할 때 쓰는 것'으로 말한다. 그러나 자폐유아는 모양이 유사한 것으로 산출한다. 예를 들면, '못'을 '핀'이라고 말한다. 이 같은 반응은 자폐유아들이 인지, 의미 등을 기초로 한 단어 추리력은 부족함을 알 수 있다. 그리고 비장애유아들의 초기 습득어휘는 '안녕', '엄마', '없다' 등 관계어에 기초한다. 타인과의 교류에 의해 형성되는 단어들이 주로 산출된다. 그러나 자폐유아는 무생물에 국한된 어휘들을 산출하며 대부분 사물지칭 명사가 주를 이룬다. 그리고 '온다–간다', '준다–받는다', '안–밖', '위–아래', '여기–저기', '전–후', '많다–적다', '빨리–늦게' 등과 같은 반의어 습득이 어렵거나 타인과의 의사소통이 아닌 단지 인지적 특성을 나열하는 정도의 기계적 상투어를 많이 사용한다.

타거–플러스버그(Tager–Flusberg, 1981)의 만 3~4세 비장애유아와 자폐유아 문장 이해 실험에서 오류문장에 대한 분석결과는 비장애유아와 자폐유아가 얼마나 다른지를 설명해 주는 흥미로운 실험결과이다. 제시된 과제에서 이해하기 어려운 문장을 비장애유아는 '실현 가능 전략'을 사용하여 이해하였다. 예를 들면, '사람이 트럭을 치었다.'와 같은 문장을 현실적으로 일어날 가능성이 있는 문장 즉, '트럭이 사람을 치었다.'로 이해했다. 그리고 실현 가능성 전략을 사용할 수 없는 문장에는 낱말 순서로 의미를 파악하였다. 즉, 처음에 나온 명사를 '행위자'로 그 다음에 나오는 명사를 '목적'으로 해석했다. 그러나 자폐유아는 이해되지 않는 문장과제에서 대부분 낱말 순서에만 의존하였다.

허멜린과 오코너(Hermelin & O'connor, 1967)는 자폐유아와 지적장애 유아에게 기억과제를 실시하였다. 기억과제를 수행하기 위해 지적장애 유아는 유사한 의미범주끼리 낱말을 묶는 기억전략을 사용하는 반면(예 야채, 과일), 자폐유아는 제시된 어휘의 순서대로 암기하는 기억전략을 사용하였다. 이 같은 결과는 자폐유아는 내용보다 형식에 집중하고 의미보다 순서에 의해 기억용량을 처리하는 것을 알 수 있다(김영태, 2014)

자폐유아에게 화용은 가장 심하게 나타나는 결함이다. 이는 자폐유아의 성향과 관련이 깊다. 화용이란 대화 상황에서 상대방 의도를 파악하여 적합한 반응을 보이는 것인데 사회적 접촉을 꺼리며 타인에 대한 관심이 부족한 자폐유아는 타인의 의도를 파악할 능력도 동기도 없다. 따라서 자폐유아의 화용특성은 단순히 비장애유아와 비교할 때 지연보다는 특이한 형태이다. 예를 들면, 결여된 주고받기 기능, 주제유지, 전환의 결함, 지나친 질문, 다변, 눈 맞춤 결여 및 상대방 주의 끌기 부족이다. 또한 자기중심적 사고에 의해 자기중심적 언어를 많이 사용하여 타인을 의식한 자발적 발화 사용은 매우 적은 것으로 나타났다. 그래서 자폐유아는 비장애유아가 초기에 많이 사용하는 의사소통 기능 즉, 요구하기(~주세요), 저항하기(싫어, 아니야)는 높은 빈도를 보인 반면 후기 의사소통 기능 즉, 정보 제공하기, 자랑하기, 평하기, 명명하기 등은 전혀 관찰되지 않았다(Wetherby & Prutting, 1984).

(2) 지적장애 유아의 의사소통장애

지적장애란 지능지수가 70에서 75 이하이면서 적응 문제가 있고 이런 현상들이 18세 미만인 발달기에 출현하는 것을 말한다(American Association on Mental Retardation: AAMR, 1992). 밀러와 맥켄지(Miller & MacKenzie, 1981)는 지적장애 아동들의 인지능력과 언어능력은 다음과 같이 세 가지로 분류된다고 하였다. 첫째, 수용언어능력은 인지능력과 유사한 반면 표현언어능력은 인지 수준과 비교하여 낮은 경우 둘째, 수용언어와 표현언어능력 모두 인지능력보다 낮은 경우 셋째, 수용언어와 표현언어 능력이 인지능력과 유사한 수준을 나타내는 경우이다.

이중 지적장애 아동은 50% 이상이 세 번째 수준에 해당한다. 웨이즈, 웨이즈와 브롬필드(Weiss, Weisz & Bromfield, 1986)는 중도 이하의 낮은 지능을 가진 아동들을 제외하고는 정신연령이 10세에 이르기 전까지의 지적장애 유아는 일반 아동과 말 속도, 발화 길이, 발화 양에서만 차이가 나며 일반 아동과 매우 흡사한 형태로 언어발달이 이루어지는 반면, 오웬즈(Owens, 2002)는 10세가 지나면 일반 아동과 질적으로도 언어형태에서 차이가 난다고 설명했다.

구문능력은 일반아동과 지적장애 아동이 유사한 단계를 보이지만 문장 길이가 짧고 구조가 단순하며 느리게 발달한다. 이 같은 특성은 아동들이 언어규칙을 일반화하는 능력이 부족(McLeavey, Toomey, & Dempsey, 1982)하기 때문에 나타난다. 즉, 지적장애 아동은 언어규칙이 무엇인지 알고 있지만 이를 융통성 있게 일반화시키는 능력이 부족하여 문장을 생성할 수는 있지만 그 길이와 형태가 짧고 단조롭다. 그리고 구문능력을 측정하는 대표적인 과제인 '문장 따라 하기'에서도 지적장애 아동은 일반아동에 비해 어려움을 보이는데 이는 장단기 기억능력의 결함(이소현, 박은혜 2006)과 관련된다.

지적장애 아동의 음운특성은 다운증후군 아동과 생활연령(CA)을 일치시킨 일반아동과 유사한 형태의 옹알이를 보였으나(Steffens, Oller, Lynch, & Urbano, 1992) 중도 이상의 지적장애 아동들은 적은 발성과 단조로운 자음 산출을 보였다(Ogletree, Wetherby & Westling, 1992). 뿐만 아니라, 지적장애 아동들이 일반아동에 비해 오류율도 높고 연령이 어린 일반 아동에게 보이는 음운형태를 보이면서 오류가 비체계적이다. 그러므로 지적장애 아동들의 음운 특징은 자폐아동과 같이 독특한 형태라기보다는 일반아동과 유사하되 지연된 형태이다. 읽기능력과 직결된 음운인식능력(phonological awareness)의 결함은 학령기에 지적장애 아동들의 읽기능력 문제의 원인이 된다(김영태, 2002).

지적장애 아동의 의미특성은 일반아동과 비교할 때 느리게 발달하며 낱말을 고정적인 의미로만 사용한다(Owens, 2002). 예를 들면, '따뜻하다'라는 단어는 온도에만 국한되어 사용되지 않으며 성격을 표현할 수 있다. 그러나 지적장애 아동은 본 단어를 온도, 계절에만 사용할 수 있는 것으로 이해한다. 또한 관용어, 숙어 등과 같은 비유언어 사용 및 이해에도 어려움을 나타낸다. 에젤과 골드스테인(Ezell & Goldstein, 1991)은 생활연령이 9세인 다운증후군 아동, 9세 일반아동 그리고 다운증후군 아동의 언어 이해력과 동일한 9세 미만의 일반아동을 대상으로 관용어와 숙어 이해능력을 비교하였다. 그 결과 문자로만 의미 파악이 가능한 과제(예 hit the sack '사람이 가방을 치는 그림')에서는 집단 간 차이가 없었다. 그러나 관용어 표현 과제(예 hit the sack '사람이 침대에서 자는 그림')에서는 다운증후군 아동들이 연령이 어린 일반 아동에 비해 유의하게 높은 정반응을 보인 반면 동일연령의 일반아동에 비해서는 유의하게 낮은 수준을 나타냈다(김영태, 2002).

지적장애 아동의 화용 영역은 이들의 특성상 심각한 결함을 보인다. 지적장애 아동의 주요 특성은 적응력 결여인데 화용은 사회적 적응을 토대로 한 언어능력이기 때문이다. 일반 아동은 생후 8~12개월경에 화용 발달의 한 형태로서 체어를 사용한다. 그러나 지적장애 아동들은 체어에서 일반아동과 다른 모습을 보인다. 지적장애 아동은 경도와 중등도 등급에서 생활연령이 일치된 일반 아동과 비교할 때 매우 지연되었다(Greenwald & Leonard, 1979). 그러나 지적장애아동과 지능지수를 일치시킨 일반아동과는 큰 차이가 관찰되지 않았다(김영태, 2014).

또한 일반아동들은 18~24개월 시기에 전제능력(presuppositional skills)을 습득한다. 그러나 지적장애 아동 중에서 경도에 해당하는 아동들도 전제능력은 늦게 습득된다. '전제능력'이란 대화에서 상대방이 갖고 있는 정보 혹은 새롭게 바뀐 정보가 무엇인지 알 수 있는 능력이다. 즉, 타인과 공유된 정보는 이미 알고 있는 정보이므로 언급할 이유가 없으나 상대방과 내가 다른 정보를 가지고 있다면 설명이 필요한데 이를 인식하고 발화하는 것이 전제능력이다. 이는 조망수용능력(perspective-taking)과 지각 관점을 필요로 한다. 그러나 지적장애 아동은 이와 같은 능력의 결여로 대화가 부자연스럽다. 특히, 상대방과 공유된 정보가 부족할 때 이를 보충하기 위해 정확한 정보를 요구하는 '명료화' 능력이 결여되어(Abbeduto, Davies, Solesby, & Furman, 1991) 부적절한 대화를 하거나 이미 제공된 주제를 지나치게 반복적으로 이야기하는 등 구어적 고착현상(verbal perseveration)을 보인다(Owens, 2002). 이는 궁극적으로 적절한 대인관계형성을 어렵게 하고 소극적인

출처: http://www.ugobepleo.co.uk/contact.php

대화 참여자가 되게 한다.

| 그림 9-2 | 결핍된 전제능력 대화

(3) 청각장애 아동과 의사소통장애

자신의 전문분야에서 전문성을 인정받으며 사회에서 영향력을 미친 사람들 중에는 김기창 화백, 베토벤 등이 있으며 이들은 모두 청각장애인이다. 이들은 개인적 노력과 부모, 교사의 꾸준한 교육으로 자신들의 삶을 의미 있게 만들었다. 청각장애 교육은 16, 17세기 유럽에서 시작되어 우리나라에서는 홀(Hall)이라는 여성 선교사에 의해서 1909년에 시작되었다(이소현·박은혜, 2006).

청각장애는 청력 결여 혹은 결손에 의해 대화음 청취가 곤란하여 언어, 학습 및 정서에 문제가 되어 특별한 교육이 필요한 경우이다(김원경 외, 2010). 미국 장애인교육법(IDEA, 2000)에 의하면 농은 아동 삶에 불리하게 영향을 미칠 수 있는 정도이며 난청은 아동의 교육수행에 농에 비해 상대적으로 덜 불리한 조건으로(이규식 외, 2004) 91dB를 기준으로 할 때 그 이상이면 농으로 이하이면 난청이라고 한다. 선천성 난청이거나 만 1, 2세경에 청각장애를 발견하게 되면 언어습득이 이루어지기 전에 발생된 것이므로 언어발달에 심각한 영향을 주게 된다. 그러나 문장구조, 어휘 등 언어학적 특질이 어느 정도 완성된 후에 청각문제가 발병되었다면 언어습득을 기대할 수 있다(이소현·박은혜, 2006).

청각장애 아동에게 가장 두드러진 언어문제는 구문과 형태이다. 일반아동과 비교할 때 유사한 단계를 거치나 지체되어 있다. 스코우와 너본(Schow & Nerbonne, 1996)은 청각장애 아동은 명사, 동사 등의 내용어 사용에 비해 조사와 같은 문법 표지어 사용이 제한되어 있고 정형화된 구문구조를 과다하게 사용하는 경향이 있다고 하였다. 또한 문법 형태소를 잘못 사용하거나 문장의 주요 요소를 생략하고 발화하며 일정 수준의 구문단계에 도달하면 더 이상 발달하지 않는다고 한다.

그렇다면 청각장애 아동들은 내용어 중심의 전보식 문체(telegraphic sentence)를 주로 보이는가? 이는 청각장애 아동의 청력제한이 문장에서 강세가 부여되지 않는 기능어까지 듣는 데에 어려움을 보이기 때문이다(Geers & Moog, 1978). 예를 들면, 청각장애 아동은 "내가 밥을 먹어요."라는 문장을 듣게 되면 문법 표지(grammatical marker)인 '가', '을', '~어요' 등은 내용어보다 청각적 현저성(saliency)이 떨어지기 때문에 잘 듣지 못하고 단어만을 주로 듣게 되는 것이다.

청각장애 아동의 어휘능력은 어휘량이 일반 아동에 비해 제한되어 있고 그 종류도 명사, 관사 등을 주로 사용하는 등 단조롭다. 그리스워드와 커밍스(Griswold

& Cummings, 1974)는 일반 4세 아동들의 어휘 습득량이 2,000개인 반면 농 아동은 158개로 산출량의 큰 차이를 보고했다. 이는 청각장애아동이 추상 개념 학습에 어려움을 보이기 때문에 구체적인 참조물로 제시되지 않는 단어들을 습득하는 데 어려움이 있는 것으로 해석된다(김영태, 2014).

청각장애 아동의 언어치료 기법은 다양하다. 그중 한 가지는 보완 대체 의사소통(augumentative alternative communication, AAC)을 활용하는 것이다. 보완대체 의사소통은 음성언어로 의사소통 하는 데에 어려움이 있는 청각장애아동에게 음성언어를 보충해 주고(보완) 음성언어를 대신할 수 있는(대체) 방법이다(김원경, 2011). 보완대체 의사소통 기법은 언어자체 능력을 향상시키는 차원보다는 의사소통이 원활하도록 돕는 기능이다. 즉, 언어의 목적은 말을 잘하는 데 있기보다는 소통에 있다는 화용중심 관점에서 소통을 돕는 공학적 기구들이 청각장애 아동에게 도움을 주기 시작했다.

청각장애 아동에 대한 새로운 관점이 등장했다. 이는 이중언어-이중문화 접근이라는 개념이다. 본 패러다임은 청각장애 아동을 장애가 아닌 건청 아동과 다른 문화를 가진 이중언어, 이중문화자로 보는 견해이다. 이는 청각장애 아동이 수화라는 제2언어를 사용하게 되면 수화와 음성언어를 모두 가진 이중언어 사용자로 보는 것이다.

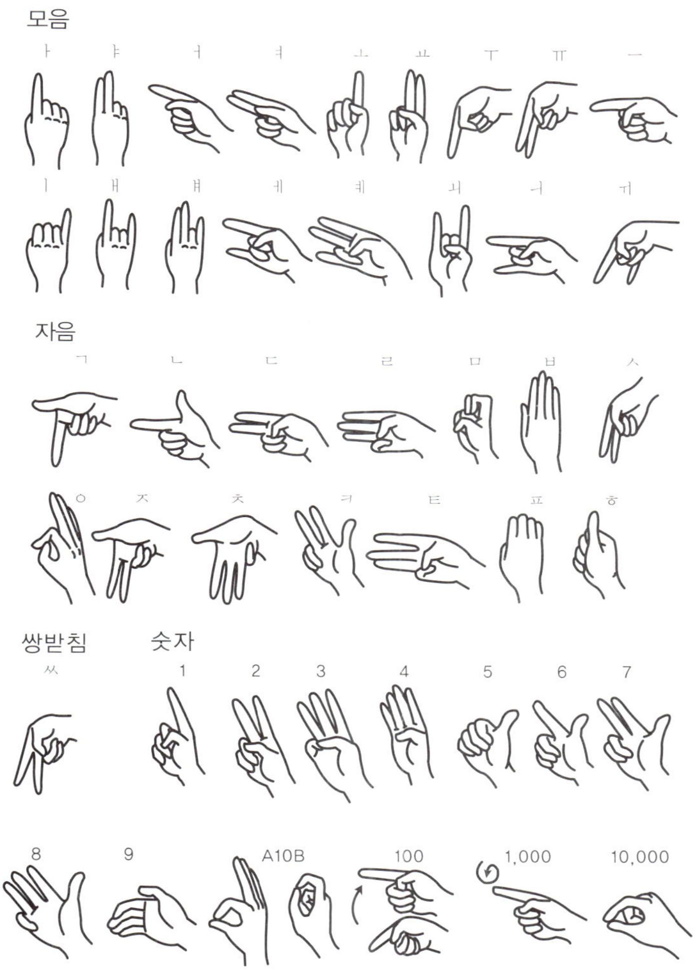

| 그림 9-3 | 지문자

출처: 이소현·박은혜(2006).

4) 의사소통장애 원인

의사소통장애 원인은 기질과 기능으로 나뉜다. 기질은 말, 언어장애를 유발시키는 유전을 포함한 신체 생리학적 원인이다. 시각, 청각 및 운동기능, 반사 등에 장애를 갖고 있다면 이는 구강구조의 원활한 움직임을 방해한다. 그러나 또 한편, 언어습득 시기에 입력될 언어자극 양이 적거나 언어 산출 기회에 제한받는 환경적 결함도 의사소통장애의 원인이 된다. 특히, 언어 이전기인 옹알이 산출 시기에 주 양육자인 엄마를 소리로 불러 자신의 욕구를 채우는 시기에 부모가 이를 충족시키지 못하거나 낮은 사회경제적 지표로 인해 부모가 충분한 시간을 갖고 언어놀이를 하지 못했다면 언어문제를 보일 가능성이 높다.

아동이 의사소통 문제를 보이면 전문가에게 의뢰해서 치료를 받도록 해야 한다. 그러나 일반교사들도 보육현장에서 도움을 줄 수 있다. 이중 수용적 학급 분위기를 조성하는 것(표 9-1)이 방법 중 하나인데, 왜냐하면 언어는 정서와 관련 있기 때문에 언어문제로 인해 지속적인 거절감을 경험하는 것은 또 다른 언어문제의 원인이 되기 때문이다.

〈표 9-1〉 의사소통장애 아동을 위한 수용적 학습 분위기 방법 및 내용

방법	내용
① 말할 때 관심보이기	의사소통장애 아동이 이야기할 때 교사는 온전한 관심을 보이며 이야기를 듣고 또래친구들도 장애 아동의 이야기를 경청하는지 관심을 두어야 한다.
② 실수 허용하기	의사소통장애 아동의 말실수에 대해 교사 혹은 또래가 비판하지 않도록 주의해야 한다. 그러나 교사는 아동의 잘못된 언어표현을 정반응으로 시범을 보임으로써 도움을 준다. 아동이 "이 이야기는 작은 투끼에 대한 이야기예요."라고 말하면 교사는 "그렇구나. 이 이야기는 작은 토끼에 대한 이야기구나!"라고 반응한다.
③ 말 내용에 관심보이기	교사는 의사소통장애 아동의 오류 난 말 자체에 관심을 두기보다 내용에 관심을 갖는다. 특히, 이런 태도는 유창성장애 아동에게 보다 적합한 방법이다. 유창성장애 아동은 말더듬 자체에 관심을 가질수록 더 심각한 말더듬이 된다.
④ 또래 이해 증진	의사소통장애 아동의 말에 또래 친구들이 비웃거나 놀리지 않도록 교사가 주의한다.
⑤ 장애특성에 따른 활동 참여	의사소통장애 아동의 언어특성에 따라 활동참여 범위를 정한다. 발음에 문제가 있는 아동에게 산출된 언어로 게임의 승률이 결정되는 활동은 다른 방법으로 참여하게 한다.

방법	내용
⑥ 다양한 활동으로 말하기 연습	의사소통 상황을 변화시키는 것만으로도 말하기를 도울 수 있다. 예를 들면, 노래하기, 다함께 큰 소리로 읽기, 속삭이기, 음률 변화 없이 말하기 등(Shames & Raming, 1994)은 말더듬 치료를 도울 수 있다.
⑦ 인내심 보이기	의사소통장애 아동은 대체로 말하는 속도가 느리다. 특히, 말더듬, 뇌성마비 아동들의 경우 힘겹게 말하기 때문에 인내심을 갖고 들어주는 것이 중요하다. 무엇보다 문장을 대신 끝내주는 도움은 좌절감을 주므로 지양한다.

출처: 이소현·박은혜(2006)을 본서 내용에 맞게 일부 수정함.

연구문제

1. '언어장애'와 '말장애'의 차이점을 설명하세요.

2. 자폐증 아동의 언어특성을 설명하세요.

3. 청각장애 아동을 이중언어자로 보는 이유를 설명하세요.

10
CHAPTER

영유아 언어교육 환경

영유아 언어교육 환경은 교사의 역할, 교사의 언어적 기술, 물리적 환경 역할로 구성되어 있다. 교사는 관찰자, 상호작용자, 모델 그리그 경험제공자로서 역할을 하며 교사의 언어적 기술은 발문기술, 촉진기술, 의사소통교수 학습방법으로 설명된다. 그리고 물리적 환경역할은 영유아의 언어발달이 환경과의 상호작용에 준한다는 점에서 말하기, 듣기, 쓰기, 읽기를 돕기 위한 환경물은 어떤 것이 있으며 도구가 갖는 역할이 무엇인지 제시한다.

1 교사의 역할

교사는 교육기관에서의 부모로서 영유아에게 미치는 영향이 막대하다. 그러므로 교사는 영유아의 언어발달수준과 이들의 흥미를 고려하여 상호작용해야 한다. 또한 영유아를 민감하게 관찰하는 관찰자로서의 교사역할은 질 높은 상호작용을 하게 한다.

1) 관찰자로서의 교사

교사는 영유아의 언어뿐 아니라 시선과 행동을 관찰하면서 영유아의 요구, 상태, 흥미, 태도, 언어기술 등을 파악하여야 한다. 그리고 관찰한 사실을 토대로 언제, 어떻게 지원해야 할지 등 개입에 대한 판단을 명확히 해야 한다. 다음은 관찰을 통해 영유아의 요구, 정서 및 행동을 파악하여 언어적 상호작용을 꾀하는 방법이다(노진형, 최은아, 2020).

첫째, 영유아의 요구를 파악하여 언어적 상호작용을 하는 방법이다. 교사는 영유아의 표정. 시선, 행동 등 여러 신호들과 상황에 관련된 단서들을 관찰하면서 이들의 요구를 파악하고 더 나아가 언어화하여 표현해 줄 수 있다. 또한 영유아의 요구에 맞는 내용 및 제안 등을 안내할 수 있다. 궁극적으로 영유아가 자신의 요구를 언어화하는 것을 교사가 지원하게 된다

(지후가 시소 타는 아이들을 지켜보는 상황)

교사 : "지후도 시소 타고 싶니? 그러면 여기 뒤에 서서 기다리면 탈 수 있단다."

둘째, 정서를 파악하여 영유아의 언어를 내재화시키는 방법이다. 교사는 관찰자로서 영유아의 언어적, 비언어적 의사소통의 신호를 파악하며 그들의 정서를

이해할 수 있다. 이렇게 영유아의 정서 표현에 대해 교사가 지시적이거나 강압적이지 않게 말해주는 것은 영유아 자신이 정서를 보다 명확하게 인식하고 이를 언어화하는 것을 지원하게 한다.

(교실의 창문 밖에서 큰 소리가 나자 수호가 갑자기 깜짝 놀라며 돌아 보는 상황)

교사 : "갑자기 소리가 나서 놀랐구나."
수호 : "엄청 놀랐어요."
교사 : "물건을 파시는 아저씨가 방송을 갑자기 크게 트셨네. 선생님도 갑자기 큰 소리가 나서 많이 놀랐어."

셋째, 영유아의 행동을 관찰하고 파악하여 언어로 반응하는 방법이다. 교사는 영유아의 행동을 관찰하면서 지시적이지 않은 언어로 언급해줄 수 있다. 이렇게 하면 영유아는 자신이 하고 있는 일상의 놀이와 행동들이 교사에게 관심을 받고 있다는 생각을 하게 된다. 이는 자신이 존중받고 있으며 자신의 행동이 중요한 타인에게 수용받고 있다는 인식이 생겨 자존감을 높이는 데 도움이 된다. 또한 이 과정에서 자신의 행동이 언어화 되고 있기 때문에 이를 스스로 표현할 수 있는 능력을 갖추게 된다.

(재희가 건물을 짓기 위해 블록을 찾는 상황)

재희 : "노랑색 넓은 블록을 찾고 있는데 안보여요."
교사 : "재희가 건물을 짓고 있는데 노랑색 블록이 필요해서 찾고 있구나."

위와 같이 교사가 영유아의 요구, 정서 및 행동을 관찰하므로서 언어적 상호작용을 이루고 이 과정에서 영유아는 언어를 습득하게 된다. 이 뿐만 아니라, 교사는 교육기관에서 영유아와 함께 지내는 일과 속에서 영유아의 언어습득을 위해 상호작용자로서의 교사, 모델자로서의 교사 그리고 경험제공자로서 교사역할을 한다(한유미외, 2013).

2) 상호작용자로서의 교사역할

교사는 영유아의 언어 행동을 관찰하고 일상의 경험을 공유하며 영유아의 언어 발달을 촉진하는 상호작용자로서의 역할을 한다. 그러므로 교사는 교육기관에 소속된 영유아의 현재 흥미와 관심 및 언어발달 수준을 고려하여 영유아에게 제공할 언어 지원의 수준과 비계(scaffolding) 유형을 결정할 수 있어야 한다. 그리고 교사의 상호작용이 매끄럽게 이루어지기 위해서 교사는 반응적이고 민감하며 따뜻한 온정성을 가져야 한다(이하원 박희숙 원선아, 2016).

첫째, 교사의 반응적 역할은 언어적, 비언어적 모두 즉각적이어야 한다. 즉각적 반응은 영유아로 하여금 자신의 언어와 행동이 가치롭다는 것을 느끼게 해주어 자신감을 형성한다. 그리고 이를 기초로 언어적 시도를 하려는 시작점이 된다. 언어습득론의 한 학파인 행동주의 관점에서는 자극과 반응의 지속적인 연합이 언어습득의 주요 기제였다. 그러므로 교사의 즉각적인 반응은 영유아로 하여금 자신의 언어가 잘 습득되고 있음에 대한 피드백이 된다. 이와 같은 지속적 피드백은 영유아에게 동기부여 측면에서 언어능력을 확장시킨다.

둘째, 교사의 민감한 상호작용은 영유아가 표현하고자 하는 마음을 바르게 인식하고 이를 언어화 시키는 데 도움을 준다. 이를 위해 교사는 교육기관에서 영유아의 또래 친구와의 관계 및 일상 보내기에 관찰하고 기민하게 반응해야 한다. 특히, 연령이 어린 영유아는 자신의 의도 및 행동에서 기대되는 피드백이 교사로부터 관찰되지 않을 때, 상호작용이 중단되고 주의와 행동의 일탈이 일어날 수 있다는 점에서 교사의 민감한 언어적 반응은 매우 중요하다(한유미, 김혜선, 권희경, 2022).

셋째, 교사의 따뜻한 상호작용 역할은 영유아가 관계를 맺고자 하는 동기를 증폭시킨다. 특히, 온정적이고 수용적인 말투, 눈 맞춤, 미소, 밝은 표정 및 고개 끄덕임등 비언어적 반응은 영유아가 교사에게 말을 건네려는 마음을 생성한다. 특히, 온정적인 반응은 영유아가 자신의 말과 행동이 관심을 받고 있으며 수용받고 집중 받고있다는 긍정적 정서를 유발하기 때문에 언어발달은 물론이거니와 정서적 안정성도 획득된다.

3) 모델자로서의 교사역할

언어습득 과정에서 중요한 기제는 모방이다. 연령이 어릴수록 성인(교사, 부모)의 말을 따라 하려는 본능적 행동은 언어발달에 중요한 요인이다. 행동주의 입장에서는 정어법의 언어자극이 영유아의 언어습득을 돕는다. 이에 교사는 영유아에게 바른 듣기와 말하기 모범을 보이기 위해 문법에 맞고 속어가 아닌 바른 언어표현과 주의 깊게 듣는 경청의 태도를 평소에 보여주는 것이 중요하다. 또한 교육기관에서 교사는 영유아의 쓰기지도를 위해 그림과 같은 작품에 날짜, 느낌 혹은 이름을 적는 활동이나 필요한 메모를 간단하게 적는 상황에서 바른 쓰기를 보여야 한다. 그리고 바른 읽기를 지도하기 위해 그림책을 읽어주거나 문식성이 풍부한 환경에서 활동을 할 때, 정확한 발음으로 읽어야 한다. 보다 구체적인 예는 다음과 같다.

〈 말하기 〉

교사는 영유아와의 말하기 능력을 신장시키기 위해서 적당한 크기의 목소리, 눈맞춤, 말을 가로막거나 끼어들지 않기 등 바른 태도로 말하기 그리고 완성된 문장으로 말하기, 구체적으로 표현하기 등 말하기 모델로서의 역할을 할 수 있다(이하원 박희숙, 원선아, 2012). 예를 들면, 영유아의 말을 확장하거나 부연 설명해서 반응하기 그리고 지시어를 구체적으로 표현해 주기 및 수정하여 재진술하기 등이다.

사례 만 2세 영아가 바구니 안에 블록을 쳐다봄

민영: 블록

교사: 맞아. 블록이야.

민영: 블록 블록

교사: 블록 갖고 놀고 싶구나! (확장, 부연)

민영: 네
교사: 블록으로 무얼 만들고 싶어?

사례 만 3세 주말 이야기 나누기

교사: 은서야, 주말에 무얼하고 지냈니?
은서: 딸기가게에 딸기사러 갔었어요.
교사: 과일가게에 딸기사러 갔었구나 (수정하여 재진술하기).

〈 듣기 〉

교사의 듣기 모델은 영유아가 수용받는 느낌과 듣기 연습이 동시에 이루어질 수 있는 중요한 요인이다. 무엇보다 눈을 맞추면서 영유아의 이야기를 집중해서 잘 듣는 데 있어 짐작하거나 급하게 먼저 말을 하여 중간에 끊기는 양태를 보이지 않게 한다. 이와 같은 태도는 영유아가 또래 친구 혹은 성인의 이야기를 들을 때 중간에 끼어들지 않고 경청하는 데 도움을 준다. 무엇보다 경청은 인간을 존중하는 태도와도 관련 있다. 그러니 기계적으로 타인의 이야기를 듣는 훈련자체가 아니라 타인을 배려하고 존중하는 인성에서 자연스럽게 만들어진다. 그러므로 의사소통 영역 중 특히, 듣기는 의도적인 훈련이라기 보다는 하루 일과 안에서 자연스럽게 교육기관 문화 안에서 생성되는 고차원적 영역이라 할 수 있다.

〈 읽기 〉

교사가 영유아에게 책을 읽어줄 때 그림과 글의 관계를 이해하고 그림을 참고하여 글자가 어떤 의미를 가지고 있는지 유추할 수 있다. 이는 동일한 글자는 항상 같은 의미를 가지되 특별한 뜻을 가지고 있다는 것을 자연스럽게 익히게 된다. 그림책은 영유아들에게 흥미롭고 즐거움의 동기를 주는 교육매체이다. 그러므로 이 과정에서 영유아는 책에 대해 관심을 가지게 되면서 자연스럽게 글자를 익히게 된다. 이 때, 교사는 그림책을 읽어줄 때 글자를 교사의 손으로 천천히 짚어주면서 글자의 음, 글자와 발음의 관계, 단어의 의미, 문장의 의미 및 왼쪽에서 오른쪽으로 읽어가는 글 읽기 방향과 같은 읽기 관련 능력의 모델이 될 수 있다.

사례 만 3세 유아와 그림책을 함께 보는 시간

라온: 선생님. 제가 좋아하는 책이예요. 읽어 주세요.

교사: (손가락으로 글자를 가르키며) 옛날옛적에 사자가 살았어요.

라온: 선생님. 저도 읽어 볼께요.

교사: 그래. 자, 이렇게 읽고 싶은 글자를 손으로 짚어가며 읽어 보자.

라온: (손으로 글자를 짚으며) 옛날옛적에

〈 쓰기 〉

영유아에게 쓰기는 표면적으로는 가장 늦게 발달되는 영역이다. 그러나 쓰기가 시지각 능력, 소근육 발달, 시각과 소근육 협응 등의 쓰기 자체 이전의 선제능력 획득을 고려할 때, 출생 직후부터 쓰기 능력을 발달되기 시작한다고 볼 수 있다. 교사는영유아의 쓰기발달을 위한 모델자로서 반듯하고 정확하게 쓰는 것 자체 보다 쓰기의 역할이 스며들 수 있도록 지도해야 한다. 영유아에게 끼적이는 쓰기자체의 재미를 넘어서 쓰기가 갖고 있는 메시지를 지도해야 하는 것이다. 기본적으로 글쓰기는 글의 내용을 통해 독자에게 자신의 생각, 의미 등을 전달하는 것이다.

그러니 이 부분의 동기가 발생 될 수 있도록 지도해야 한다. 예를 들면, 마트에서 구입 할 물건을 작성해 보는 활동, 친구와 자신의 이름표를 만들어 보는 활동 등이다. 이와 같은 동기가 충족되면 철자에 맞게 바르게 쓰는 활동들을 해 볼 수 있다.

사례 만 3세 유아와 그림책을 함께 보는 시간

교사: 서윤아, 이 잠바 누구 것인지 아니?

서윤: 제거예요.

교사: 그렇구나. 하늘이와 잠바가 똑같으니 구분할 수 있게 이름을 써서 붙여두자.

서윤: 네 좋아요.

교사: 김 서윤, 곽 하늘

서윤: 와 이제 헷갈리지 않겠어요.

교사: 그렇지?!

4) 경험 제공자로서의 교사역할

언어는 형식과 내용으로 구성되어 있다. 예를 들면, 사과는 자음 ㅅ, ㄱ과 모음 ㅏ. ㅘ 즉, 4개의 형식(철자)이다. 그리고 과일의 종류인 사과를 의미(내용)한다. 그러나 사과라고 읽히는 철자의 형식과 의미인 내용은 연관성이 없다. 즉, 자의적으로 언중들이 붙여 둔 이름 인 것이다. 그래서 우리나라 언어에서는 사과를 '사과'라고 하지만 영어권은 'apple'이라 하는 것이다. 그래서 언어는 그 의미를 익히고 형성하기 위해 일상의 경험에서 배워야 하는 것이다. '슬프다'라는 단어의 형식과 그 의미도 맥락에서 배워지게 되는 것이다. 누구도 슬프다는 것을 출생 직후, 알기 어렵다. 일상에서 슬픈 상황들이 생겼을 때 혹은 타인의 슬픔을 보며 그때 산출되는 단어인 '슬픔'을 듣고 따라하며 배워가는 것이다. 그래서 교사는 영유아의 언어발달을 위해 경험 제공자로서의 역할을 수행해야 한다.

무엇보다, 언어사용의 목적은 소통이다. 기계적으로 암기된 문장은 아무리 멋있는 문장이어도 맥락에 맞지 않게 사용된다면 적절한 언어가 아니다. 그러므로 교사는 영유아가 경험하는 맥락 안에서 언어 자극을 주는 것이 매우 중요하다. 이는 문해지도도 동일하게 접근한다. 간혹 맥락에 무관한 단어들을 여러 번 적으라고 가르치는 경우(예: 교육기관 안에서 '소풍'이라는 단어를 5번 써보기 활동)가 있다. 잘못된 지도 방법이라고 단정할 수 없으나 탈 맥락적 언어지도는 그 효과가 미비하다. 이에 아래와 같이 생일축하 파티에서 촛불에 불을 불고 끄는 활동을 통해 영유아에게'불다, 끄다'라는 동사를 가르친다.

사례 만 2세 반에서 생일축하 파티

교사: 얘들아, 오늘 지율이 생일이야.

반 아이들: 와~ 지율아 생일 축하해.

지율: 고마워

교사: 자, 이제 초에 후하고 불기 하자.

반 아이들: 네 좋아요.

교사: 하나 둘 셋 후

반 아이들: 후~ 촛불이 꺼졌어요.

교사: 그러네. 촛불이 꺼졌네.

또한 아래와 같이 행동기술과 일상기술을 통해 맥락 안에서 영유아의 언어지도가 가능하다.

• 행동기술

" 나는 지금 우유를 따뜻하게 데우고 있어, 그래야 네가 적당한 온도로 맛있게 먹을 수 있단다"

"와~ 너는 정말 커다란 탑을 쌓고 있구나! 네가 높게 쌓은 탑을 여기서 봐봐"

• 일상기술

"오늘 점심은 아주 많이 먹었다, 그치? 요거트를 아주 급하게 먹었고. 그리고나서 바로 낮잠을 잤네"

뿐만 아니라, 맥락에 맞추어 경험을 제공함으로서 언어를 배우는 방법은 아니지만 의도적으로 맥락을 만들어서 언어습득이 가능하도록 지도하는 방법이 있다(김영태, 2015; 이하원외, 2020).

• 두 명의 영유아가 함께 하는 활동에 물건을 하나만 놓는 상황 만들기

예 인형의 머리 빗기기 놀이에서 빗을 한 개만 두기

• 독특한 물건 혹은 사진을 보여주고 무엇인지 말하지 않는 상황 만드기

예 독특한 물건 보여주기

• 영유아 혼자 할 수 없는 상황 만들기

예 뚜껑을 꽉 닫아둔 투명한 유리병에 사탕 넣어 두기

• 영유아에게 불가능한 것을 요구하는 상황 만들기

예 플라스틱 가위로 두꺼운 종이를 짜르도록 요청하기

2 교사의 언어적 기술

1) 교사의 발문기술

상호작용자로서의 교사는 발문을 통해 영유아의 언어능력을 보다 강화할 수 있다. 발문이란 질문을 통한 교수방법으로 소크라테스 시대부터 사용되어 온 교수법이다. 소크라테스 대화법은 산파술적 대화법이라고도 한다. 교사가 산파이고 학생이 임산부인 것이다. 산파는 아이를 낳아 줄 수 없다. 그러나 아이를 낳는 임산부를 지지하고 공감하며 도와야 한다. 결국 산파술적 대화법은 적극적 경청과 비판적 사고를 통해 질문하고 답변을 듣고 그 대답에 대해 다시 질문하는 방식이다. 그렇기 때문에 교사의 발문은 영유아의 사고 활동을 활발하게 하기 위한 문제제기이다(이신주외, 2019). 특히, 영유아의 언어발달에는 사고가 중요하다. 언어와 사고가 통합하여 언어발달을 이루는 데 사고의 미숙함이 언어 성장에 영향을 주기 때문이다. 이에 교사의 발문은 영유아의 사고를 촉진하고 성숙시켜 언어 성장을 돕는다. 이와 같이 교사의 발문은 사고를 성장시키는 목적을 갖는다. 이외에도 다음과 같이 다양한 발문의 목적이 있다(〈표 6-1〉)

〈표 6-1〉 교사 발문의 목적(Cole & Chan, 1994, 이신주외 2019 재인용)

1. 교사의 발문은 의사소통을 활발하게 한다.
2. 교사의 발문은 주제에 관심을 집중시킨다.
3. 교사의 발문은 대화 내용의 이해도와 지식을 평가할 수 있다.
4. 교사의 발문은 대화 내용의 본질을 이해하는 데 도움을 준다.
5. 교사의 발문은 특정 부분의 사고와 인지적 활동을 자극시킨다.

다음의 발문의 종류이다. 발문은 수렴적 질문, 확산적 질문이 있다. 수렴적 질문은 답변이 하나로 귀결되는 형태로 묻는 형태이고 확산적 질문은 여러 개의 답변이 생성될 수 있는 발문이다.

먼저, 수렴적 질문이다. 수렴적 질문은 하나의 정확한 해결책이나 답을 요구하고 제한된 답을 요구하는 질문유형으로서 사실적인 정보와 대답을 요구한다. 통상 영유아가 경험한 것을 기억하게 하거나 사실을 확인하기 위해 교육기관에서 사용할 수 있다.(노진형, 최은아, 2020).

사례

재준 : 선생님, 나 동물원에 갔다 왔어요.

교사 : 우아~ 재미있었겠다. 동물원에서 어떤 동물을 보았니?

재준 : 원숭이, 호랑이, 하마, 기린이요.

교사 : 어떤 동물을 가장 좋아하니?

재준 : 기린이요

교사 : 기린을 가장 좋아하는구나

확산적 질문은 하나의 정답이 없고 다양한 해결책이나 답을 찾는 것을 요구하는 질문유형이다. 교육기관에서 영유아와 상호작용 할 때, 통상 확산적 질문을 하는 경우는 영유아로 하여금 본인이 아는 것, 생각하는 것, 느끼는 것을 표현하고 유아의 이해, 가설, 감정 등을 교사 혹은 또래친구들과 공유하도록 하여 지식의 확대와 발전을 비계하는 질문이다(노진형, 최은아, 2020).

서영 : 선생님, 오이가 다 말랐어요.

교사 : 정말~ 오이가 쭈글쭈글하게 되었네.
오이는 왜 이렇게 되었을까?

주현 : 우리가 물을 안 줘서요.

로하 : 우리가 관심을 안 주고 안 놀아줘서요.

서영 : 더워서 힘들어서 그럴 수도 있어요.

교사의 발문은 영유아의 사고를 촉진하는 도구가 된다고 하였다. 그런 의미에서 사고 수준에 맞는 다양한 수준의 발문이 있다(Borich, 2011)(〈표 6-2〉)

〈표 6-2〉 사고 수준에 따른 발문 특성 및 예시(노진형, 최은아, 2020)

사고 수준	사고 종류	발문특성	발문예시
낮은 수준	지식	구체적 정보에 대해 회상하게 함	우리가 텃밭에 무엇을 심었니?
	이해	제공된 정보, 자료에 대해 이해한 것을 요약 및 설명하게 함	오이, 방울토마토, 고추, 가지가 자라는 데에는 무엇이 필요하니?
	적용	문제와 관련한 정보를 응용하여 문제를 해결하도록 함	우리가 심은 채소가 잘 자라게 하려면 우리가 무엇을 해야 할까?
높은 수준	분석	어떤 상황, 사건 등에 관한 이유, 원인 등을 밝히고 결론에 도달하게 함. 또는 개념, 정보, 아이디어 간의 관계성을 이끌어 내거나 비교하도록 함	오이, 방울토마토, 고추, 가지가 자라면서 줄기가 위로 서 있지 않고 누워버리게 되었을까?
	종합	이전에 학습했던 정보, 의견, 개념들을 창의적으로 결합시켜 다양한 답변을 하도록 함	오이, 방울토마토, 고추, 가지가 잘 자랄 수 있도록 어떻게 해 주어야 할까?
	평가	여러 가지 대안, 이슈들에 대해 선택, 판단하고 결정을 하도록 함	친구들이 이야기한 방법 중에 어떤 방법으로 해보 면 좋을까? 그 이유는 무엇이니?

다음은 영유아의 발달단계에 적합한 사고를 촉진하는 발문 및 상호작용을 이끌어 내는 발문과(〈표 6-3, 표 6-4〉) 발문 시 주의할 점이다.

〈표 6-3〉 영유아교사의 바람직한 발문 형태(이신주외, 2019: 한유미외, 2013)

1. 명쾌하고 간결한 발문
2. 구체적인 발문
3. 영유아의 사고를 자극하는 발문
4. 개인차를 고려한 발문
5. 생각할 주제 혹은 충분한 시간을 주는 발문
6. 둘 이상의 답변이 가능한 발문
7. 좀 더 길고 정확하게 표현할 수 있도록 돕는 발문
8. 유아의 답변에 대한 피드백 발문

〈표 6-4〉 교사-영유아 상호작용 촉진 및 단절 표현(이하원외, 2020)

상호작용을 단절하는 표현	상호작용을 촉진하는 표현
그렇구나	그 얘기 좀 해봐
어	듣고 싶은데
응	얘기 좀 더 해봐
저런	그거 재미있는 생각이네
정말	얘기 좀 해 보자
그렇군	네 생각을 듣고 싶어
진짜	계속 해 봐
그랬구나	그것에 대해 할 말이 있지?
그래?	너한테 아주 중요한 문제라는 생각이 들어

다음은 발문 시 주의할 점이다. 발문은 영유아의 사고를 촉진하며 그 과정에서 언어적 소통을 이루어 언어습득을 지도하는 방식이다. 이와 같은 이유로 단답형 답변이 유도되는 질문은 지양한다. 왜냐하면 단답형 답변이 나온다는 것은 확장된 언어형태로 촉진하지 못했다는 것과 사고 또한 확장시키지 못했다는 의미이기 때문이다. 이에 다음과 같은 주의점을 기억해야 할 것이다(비피연구소, 2018).

1. 교사의 발문은 영유아에게 유도된 단답형 대답이 나오지 않는 형태로 제공한다.
2. 교사의 발문은 쉬운 답변이 유도되는 질문에서 어려운 내용의 답변으로 제공한다.
3. 교사의 발문은 '왜'라는 질문보다는 '무엇일까' 형태로 제공한다.
4. 교사의 발문은 교사 스스로 질문하고 답할 수 있는 형태는 지양한다.

2) 교사의 언어촉진 기술

교육기관에서 영유아와 교사는 지속적으로 상호작용을 한다. 인간의 발달이 관계에서 비롯되는 것이기 때문이다. 특히, 상호작용은 언어로 관계맺음을 하는 터라 교사의 언어적 기술은 실로 중요하다. 물론, 교사가 1대 다수의 교육기관에서 영유아 개인의 말을 모두 반응해 주기란 어렵다. 또한 그렇게 반응해야 하는 것도 아니다. 다만, 상호작용의 양과 질을 고려할 때, 교사의 언어촉진 기술은 요구된다.

무엇보다 영유아와 교사의 상호작용에서 교사는 영유아가 자유롭게 자신의 의사를 표현해 줄 수 있는 수용적인 분위기를 조형하고 경청하며 언어발달을 촉진할 수 있는 어법을 사용해야 한다. 이에 본 장에서는 교사의 언어촉진 기술 중 단어수정하여 재진술하기, 완전한 문장으로 재진술하기 및 지시어를 구체적 대상으로 안내하기를 살펴본다(노진형, 최은아, 2020)

(1) 단어 수정하여 재진술하기

영유아는 언어발달기에 속해 있다. 그러므로 말 소리를 만드는 발성기관 및 발음의 조형하는 조음기관이 아직 완성되지 않았다. 이는 부정확한 소리와 잘 못된 발음을 산출할 수 있음을 뜻한다. 그러나 이 같은 오류는 영유아의 발달기 과정 중에 나타나는 정상적인 현상이기 때문에 지적의 대상 혹은 처벌의 요건이 되지 못한다. 그럼에도 불구하고, 교사들은 영유아를 지도한다는 차원에서 부정확한 표현을 수정해 주고 지적해 준다.

이와 같은 상호작용은 영유아로 하여금 수치감을 갖게 하거나 언어의 사용을 주저하고 말을 하지 않으려고도 할 수 있다(이하원, 신원애, 2017). 무엇보다 영유아기에 실수하는 부정확한 발음(예: 할비(할아버지), 센님(선생님), 까까(과자))은 시간이 지나면 저절로 좋아지는 표현들이다. 그렇기 때문에 교정이 필요한 단어들은 톤을 달리하여 수정하여 준다. 톤을 달리한다는 것은 '청각적 현저성' 원리이다. 청각적 현저성 원리란 귀에 잘 들리게 하는 말투인데 예를 들면, 소리를 조금 더 크게 하거나 특정 단어를 늘려서 발음하여 영유아가 보다 집중하도록 하는 것이다.

[단어 수정 재진술]

민지는 교실에서 실로폰을 두드리는 척하다가 선생님을 본다.
민지 : 실로예요.
교사 : 아, 실로폰을 두드리고 있었구나. 선생님도 같이 할까?

(2) 완전한 문장으로 재진술하기

언어발달 중인 영유아는 언어자극을 통해 완전한 언어습득자로 성장한다. 그러나 그 과정 안에서는 오류가 아니라 다양한 실수가 있다. 특히, 짧은 단어에서 문장으로의 전이 과정 중에는 구 혹은 절 정도의 형태로 소통하는 것도 적지 않다. 이에 문장이 보다 완전하게 형성되기 위해 교사의 정어법 문장들이 제공되어야 한다. 정어법 문장은 문법적으로 완전한 문장일 뿐만 아니라 문장의 길이도 길고 복잡한 복문형태(complex sentence)이다. 이와 같은 문장자극은 영유아의 언어발달을 촉진하는데 영유아가 말한 문장을 보다 완전한 형태로 재진술하는 방법에는 확장(expanding), 확대(extending)가 있다(김영태, 2015).

확장은 영유아가 표현한 문장의 구조를 보다 문법적으로 완전하게 만드는 형태이다. 예를 들면,“선생님, 집 가요”라고 유아가 말하면 교사가 “그래, 집에 가는구나”.이렇게 문법표지를 첨가하는 형태이다. 이와 다르게, 확대는 영유아가 말한 문장의 내용을 보다 첨부하는 형태이다. 예를 들면, “선생님, 공 갖고 왔어요”라고 말하면 교사가 “그러네. 큰 공을 가져 왔구나”라고 말하는 것이다.

(3) 지시어에 대한 구체적 대상 안내하기

영유아는 충분하지 않은 어휘 양과 피아제의 전조작기 특성인 자기중심적 사고에 의해 대화에서 구체적인 명칭이 아닌 지시어를 사용하는 경우가 많다. 지시어란 이거, 저거, 여기, 저기 등 대신 사용하는 명칭(proform)이다. 자기중심적 사고를 하는 영유아는 자신이 아는 것은 타인도 안다고 가정하고 대화하기 때문에 '참조적 의사소통 능력'을 보이지 못하고 지시어로 소통하는 것이다(곽금주, 2016). 그러나 많은 지시어는 소통의 명확성을 떨어트린다. 그러한 이유로 교사는 영유아에게 지시어에 대한 구체적인 명칭을 사용하여 표현력을 높이도록 지도해야 한다. 예를 들어 유아가 블록으로 집을 만들었는데 친구들이 따라서 만들고 싶다고 했다고 가정해 보자. 이때 유아가 “이거를 여기 이렇게 해서 붙이면 돼”라고 말했다. 이 경우 교사의 지도는 “이거를 여기 이렇게 해서 붙이면 되는 구나”로 반응하는 것이 아니라 “노랑색 블록을 초록색 블록 위에 끼우면 된다는 뜻이구나”라고 반응한다.

3) 교사의 의사소통 교수학습방법

영유아 발달에 적합한 교육방법은 영유아에게 흥미롭고 의미가 있으며 능동적으로 참여시킬 수 있는 특성을 지녀야 한다. 또한 교육방법 안에 여러 가지 선택지가 있어 자유롭게 영유아가 선택할 수 있는 활동일 때 의미가 있다. 본 장에서는 이러한 특성에 부합한 의사소통 교수학습방법으로 놀이, 경험, 음성언어 및 그림책을 통한 언어교육 방법을 소개하고자 한다.

(1) 놀이를 통한 언어교육

놀이의 중요성은 아무리 강조해도 지나치지 않다. 놀이는 영유아 발달영역인 신체, 인지, 정서, 언어, 사회성 발달을 동시에 가능하게 하는 도구이다. 특히, 놀이는 자발성과 즐거움의 동기가 증폭된 상황이기 때문에 영유아의 학습도구로는 최고이다. 이런 의미에서 영유아 시기의 놀이와 학습은 동일한 역할을 한다. 놀이가 환경에 대한 탐색을 능동적으로 꾀하고 영유아 자신의 도식을 실험하고 결론내리며 수정보완할 수 있는 도구라는 점에서 언어습득의 최적의 환경이 된다. 무엇보다, 언어는 일상생활에서 타인과의 관계 맺음을 통해 소통을 하며 성장하기 때문에 일상생활의 연습 장인 놀이는 언어습득의 좋은 장이다(Johnson, Christie, Wardle, 2005).

예를 들면, 전화놀이, 병원놀이, 소꿉놀이 모두 일상의 통화 상황, 아파서 병원가는 상황 그리고 가족 내에서 소통해야 하는 모든 상황을 영유아가 즐겁고 자발적으로 배우고 연습할 수 있다.

(2) 경험을 통한 언어교육

영유아기 경험은 책을 통해서 얻은 지식 혹은 정보 그 이상의 가치를 한다.

경험은 삶을 살아가는 자산이다. 그런 의미에서 경험을 통해 언어습득을 할 수 있다면 언어 그 이상의 의미를 부여할 수 있다. 이같은 이유에서 환경경험을 중요시하는 "강화된 환경중심 언어중재 활동"이라는 특화된 언어지도 법도 있다. 그만큼 일상에서 경험하는 모든 자극안에서의 언어습득은 영유아기 언어발달에 의미있다. 그래서 그림책을 좋아하는 영유아의 경우, 책에서 교훈을 얻고 지식과 정보를 획득하며 새로운 어휘와 세련된 문장을 습득할 수 있지만 책의 내용에 국한되어 있다면 일차적 수준에서의 지식을 얻을 뿐이다. 만약 책의 내용이 영유아의 경험과 맞물려 있다면 이는 지식과 정보를 넘어서 경험으로 인한 메시지가 함께 전달된다. 무엇보다 동일한 글도 독자의 지식기반에 따라 해석의 깊이와 다양성이 달라진다. 그래서 영유아는 자신의 경험과 맞닿아 있는 그림책 혹은 타인의 이야기에보다 집중한다. 그러므로 다양한 경험 안에서의 언어교육이 영유아에게 유의하다. 간단한 예로, 교육기관에서 쓰기 지도를 할 때, 큰 의미없이 "메뚜기"를 써보는 활동을 제공하는 것은 영유아의 경험과 무관하다면 의미가 없다. 만약 주말에 무얼 하고 왔는지를 발표하는 시간에 동물원을 다녀온 친구가 있고 그 친구가 구경하고 온 동물들의 이름을 적어 보는 활동이라면 경험과 맞물린 활동이기 때문에 보다 효율적인 언어지도가 된다. 그래서 교사 혹은 부모가 영유아 주변의 환경을 탐색하고 실험해 볼 때 그 과정을 격려하면서 영유아의 사고체계를 확장해갈 때, 그 경험들과 맞물려 있는 의미있는 어휘들의 습득 그리고 자신의 경험을 기반으로 한 글쓰기 등을 지도하는 것이 중요하다.

(3) 음성언어를 통한 언어교육

언어는 메시지가 전달되는 관계 매개체이다. 영유아의 언어확장, 세련된 문장으로의 언어성장은 일상에서의 소소한 대화들의 결과물이다. 그런 의미에서 언어는 (음성)언어로 습득된다. 만약 언어를 지식의 일부로 학습하도록 기억전략을 사용해서 영유아에게 가르치려 한다면 적절하지 않다. 이는 외국어 학습에서 문법을 얼마나 아는 지가 말하기에 절대적인 요소가 아님이 증명한다. 지식적으로 습득되어야 하는 문법이 중요하지 않다가 아니라 문법력이 소통력과 정비례 하지 않는다는 것이다. 외국어를 모국어처럼 구사하는 사람들의 대부분의 공통점은 현지에서 거주한 경우이다. 이는 언어습득은 일상의 대화에서 청화자가 상호작용하며 그 과정에서 받게되는 피드백, 모방등 음성언어의 주고 받음이 중요함을 시사한다. 특히, 언어는 형식과 내용으로 이루어져 있지만 형식과 내용이 어떤 맥락에서 어떻게 사용되는 가 즉, 기능이 매우 중요하다. 이를 화용이라 한다. 예를 들면, "잘 한다"라는 의미가 어떤 상황에서는 "정말 잘(good)하는 구나"이지만 어떤 상황에서는 "큰일났네. 어쩌려고 그러니?"라는 부정적인 의미이다. 그래서 언어는 맥락에서 습득되어야 한다. 이런 의미에서 영유아의 언어습득을 (음성)언어로 배운다는 것은 언어의 언어다움을 익히는 방법이 된다.

(4) 그림책을 통한 언어교육

음성언어를 통한 대화 상황에서의 언어교육은 맥락을 통해 다양한 언어의 기능을 익히고 문법적 피드백 및 정어법을 들을 수 있는 기회를 제공한다는 점에서 유익하다. 그러나 읽기, 쓰기 지도는 지도방법의 맥락이 다르다. 그래서 말하기와 듣기는 언어영역으로 읽고 쓰기는 학습영역으로 설명하기도 한다. 그리고 학습영역으로 볼 때, 문해 지도는 도서 즉, 그림책이다. 그림책은 글을 읽고 그 의미를 해독하며 쓰기의 기초가 되는 철자를 흥미롭게 인식할 수 있다는 점에서 좋은 도구이다. 영유아는 부모 혹은 교사가 읽어주는 그림책에서 시각적인 자극인 그림을 통해 단어와 문장의 의미를 유추하고 파악하며 문해력 향상을 꾀할 수 있다. 선행연구들에서 영유아에게 그림책을 읽어주고 그 내용에 관련된 창의적 극놀이 혹은 토의 등의 후속활동을 부여할 경우 영유아의 읽기, 쓰기의 흥미도와 문해력을 유의하게 증가시킬 수 있음이 밝혀졌다(안주희, 2005; 황정옥, 2018)

3 물리적 환경 역할

교육기관의 언어교육환경은 영유아의 등원으로부터 시작해서 하원에 이르기까지 모든 영역, 모든 시간과 공간에 존재한다. 그래서 교실의 물리적 환경은 영유아의 언어발달에 강력한 영향을 미친다. 그렇다면, 영유아의 언어교육 환경을 구성하는 원리를 살펴보자.

첫째, 영유아 언어습득을 위해 풍성한 언어자료가 제공되어야 한다. 교사와 영유아의 지속적인 상호작용이 말하기, 듣기 촉진에 영향을 주고 있다면 교실의 곳곳에 자리잡은 글자와 그림책은 읽고 쓰기 영역에 풍성한 언어자료가 된다. 예를 들면, 일과표, 날짜판, 행사 및 교실 규칙들이 이에 속한다. 이와 같은 자극은 영유아로 하여금 자연스럽게 문자를 접하고 관심있는 글자를 능동적인 언어학습자가 되어 여러 방식으로 습득하는 동인이 된다(홍혜경, 김명화, 김세루, 김현정, 2021).

둘째, 말하기, 듣기, 읽기, 쓰기가 통합적으로 일어날 수 있는 환경으로 구성한다. 예를 들면, 로봇을 활용한 말하기 기능 연습의 영역에 다양한 쓰기도구를 함께 두어 쓰기와 말하기가 동시에 구현되도록 한다. 또한 그림책을 읽고 느낀점을 그림으로 그리거나 음원을 통해 들은 내용을 친구와 퀴즈형태로 상호작용 하는 등 의사소통의 네 가지 영역이 통합되도록 한다.

셋째, 언어자료의 심미성을 고려한다. 자료들의 색감, 그림형태 그리고 쓰기 도구들은 영유아가 선호할 만한 것으로 구성한다. 또한 언어자료를 비취한 장소도 깔끔하고 세련되게 구성한다. 간혹 이면지와 같은 종이들만 가득 있거나 너무 오래된 그림 이미지등으로 구성된 경우가 있는데 이는 지양한다.

다음은 언어자료들을 비치하기 전에 점검할 사항이다(한유미외, 2013).

- 영유아의 사고능력을 확장시켜 주는 자료인가?
- 영유아의 의사소통 능력을 길러 주는 자료인가?
- 영유아의 일상생활에서 쉽게 볼 수 있는 친근한 자료인가?
- 영유아가 좋아하는 놀잇감인가?
- 영유아의 심미안에 긍정적 영향을 미칠 수 있는 자료인가?
- 영유아가 언어놀이에 몰입하는 데 도움을 줄 만큼 충분히 매력적인가?

1) 듣기영역

대화에서 중요한 것은 잘 듣는 것이다. 잘 들어야 잘 말할 수 있다. 그러나 듣기는 특별한 능력을 요하지 않는 것으로 생각해서 교육을 해야 한다는 생각이 적다. 뿐만 아니라, 듣기는 교육기관에서 종일 발생하여 특별한 관심을 두지 않는 편이다. 영유아들은 주의 깊게 듣고 잘 반응하는 법을 배워야 한다. 잘 듣기 위해서는 발달수준에 맞고 흥미를 이끌어낼 수 있는 듣기 자료들 제공한다. 특히, 요즈음은 미디어 발달로 다양한 매체들을 활용할 수 있다(이하원, 신원애, 2017).

- 녹음기, 컴퓨터, 헤드폰, 다양한 CD, 대화용 로봇등을 갖추어 주의 깊게 듣는 연습을 하도록 한다.
- 자신과 친구들의 목소리를 녹음하여 다시 들어보는 활동을 해 본다.
- 듣기자료가 포함된 그림책 보는 활동을 함으로서 듣기능력을 향상시킨다.

그러나 청각적 주의집중력이 정상범주에도 불구하고 적절한 듣기가 이루어지지 않은 영유아가 있다. 이는 듣고자 하는 동기 등의 정의적 요소의 문제일 수 있다. 이럴 경우, 듣는 것의 중요성과 잘 들었을 대 적합한 강화제를 제공하여 듣기 문제를 해결한다.

2) 말하기영역

말하기는 대인관계에 영향을 미친다. 자신의 생각 및 감정을 잘 표현할 수 있는 영유아가 좋은 관계를 맺을 수 있다. 듣기와 마찬가지로 말하기도 교육기관에서 자연스럽게 종일 일어날 수 있다. 그러므로 말하기를 촉진할 수 있는 환경을 아래와 같이 제공해 주어야 한다.

- 녹음기, 컴퓨터, 그림책 등 다양한 도구를 비치하여 자발적 말하기가 가능하도록 한다.
- 아래와 같은 비구어적 맥락에서 말하기가 촉진되도록 한다(김영태, 2002).
  - 두 명의 아동이 함께 하는 활동에 도구를 하나만 둔다(예: 거울보며 머리빗기 활동에 빗을 한 개만 두는 경우)
  - 도움을 요청해야 하는 상황을 만든다(예: 사탕이 담긴 유리병에 뚜껑을 꽉 닫아두기)
  - 낯선 사물들을 책상에 두기
- 수수께끼 상자, 말장난 도구 및 보드게임 자료들을 비치하여 말할 수 있는 환경을 제공한다.

3) 읽기영역

문식성 환경은 삶의 질에 영향을 준다. 따라서 바른 읽기는 소리 값을 읽어내는 능력을 넘어서 그 의미를 파악하는 것까지 포함한다. 그러므로 읽기영역은 맥락에서 그 뜻이 추론될 수 있는 것이 좋다. 예를 들면, 사물에 글자카드를 붙이는 것 혹은 일정표등 하루 일과가 예측되는 맥락에 글자카드를 붙인다. 읽기 영역의 대표적인 도구는 그림책이다. 다양한 장르의 그림책이 구비되고 쿠션, 소파, 카펫등 도서활동이 용이하도록 한다. 무엇보다 도서장에 도서 앞면이 보이도록 하여 접근 가능성이 용이하도록 한다(홍혜경 김명화 김세루 김현정, 2021).

- 다양한 영역의 그림책

- 글자카드, 친구들 이름표, 교실도구 이름표
- 일정표 식사메뉴, 마트 전단지 및 광고 홍보지
- 책장, 책상

4) 쓰기영역

영유아 시기에 글을 잘 쓴다는 것은 정어법에 맞게 또박또박 쓰는 것에 초점을 두기 보다는 유창성에 초점을 두어야 한다. 쓰기에서 유창성이란, 글의 내용을 의미하는 것이다. 그런 의미에서 지나치게 정확성에 초점을 두기보다는 끼적이기, 그리기 및 손과 시지각 협응등 유창한 글쓰기의 기본기능에 집중한다. 그러기 위해 교실 곳곳에 쓰기가 가능한 도구 및 자료를 배치한다. 연령이 어릴수록 끼적인 것이 쉽게 눈에 보이고 쉽게 써질 수 있는 굵고 진한 싸인펜, 매직등이 좋다. 또한 소근육 강화를 위해 테이프 디스펜서에서 테이프를 스스로 끊어서 글자에 붙이거나 만들기 활동을 하는 것도 쓰기에 도움이 된다.

- 다양한 종류(하드보드지, 일반종이, 먹지, 메모지, 포스트 잇 등) 의 지류, 싸인펜, 색연필, 크레파스, 마커, 파스텔)
- 좌석카드, 글자판, 단어카드
- 화이드 보드 판
- (베껴쓰기용) 붉은 셀로로판 종이

연구문제

1. 상호작용자로서의 교사 역할을 설명해 보세요.

2. 교사의 발문 중 확산적 질문과 수렴적 질문을 예를 들어 설명해 보세요.

3. 말하기, 듣기, 읽기, 쓰기 지도를 위한 물리적 환경을 제시해 보세요.

참고문헌

강문희 · 이혜상(1997). 아동문학교육. 서울: 학지사.

강성화 · 김경희(2008). 영유아를 위한 언어지도. 서울: 동문사.

교육부, 보건복지부(2019). 2019년 누리과정 해설서.

곽금주(2016). 발달심리학. 서울: 학지사.

곽금주(2002). 아동심리 평가와 검사. 서울: 학지사.

권민균, 김수향, 양진희, 임영심, 정정희(2021). 영유아를 위한 언어지도. 경기: 양서원

김기창(1986). 유아기의 문학교육. 국제어문. 6, 7권. 425-441.

김영실 · 윤진주 · 곽경화(2016). 영유아를 위한 언어교육, 경기: 공동체.

김영실 · 임양금(2006). 유아의 이름글자에 대한 인식, 열린유아교육연구, 11(1), 217-235.

김영태(2002). 아동언어장애의 진단 및 치료. 서울: 학지사.

김원경 · 조홍중 · 허승준 · 추연구 · 윤치연 · 박중휘 외(2010). 최신특수교육학. 서울: 학지사.

김은심 · 조정숙(2011). 영유아 언어교육의 이론과 실제. 파주: 정민사.

김현희, 박상희(2020). 유아문학교육. 서울: 학지사.

남기심 · 이정민 · 이홍배(1998). 언어학개론. 서울: 탑출판사.

노진형 · 최은아(2020). 영유아 언어교육. 경기: 공동체.

박선희 · 박찬옥(2013). 유아언어교육. 서울: 방송통신대학교 출판부.

박애자 · 박수화(2008). 몬테소리 유치원에 적용한 균형적 언어 접근법이 유아의 언어능력에 미치는 효과. 열린유아교육연구. 13(4). pp. 97-122.

박희숙(2020). 영유아발달. 경기: 어가.

보건복지부(2013). 제3차 어린이집 표준보육과정 교사용 지침서.

보건복지부 · 중앙육아종합지원센터(2015). 제3차 어린이집 표준보육과정에 기초한 연령별 보육프로그램의 활용.

보건복지부, 육아정책 연구소(2013). 제3차 어린이집 표준보육과정 해설서.

보건복지부(2020). 제4차 어린이집 표준보육과정 해설서.

비피교육연구소(2018). 좋은 수업을 꿈꾸는 유아교사를 위한 발문 안내서, 비피기술거래.

아기성장 보고서 제4부 언어습득의 비밀. EBS.

안주희(2005). 그림책으르 활용한 언어활동 프로그램이 영아의 어휘력과 의사소통 능력에 미치는 영향. 숭실대학교 교육대학원 석사학위 논문.

엄윤재 · 박윤경(2004). 유아를 위한 문해 교수법의 효과 비교: 균형잡힌 문해 교수법과 발음 중심 교수법을 중심으로. 아동학회지, 25(6). 259-277.

엄은나(2007). 의사소통 능력 향상이 유아의 언어표현력 및 친사회적 행동에 미치는 효과, 열린유아교육, 12(1), 241-261.

엄태식 · 조정은(2015). 영유아언어교육. 서울: 태영출판사.

여성가족부(2007). 표준보육과정의 구체적 보육내용 및 교사지침.

우덕례(2011). 언어발달 인적지원환경이 유아의 읽기에 미치는 영향. 중앙대학교 사회개발대학원 석사학위 청구논문.

위영희(2004). 유아문해교육에 대한 접근 방법 탐색. 서원대학교 교육대학원 교육 논총. 9. pp. 95-116.

유종호(1995). 문학이란 무엇인가. 서울: 민음사.

유효순 · 최경숙(2011). 아동발달(개정판). 서울: 한국방송통신대학교.

이경화 · 조순옥 · 김정원 · 심은희 · 이연규 · 이문정(2003). 유아언어교육. 서울: 창지사.

이경화(1994). 유아언어교육. 서울: 상조사.

이기복(2006). 이기복 교수의 성경적 부모교실. 서울: 두란노.

이대균 · 김주영 · 임자영 · 박지선(2009). 영유아 언어교육. 경기: 공동체.

이미현 · 황지선 · 전선영 · 김주영 · 전미봉(2020). 영유아언어교육. 경기: 어가

이소현 · 박은혜(2006). 특수아동교육. 서울: 학지사.

이순형 · 권미경 · 최인화 · 김미정 · 서주현 · 최나야 · 김지현(2010). 영유아 언어지도. 경기 : 교문사.

이승환(20036). 유창성 장애. 서울: 시그마프레스.

이신주 · 모아라 · 이소현 · 이은정 · 최윤지 · 홍은숙(2019), 영유아언어교육 경기: 양성원

이영자 · 이종숙(1985). 비지시적 지도방법에 의한 유아의 읽기 쓰기 행동의 발달. 덕성여대 논문집. 14집.

이지현, 마송희, 김수영, 정정희(2015). 영유아를 위한 언어교육. 경기: 공동체.

이차숙(2000). 제6차 유치원 교육과정 내용체계 분석연구. 한국유아교육학회 춘계학술대회 발표 논문집.

이차숙(2004). 유아언어교육의 이론적 탐구. 서울: 학지사.

이하원 · 박희숙 · 원선아(2016), 언어지도. 서울: 창지사

이하원 · 신원애(2017), 영유아언어발달학. 경기: 어가

이화도(2009). 유아인지발달. 서울: 창지사.

이화유치원 홈페이지. www.ehs.kg.kr

이홍수 · 박주경 · 이병민 · 이소영 · 최연희 · 차경환 · 이성희(2009). 외국어 학습 교수의 원리. Pearson: Longman.

전은주(1999). 말하기 · 듣기 교육론. 서울: 도서출판 박이정.

정남미(2016). 유아언어교육. 서울: 창지사.

정은주 · 정진(1996). 유아언어교육. 서울: 학지사.

조명한(1982). 한국 아동의 언어획득 연구. 서울: 서울대학교 출판부.

조선하(2003). 한국 유아의 창안적 철자 발달과정 분석. 동덕여자대학교 대학원 석사

학위 청구 논문.

조성연 · 이정희 · 황혜정 · 나종혜 · 양성은(2008). 아동관찰 및 행동연구. 서울: 신정.

주영희(1984). 유아를 위한 언어교육. 서울: 교문사.

주영희(2001). 유아언어발달과 교육. 서울: 교문사.

최경숙(2006). 아동발달심리학. 서울: 교문사.

최경숙(2007). 발달심리학. 서울: 교문사.

최나야(2009). 유아의 쓰기 발달과 자모지식: 만 4~6세 유아들의 자유쓰기와 이름 쓰기 분석, 유아교육연구, 29(6), 67-89.

한유미 · 김혜선 · 권희경 · 양연숙 · 박수진(2006). 영유아 언어교육의 이해; 이론과 실제. 서울: 학지사.

허애란(2010). 미술활동을 통한 언어활동 신장, 서울특별시 성북 교육청, 유치원 수업 방법 개선 연구교사 운영 우수 사례집, pp. 257-286.

홍혜경 · 김명화 · 김세루 · 김현정(2021), 2019개정 누리과정을 반영한 영유아 언어교육. 서울: 학지사

황정옥(2019). 상호작용적 그림책 읽기가 만 2세반 영아의 어휘력, 의사소통능력, 읽기 흥미도에 미치는 효과, 총신대학교 일반대학원 석사학위 논문.

Abbeduto, L., Davies, B., Solesby, S., & Furman, L. (1991). Identifying the referents of spoken messages: Use of context and clarification requests by children with and without mental retardation. *American Journal of Mental Retardation, 95*, 551-562.

Ainsworth, M. D. S., Blehar, M., Waters, E., & Wall, S. (1978). *Patterns of attachment. Hillsdale.* N.J.: Erlbaum.

Bagley, C & McGeein, V. (1989). The taxonomy and course of childhood autism, *Perceptual and Motor Skills, 69,* 1264-1266.

Bailey, D. (1989). Assessment and its importance in early intervention. In D.Bailey & M. Wolery (Eds.), *Assessing infants and preschoolers with handicaps* (pp. 1-21). Columbus, OH: Charles E. Merrill.

Bandura, A. (1991). Social cognitive theory self regulation. *Organizational behavior and Human Decision Processes, 50*(2), 248-287.

Barry J. Wordsworth. (1998). 성옥련, 김수정, 이지연 공역(1998). 삐아제의 인지적, 정의적 발달. 서울: 중앙적성출판사.

Bernstein, B. (1961). Social class and linguistic development: A theory of social learning. In A. H. Halsey, J. Floud, & C. A. Anderson (Eds.), *Education, economy, and society*. N.Y.: Free Press.

Bromley, K. (1988). *Language Arts: Exploring connections*. Boston, MA: Allyn and Bacon.

Brown, A. L. (1973). *A first language: The early stages*. Cambridge, MA: Harvard University Press.

Cantor, P.A, & Cornish, M. M.(2016). *Techwise Infant and Toddler Teachers*. Infomation Age Publishing Inc.

Cole, P.G., & Chan, L.(1994). *Teaching proncìples and practice second edition australia*. Prentice Hall of Australia Pty Ltd.

Cazden, C. B. (1968). Three sociolinguistic views of the language and speech of lower class children with special attention to the work of Basil Berstein. *Developmental Medicine and Child Neurology, 10*, 600-612.

Chamber, A. (1993). *Tell me: Children, reading & talk*. Lockwood: The Thimble Press.

Chomsky, N. (1957). *Syntactic structures*. The Hague: Mouton.

Clay, M.(1979). *Reading: The patterning of complex behavior*, Auckland, NZ: Heinemamm Educational.

Clay, M.M. (1972). Reading: The patterning of complex behavior.

Clay, M.M. (1975). What did I write? Aukland: Heinemann Educational Books.

Cullinan, B. E., & Galda.L. (1989). *Literature and the Child*. Harcourt Brace College Publisher: Fort Wort, TX.

Dautenhahn, K., & Werri, I. (2000). "Issues of robot-human interaction dynamics in the rehabilitation of children with autism. In Proc. From animals to animates, The sixth international conference on the simulation of adaptive behavior(SAB 2000), 519-528.

Dore, J. (1974). A Pragmatic description of early language development. *Journal of Psycholinguistic Research, 3,* 343-350.

Dore, J. (1978). Conditions for the acquisition of speech acts. In I. Markova (Ed.), *The Social Context of Language*. Chichester: John Wiley and Sons.

Evans J. (1996). Plotting the complexities of language sample analysis: Linear and nonlinear dynamic models of assessment. In K. N. Cole, P. S. Dale, & D. J. Thal(Eds.), *Communication and language intervention series(vol.6): Assessment of communication and language* (pp. 207-256). Baltimore: Paul H. Brookes Publishing Co.

Ezell, H., Goldstein, H. (1991). Comparison of idiom comprehension of normal children and children with mental retardation. *Journal of Speech and Hearing Research, 34*, 812-819.

Geers, A. E., & Moog, J. S. (1978). Syntactic maturity of spontaneous speech and elicited imitations of hearing-impaired children. *Journal of Speech and Hearing Disorders, 43*, 380-391.

Gillberg, C. & Steffenburg, S. (1987). Outcome and prognostic factors in infantile autism and similar conditions: A population-based study of 46 cases followed though puberty. *Journal of autism and developmental disorders, 17*, 273-287.

Greenwald, C., & Leonard, L. (1979). Communication and sensorimotor development of Down`s syndrome children. *American Journal of Mental Deficiency, 84*, 296-303.

Griswold, E., & Cummings, J. (1974). The expressive vocabulary of preschool deaf children. *American Annals of the deaf, 119.* 16-28.

Halliday, M. A. K. (1973). *Explorations in the functions of language*. London: Edward Arnold.

Holdaway, D. (1979). *The Foundations of literacy. Portsmouth*. NH: Heinemann.

James E. Johnson, James F. Christie & Francis Wardle 2005. Play, *development, and Early education*. Allyn and Bacon

Kochanska, G., Aksan, N., Knaack, A., & Rhines, H. M. (2004). Maternal parenting and children's conscience: Early security as moderator. *Child Development, 75*, 1229-1242.

Lapp, D., & Flood, J. (1997). Where`s the phonics? Making the case (again) for intergrated code instruction. (point-counterpoint) Reading Teacher, 50(8), 96-98. 〔EJ548863〕

Lenneberg, E. (1967). The biological foundations of language. N.Y.: Wiley

McGee, S. J., & Richigels, D. J. (1996). *Literacy's beginnings: Supporting young reders and writers*. 김명순 · 신유림 역(2000). 영유아의 문해발달 및 교육. 학지사.

McLeavey, B, M., Toomey, J., & Dempsey, P. (1982). Nonretarded and mentally retarded children's control over syntactic structures. *American Journal of Mental Deficiency, 86*, 485-494.

McNeill, D. (1966). Developmental psycholinguistics. In F. Smith & G. Miller (Eds.), *The genesis of language: A psycholinguistic approach* (pp. 69-73). Cambridge, MA: Massachusetts Institute of Technology Press.

Miller J. F., Chapman, R. S., & MacKenzie, H. (1981). Individual differences in the language acquisition of mentally retarded children. Proceedings from the Second Wisconsin Symposium on Research in Child Language Disorders. Madison: University of Wisconsin.

Moffett, J. (1983). *Teaching the Universe of Discourse*. Boston: Houghton Mifflin.

Newman, S. B., & Roskors, K. (1992). Literacy objects as cultural tools: Effects on children's literacy behaviors during play. *Reading Research Quarterly, 27*, 203-223.

Ogletree, B. T., Wetherby, A. M., & Westling, D. L. (1992). Profile of the prelinguistic intentional communicative behavior of children with profound mental retardation. *American Journal of Mental Retardation, 97*, 188-196.

Ogletree, B. T., Wetherby, A. M., & Westling, D. L. (1992). Profile of the prelinguistic intentional communicative behavior of children with profound mental retardation. *American Journal of Mental Retardation, 97*, 188-196.

Owens, R. (2002). Mental retardation: Difference and delay. In D. K. Bernstein & E. Tiegerman-Farber (Eds.), *Language and Communication disorders in children*(pp. 436-509). Boston: Allyn and Bacon.

Pellergrini, A. D. (1984). The effect of dramatic play on children's generation of cohesive text. *Discourse Process, 7*, 57-67.

Petty & Jonsen(1980)

Puranik, Cynthia. S., & Lonigan, Christoper J. (2012). Name-writing proficiency, not length of name, is associated with preschool children's emergent literacy skills. *Early Childhood Research Quarterly, 27*(2), 284-294.

Ricks, D. M. (1975). Vocal communication in pre-verbal normal and autisitic children. In N. O`Conner (Ed.), *Language, cognition deficits, and retardation*. London: Butterworths.

Rossman, F.(1980). *Preschoolers' Knowledge of the symbolic function of written language*. Ann Arbor. MI. University Microfilm.

Schickedanz, J. A.(1986). *More than the ABCs: the Early stages of reading and writing*. 이영자 옮김(1995). 읽기와 쓰기를 즐기는 어린이로 기르는 방법: 유아의 읽기와 쓰기 기초 단계 이해. 이화여대 출판부.

Schuler, A. L. (1979). Echolalia: *Issues and clinical implications: Journal of speech hearing disorders, 44*, 411-434.

Shames, G.H., & Ramig, P.R. (1994).Stuttering and other disorders of fluency.In G.H. Shames, E.H. Wiig, & W.A. Secord (Eds.), *Human communication disorders: An introduction* (pp. 336-387). N.Y.: Macmillan College Publishing Company, Inc.

Shatz, M., & Gelman, R. (1973). The development of communication skills: Modifications in the speech of young children as a function of listener. *Monograph of Society for Research in Child Development, 38*(5).

Steffens, M. L., Oller, D. Lynch, M., & Urbano, R. C. (1992). Vocal development in infants with Down syndrome who are developing normally. *American Journal of Mental Retardation, 97*, 235-246.

Stickler, K. R. (1987). *Guide to analysis of language transcripts*. Eau Claire, WI: Thinking Publications.

Strickland, D. S. (1998). What is basic in beginning reading? Finding common ground. *Educational Leadership. 55*(6), 6-10.

Tager-Flusberg, H. (1981). On the nature of linguistic functioning in early infantile autism. Journal of Autism and developmental disorders, 11, 45-54.

Thomas, R. M. (2000). Compairing theories of child development. Wadsworth.

Vygotsky, L. S.(1986). *Thought and language*. Cambridge, MA: MIT Press.

Weiss, B., Weisz, J., & Bromfield, R. (1986). Performance of retarded and non-retarded persons on information-processing tasks: Further tests of the similar structure hypothesis. *Psychological Bulletin, 100*, 157-175.

Wetcherby, A. M., Cain, D. H., Yonclas, D. G., Walker, V. G. (1998). Analysis of intentional communication of normal children from the prelinguistic to the multiword stage. *Journal of speech and hearing research, 31*, 240-252.

Yawkey, T., Askov, E., Cartwright, C., Dupuis, M., Fairchild, S. H., & Yawjey, M. (1981). *Language arts and the young child*. F. E. Peacock Publishers, Inc. Itasca, Illinois.

Zaporozphets, A. V. (1965). *The development of perception in the preschool child*. 이옥형 (1997). 아동발달. 집문당에서 재인용.

♠ 사진 출처

이화유치원 홈페이지 http://www.ewha-kids.com/에서 2011년 11월 28일 인출.

저 자 소 개

이 하 원

성균관대학교 아동학과(Ph.D.) (아동심리 및 교육전공)

한국 기독교유아교육학회 이사

한국 아동학회 이사

한숲 아동청소년 상담센터 산하 전인격발달연구소 자문교수

현) 총신대학교 산업교육학부 교수

박 희 숙

성균관대학교 아동학과(Ph.D.) (아동심리 및 교육 전공)

한국 RT(반응성교수)협회 운영이사

반포종합사회복지관 열린마음 상담실 자문교수

현) 백석예술대학교 보건복지학부 교수

원 선 아

성균관대학교 아동학과(M. A.) (아동심리 및 교육전공)

현) 서울신경정신과 「행복한 아이 연구소」 학습 및 사회성 치료연구원

대한학습치료협회 공인 1급 학습치료사

제3판

언어지도

초 판 1쇄 발행 2012년 3월 19일
개 정 3쇄 발행 2018년 1월 10일
제3판 1쇄 발행 2022년 12월 30일

지 은 이 | 이하원·박희숙·원선아
펴 낸 이 | 김기섭
편 집 인 | 이윤미·이현남
펴 낸 곳 | 창지사 www.changjisa.com
08589 서울시 금천구 가산디지털 1로 83 파트너스타워 1차 9층
전화 (02)719-2211~3
팩스 (02)701-9386
등 록 | 1977년 4월 28일·제1-421호

ISBN 978-89-426-1570-4 (93370)

값 22,000원